KNAUR*

KNAUR ✳

Über den Autor:
Philipp Riederle ist ein Star der Internetszene und Deutschlands jüngster Unternehmensberater. Sein erfolgreicher Podcast *Mein iPhone und ich* ist bereits Legende. Auf Medienkongressen und bei Unternehmen wie Deutsche Bank, Audi AG, Bertelsmann, Daimler Benz, o2 und Telekom hält der junge Keynote-Speaker und Berater Vorträge über die Lebenswelt der Digital Natives.
www.philippriederle.de

PHILIPP RIEDERLE

WER WIR SIND UND WAS WIR WOLLEN

Ein Digital Native erklärt seine Generation

Knaur Taschenbuch Verlag

Besuchen Sie uns im Internet:
www.knaur.de

Originalausgabe Mai 2013
Copyright © 2013 by Knaur Taschenbuch
Ein Unternehmen der Droemerschen Verlagsanstalt
Th. Knaur Nachf. GmbH & Co. KG, München
Alle Rechte vorbehalten. Das Werk darf – auch teilweise –
nur mit Genehmigung des Verlags wiedergegeben werden.
Umschlaggestaltung: ZERO Werbeagentur, München
Umschlagfoto: FinePic®, München
Satz: Adobe InDesign im Verlag
Druck und Bindung: CPI – Clausen & Bosse, Leck
Printed in Germany
ISBN 978-3-426-78611-6

5 4 3 2 1

Für meinen Opa Eugen,
der mich lehrte, die Welt zu begreifen

Inhalt

Intro

Ich bin Philipp Riederle und etwa so alt wie das Internet. Geboren wurde ich 1994, also in einer Zeit, als ein paar wohlhabende Menschen mit kiloschweren Mobiltelefonen in abgelegene Waldstücke gefahren sind, um zu sehen, ob sie dort noch Empfang haben. In einer Zeit, in der noch munter »gefaxt« wurde und einige Visionäre eine Ära prophezeiten, in der Computer und Telekommunikation sich vereinen würden (und zwar schon bald!), als man noch von »EDV« sprach und der kalifornische Computerhersteller Apple gerade seinen Unternehmensgründer Steve Jobs hinauswarf. Immerhin, es gab schon Privatfernsehen; da liefen ziemlich merkwürdige Spielshows, in denen barbusige Mädchen herumhopsten oder jemand auf einem »heißen Stuhl« gegrillt wurde wie am mittelalterlichen Pranger.

So berichtete man mir. Ist auch nicht so wichtig, denn ich schaue kaum fern. Eigentlich nur, wenn Freunde etwas posten, was mir wirklich interessant erscheint. Und wenn Ihr Euch jetzt wundert, warum der Bengel nicht anständig fernsieht – und stattdessen nur an diesem Monitor herumdaddelt –, wären wir schon mitten im Thema. Denn ich könnte vermutlich Euer Sohn sein – nicht nur vom Alter her. Auch hinsichtlich der Tatsache, dass Ihr meine Generation nicht versteht und Euch womöglich Sorgen macht. Wie um Eure eigenen Kinder. Und gleichzeitig habt Ihr das unangenehme Gefühl, dass diese Generation der Digital Natives auf dem Vormarsch ist (was ja auch der natürliche Lauf der Dinge ist).

Willkommen bei der Generation Y, der Generation Z oder der Generation C – C wie Connected. Uns sind schon so viele Generationenbezeichnungen übergestülpt worden, da sollte man sich nicht festlegen. Schließlich kann es uns auch egal sein … Die vom kanadischen Schriftsteller Douglas Copland aus der Wiege gehobene Generation X definierte sich noch über das gepflegte Slackertum, die gespielte Verzweiflung angesichts der lähmenden Multi-Optionen, die die Gesellschaft zu bieten hat. Wir nutzen sie. Mehr, als Ihr vermutet. Unsere Leitfrage lautet:»Was ist für uns relevant?«

Der Generationenunterschied definiert sich über die digitalen Medien: auf der einen Seite Ihr Älteren, auf der anderen Seite wir – die erste Generation, die Medien, Kommunikation und digitale, soziale Vernetzung mit der Muttermilch aufgesogen hat. Das ist so. Damit müssen wir fertigwerden, und das nutzen wir anders, als Ihr denkt. Bei einer Podiumsdiskussion saß neben mir einmal der altgediente Privat-TV-Pionier Helmut Thoma (mit»How low can you go«-Formaten wie *Tutti Frutti* oder *Der heiße Stuhl*) und meinte nach einem Wortwechsel:»Wissen Sie, Herr Riederle, Sie machen den gleichen Fehler wie alle in Ihrer Generation: Sie schließen von sich auf andere.« Abgesehen davon, dass Herr Thoma als letzte Zuflucht den persönlichen Angriff nach vorne startete, war dieses Statement eine Dokumentation für die Vorgestrigkeit einer Haltung, die ich mir in meinem zarten Alter erst einmal aus der Historie anlernen musste.

Digital Natives schauen nicht mehr fern

Wenn wir schon beim Fernsehen sind, nehmen wir es einmal als Beispiel für den Unterschied zwischen meiner und der Thoma-Generation. Das Fernsehen produziert zeitlich festgesetzte Programme. Das Wort»Programm«leitet sich aus dem Griechischen her und bedeutet »Vorschrift«. Vor den Zeiten der Sender-Media-theken im Internet war es ja zeitlich vorgeschrieben, wann man sich vor dem Fernseher einzufinden hatte, wenn man eine bestimmte Sendung sehen wollte. Ihr kennt das gar nicht anders. Natürlich hat das auch etwas Gemütliches; man sprach von einer Lagerfeuer-Atmosphäre, die man von Wilhelm Wieben bis Thomas Gottschalk über Generationen miteinander teilte. Man fühlte sich vor allem sehr persönlich verbunden: In den sechziger Jahren erhielt der Tagesschau-Sprecher Wieben einmal einen Brief, in dem stand: »Sehr geehrter Herr Wieben, Sie haben es sicher bemerkt: Wir haben neu tapeziert.« Mittlerweile ist man vielleicht aufgeklärter, aber das Verhältnis zwischen Sender und Empfänger ist in puncto Fernsehprogramm noch immer das Gleiche. Alle vier Wochen *Wetten, dass ..?,* sonntagabends der *Tatort:* Es ist bei den Zuschauern, die aus der alten Bundesrepublik stammen, einzig einem Ritual zu verdanken, dass man vielleicht noch immer pünktlich einschaltet, obwohl man sich alle Fernsehsendungen längst zu jeder Tages- und Nachtzeit in den Mediatheken herunterladen kann.

Die sogenannten »Macher« des alten Mediums Fernsehen haben offenbar nichts kapiert. Sie agieren immer noch so, als könne man den Zuschauern etwas vorschreiben. Besonders die Öffentlich-Rechtlichen müssten sich jedoch längst wundern, warum ihre Kernzielgruppe im Wesentlichen die Sechzigjährigen umfasst; sie beglücken uns mit Spielfilmen, in denen das Auftreten eines jungen Menschen ähnlich viel Jubel und Erstaunen auslöst, als käme mal der Enkel ins Altersheim. Im gleichen Maße werden nach wie vor Werbepausen zwischengeschaltet, in denen man getrost dem Kühlschrank und den Toilettenräumen einen Besuch abstatten kann – die vor allem aber unheimlich nerven (und natürlich längst umgangen werden können). Leider haben viele Website-Betreiber dieses Modell übernommen und schalten Spots vor interessante Beiträge. Meine Generation schaltet da nicht ab, sondern aus. Wir lassen uns eben nichts mehr vorschreiben. Eher umgekehrt. Und wenn Ihr uns kriegen wollt, müssen wir erst Eure Fans werden können.

Digital Natives werden schneller erwachsen

Nicht nur »programmatisch«, auch inhaltlich haben wir uns längst vom Fernsehen verabschiedet. Wir sind im Internet unterwegs, dort, wo durch schonungsloses Offenbaren und Zeigen die letzten Geheimnisse der Kindheit aufgelöst werden, wo alles unverschlüsselt ist. Wir wachsen mit YouPorn auf; Sex ist für uns, wie Ihr sagen würdet, »nur einen Mausklick entfernt«. Wir werden schneller erwachsen, weil wir Zugang zu allem haben. Das wiederum bedeutet nicht, dass wir »reizüberflutet« sind. Wir suchen und selektieren. Wir entdecken und tauschen uns aus – immer dann, wenn Ihr denkt, wir starren seit Stunden nutzlos auf den Monitor.

Tatsächlich entsteht dort gerade eine neue Wirklichkeit, jenseits der »virtuellen Realität«, wie Ihr das früher genannt habt. Unsere Wirklichkeit ist nicht das Web 2.0 oder *World of Warcraft,* sondern sie ist *wirklich* wirklich. Wir kennen keine Vorschriften, wann und wo wir uns etwas anzuschauen haben; wir tun es ständig. Wir schauen auch nicht beliebig, sondern sehr gezielt. Wir chatten exakt so oft sinnlos in der Gegend herum, wie früher Teenager an der Bushaltestelle herumgehangen haben; es kommt immer darauf an, ob man etwas mit sich anfangen kann oder nicht. Und vielleicht ist genau dies das Revolutionäre an unserer Generation: Wir provozieren eben nicht mit Rock 'n' Roll und Rebellion, sondern damit, dass wir alten Programmen entwachsen und schneller er-wachsen sind. Wir gehen mit unserer Lebenswelt komplett anders um, als Ihr denkt.

Die Paradigmen haben sich verschoben. Wir kommunizieren anders. Nicht vom Sender zum Empfänger, sondern miteinander. Wir erleben unsere Realität nicht als immer schneller werdend, sondern leben bequem im 24/7-Rhythmus, denn das hat überhaupt nichts mit Hektik zu tun. Zu sagen, dass es auf dem »digitalen Datenhighway« des »Cyberspace« so wahnsinnig schnell zugeht, entspricht der Feststellung, dass das Telefon ein wahnsinnig schnelles Medium ist, weil der Gesprächspartner ja schnell antwortet. Es geht aber nicht um Schnelligkeit, sondern um Gleichzeitigkeit – hier und jetzt. Wie wir.

Um solche Dinge geht es in diesem Buch. Und ich lade Euch herzlich ein, Euch ohne Anmeldung und Passwort einen direkten Zugang zu meiner Generation zu verschaffen – mit allen sozialen, wirtschaftlichen und kulturellen Veränderungen, die eine junge Generation eben bewirkt.

Vom Podcast zum Plenum

Sieht man einmal davon ab, dass ich mich immer schon sehr für Technik und Computer interessiert habe – wohl mehr als viele andere Jungs vielleicht für Fußball –, dann kann ich wohl behaupten, dass ich eine ziemlich normale Kindheit und Jugend hatte. Bis zu dem Zeitpunkt jedenfalls, als Apple im Jahr 2007 das iPhone auf den Markt brachte. Ich hatte mir vor der Markteinführung in Deutschland ein Gerät aus den USA mitbringen lassen und es gecrackt. Gerne hätte ich damals mehr Informationen über das iPhone gehabt als die flachgebügelten Presse- und Werbetexte. So etwas wie persönliche Berichte, die mir erklären, was es an neuen Ideen und Möglichkeiten für das Telefon gibt, ein kleines Video, das mir Schritt für Schritt zeigt, was ich alles machen kann und was die Programme für das Telefon – die sogenannten Apps – alles können. So etwas gab es aber nicht einmal ansatzweise. Bald schon hatte ich die Idee, meinem Know-how, das ich mir bis dahin als Dreizehnjähriger beim Drehen unserer Urlaubsvideos angeeignet hatte, einen neuen Sinn und ein neues Ziel zu geben.

So erscheint seit April 2008 mehr oder weniger regelmäßig mein eigener Podcast, eine Art Fernsehsendung – nur eben im Internet. Zuerst ganz unbeholfen aus dem Kinderzimmer, manchmal auch mit Staubsaugergeräuschen im Hintergrund, später dann aus dem eigenen, mit viel Spaß und Herzblut aufgebauten kleinen Aufnahmestudio.

In meinem Podcast *Mein iPhone und ich* berichte ich über neue Programme und Dienste rund um das Apple-Handy. Anfangs hat das eine Handvoll Zuschauer interessiert, dann ein paar hundert. Es war klassische Mund-zu-Mund-Propaganda. Die ersten, die meinen Podcast sahen, posteten die Seite weiter an Freunde, die auch ein iPhone besaßen, es aber nicht richtig einsetzen konnten, und so drehte sich die Spirale weiter und weiter. Mittlerweile schauen sich regelmäßig über 100 000 Menschen meinen Podcast an. Ich freue mich jedes Mal genauso, wie ich auch darüber erstaunt bin, dass meine Sendung in den Podcast-Bestenlisten vor den Sendungen der großen Medienkonzerne rangiert. Mit *Mein iPhone und ich* habe ich regelmäßig mehr Zuschauer als zum Beispiel die jungen Kanäle von ARD und ZDF.

So wie es gerade aussieht, war mein Podcast aber erst der Anfang einer spannenden Reise. Denn ich wurde irgendwann gefragt, ob ich nicht mal einen Vortrag halten möchte. Ich sollte darüber reden, wie man so einen Podcast macht, was man bei der Technik beachten muss und wie man ihn verbreitet. Das war 2009. Ich war ziemlich aufgeregt. Der Vortrag fand im Rahmen eines Bar-Camps im Gebäude der *Süddeutschen Zeitung* statt. Die Teilnahmebedingungen waren ähnlich wie im Internet: Man musste gevoted werden, um in die erste Linie der Gesprächsrunde vorzudringen und einen Vortrag auf der Bühne halten zu dürfen. Ich wurde direkt in den »großen Saal« gevoted. Sogar einige Leute vom Verlag waren anwesend – mein erster Kontakt mit den Anzugträgern! Ich sollte eigentlich dreißig Minuten sprechen, habe aber die Zeit kolossal überzogen. Das Thema lautete »Podcastdistribution«. Wie funktioniert das Internet, und wie kommt der Podcast auf den besten Wegen zum Nutzer? Der Vortag war also eher technisch ausgelegt, aber irgendwie fanden es wohl alle recht spannend. Ich irgendwie auch. Es hat mir riesig Spaß gemacht, auf der Bühne zu stehen.

Offenbar hatte ich einen Nerv getroffen. Denn von da an bekam ich immer wieder Anfragen und sah hier dann auch recht bald eine Berufung: dazu beizutragen, die Wissenslücke der älteren Generation zu füllen; zu zeigen, wie sich nicht nur das Web und die Kommunikation verändern, sondern daraus resultierend das ganze Leben. Die digitale Welt ist ja kein Paralleluniversum. Sie ist unsere Welt, in der wir unser Leben gestalten. Unsere Welt ist ein Smartphone. Von dort geht alles aus, und deshalb verändert sich nicht nur der Umgang mit den Medien, sondern ganze Lebensbereiche, Gewohnheiten und Einstellungen sind im Wandel begriffen. Immer öfter stand ich nun in großen Sälen vor vielen Menschen in dunklen Anzügen. Ich erklärte ihnen, warum Podcasts so toll sind, wie wir Jugendlichen kommunizieren und warum beziehungsweise ob wir wirklich so viel in sozialen Netzwerken unterwegs sind. Als ich dann öfter Vorträge hielt, begann ich auch, mich in der Theorie mit all diesen Dingen zu beschäftigen. Ich war schon immer sehr neugierig. Ich wollte wissen, warum all diese für mich selbstverständlichen Dinge, mit denen ich groß geworden bin, für die Erwachsenen so fremd sind.

Mit wem ich auch sprach: Immer spürte ich eine große Unsicherheit und Sorge. »Macht dieses Internet nicht süchtig?« – »Warum wollt ihr euch denn nicht mehr in Wirklichkeit treffen. Ihr hängt ja nur noch vor dem Rechner. Habt ihr gar keine Freunde mehr?« – »Lest ihr denn nicht auch mal ein gutes Buch?«. Viele Fragen dieser Art prasselten nach meinen Vorträgen immer wieder auf mich ein. Ich fühlte mich wirklich ein bisschen wie der Eingeborene, den die skeptischen Entdecker aus der alten Welt zaghaft beschnuppern.

Dieses Buch schließt den digitalen Generation Gap

Das war alles schon sehr cool. Hey, ich war fünfzehn! Ich war aber auch schockiert. Von meinen Eltern und meinen Lehrern wusste ich ja schon längst, dass sie die Welt, in der wir Digital Natives uns bewegen, oft nicht mehr verstehen und dass sie Sorge haben, den Kontakt zu uns zu verlieren. Die Leute, mit denen ich bei meinen Vorträgen bis heute zu tun habe, sind oft zwar auch besorgte Eltern – aber deswegen engagieren sie mich nicht. In der Regel stehe ich vor Repräsentanten großer Firmen, sogenannten Entscheidungsträgern. Menschen, die einen Doktor haben, die viel Geld verdienen und die mit großen Budgets bestimmen, wie es in der Wirtschaft künftig weitergeht. Diese Menschen haben meist kaum einen Schimmer davon, in welcher Welt wir uns bewegen; sie spüren aber die Veränderung. Sie haben nicht nur die Sorge, den Kontakt zu ihren eigenen Kindern zu verlieren. Sie wollen vor allem von mir wissen, wie sie mit ihrem Unternehmen den Anschluss an die Lebensrealität behalten und uns als ihre Zielgruppe oder potenzielle Mitarbeiter ansprechen können.

Sie sind nicht zu beneiden. Mehrere Branchen verlieren gerade den Kontakt zur jungen Generation. Darunter so wichtige Wirtschaftszweige wie die Automobilindustrie, die damit zu kämpfen hat, dass ein Auto nicht mehr unbedingt ein Statussymbol ist und dass immer weniger Jugendliche den Führerschein machen.

Es ist aber nicht nur für die Digital Immigrants, die technologisch weitgehend unbeleckten digitalen Einwanderer, schwer, sich in der neuen Welt zurechtzufinden. Auch für uns Digital Natives ist es nicht immer leicht, uns zu orientieren. Wir sind schließlich die erste Generation, die in einer völlig neuen Medienwelt groß wird – in einer Medienwelt, die dabei ist, viele Bereiche des Lebens grundlegend zu verändern. Und als wäre das nicht schon schwer genug, kommen die Rahmenbedingungen auch noch aus einer anderen Zeit.

Neulich meinte meine Großmutter: »Junge, ich bin gerade beim Nachbarn an seinem Computer und schicke dir gleich mal so eine E-Mail. Also stell dich mal daneben und warte, die muss gleich kommen.« Das ist süß. Einfach süß. Und so empfinde ich auch Leute wie Herrn Thoma. Einfach süß. Sender, Empfänger, Programm, guck oder stirb. Er könnte mein Großvater sein. Übrigens, Opa, Facebook lebt davon, dass Menschen von sich auf andere schließen: Überlegen, was andere interessieren kann, was sie teilen wollen, den Inner Circle erweitern, bloggen, twittern … oder auch mal ein total bescheuertes Katzenvideo anschauen.

Für die Menschen und Manager, die Helmut Thomas Kinder sein könnten, ist es nur ein kleiner Schritt, meine Generation zu verstehen. Sie werden sicher nachvollziehen können, dass wir in unser Leben zu integrieren versuchen, was nun einmal real ist: das Virtuelle. Wir leben damit, seitdem wir auf der Welt sind. Und ich möchte hier erzählen, was sich für uns verändert hat und was wir gerade damit anstellen. Ich wünsche Euch also eine große Entdeckungsreise in diesem Medium Buch, das ich übrigens wieder sehr zu schätzen gelernt habe. Um nicht zu sagen: *like*.

1 Die lieben Medien – und wie wir damit umgehen

Das Kommunikationsverhalten der Generation Y

Im Internet kursiert seit Jahren ein wunderbarer Text von einem unbekannten Autor, der allen vor 1975 Geborenen noch einmal vorhält, wie und vor allem unter welchen »Gefahren« sie aufgewachsen sind:

Wenn du als Kind in den 50er, 60er oder 70er Jahren lebtest, ist es zurückblickend kaum zu glauben, dass wir so lange überleben konnten.
Als Kinder saßen wir in Autos ohne Sicherheitsgurte und ohne Airbags. Unsere Bettchen waren angemalt in strahlenden Farben voller Blei und Cadmium. Die Fläschchen aus der Apotheke konnten wir ohne Schwierigkeiten öffnen, genauso wie die Flasche mit Bleichmittel. Türen und Schränke waren eine ständige Bedrohung für unsere Fingerchen. Auf dem Fahrrad trugen wir nie einen Helm. Wir tranken Wasser aus Wasserhähnen und nicht aus Flaschen. Wir bauten Wagen aus Seifenkisten und entdeckten während der ersten Fahrt den Hang hinunter, dass wir die Bremsen vergessen hatten. Damit kamen wir nach einigen Unfällen klar.
Wir verließen morgens das Haus zum Spielen. Wir blieben den ganzen Tag weg und mussten erst wieder zu Hause sein, wenn die Straßenlaternen angingen. Niemand wusste, wo wir waren, und wir hatten nicht mal ein Handy dabei! Fahrräder (nicht Mountain-Bikes!) wurden von uns selbst repariert! Wir haben uns geschnitten, brachen Knochen und Zähne, und niemand wurde deswegen verklagt. Es waren Unfälle. Niemand

hatte Schuld außer wir selbst. Keiner fragte nach »Aufsichts-
pflicht«.
Kannst du dich noch an »Unfälle« erinnern?
Wir kämpften und schlugen einander grün und blau. Damit
mussten wir leben, denn es interessierte den Erwachsenen
nicht. Wir aßen Kekse, Brot mit dick Butter, tranken sehr viel
und wurden trotzdem nicht zu dick. Wir tranken mit unseren
Freunden aus einer Flasche, und niemand starb an den Folgen.
Wir hatten keine: Playstation, Nintendo 64, X-Box, Video-
spiele, 64 Fernsehkanäle, Filme auf Video/DVD, Surround
Sound, eigenen Fernseher, Computer oder Internet-Chat-
Rooms ... wir hatten Freunde!
Wir gingen einfach raus und trafen unsere Freunde auf der
Straße. Oder wir marschierten einfach zu deren Heim und
klingelten. Manchmal brauchten wir gar nicht zu klingeln,
sondern gingen einfach hinein. Ohne Termin und ohne Wissen
unserer jeweiligen Eltern. Keiner brachte uns und keiner holte
uns.
Wie war das möglich?
Wir dachten uns Spiele aus mit Holzstöckchen und Tennisbäl-
len. Beim Straßenfußball durfte nur mitmachen, wer gut war.
Wer nicht gut war, musste lernen, mit Enttäuschungen klarzu-
kommen. Manche Schüler waren nicht so schlau wie andere.
Sie rasselten durch Prüfungen und wiederholten Klassen.
Das führte nicht zu emotionalen Elternabenden oder gar zur
Änderung der Leistungsbewertung.
Wir bumsten quer durch den Gemüsegarten, hatten jede Men-
ge Sex. Wir wussten zwar nicht immer den Namen unseres
Partners, aber das war egal. Wir mussten uns die Pornos we-
nigstens nicht aus dem Internet laden, wir machten sie selber!
Unsere Taten hatten manchmal Konsequenzen. Das war klar
und keiner konnte sich verstecken. Wenn einer von uns gegen
das Gesetz verstoßen hat, war klar, dass die Eltern ihn nicht

aus dem Schlamassel herausholten. Im Gegenteil: Sie waren der gleichen Meinung wie die Polizei! So etwas!
Unsere Generation hat eine Fülle von innovativen Problem-lösern und Erfindern mit Risikobereitschaft hervorgebracht. Wir hatten Freiheit, Misserfolg, Erfolg und Verantwortung. Mit alldem wussten wir umzugehen. So war das. Herzlichen Glückwunsch uns allen, dass wir das überlebt haben! Geboren nach 1975 = So, jetzt wisst ihr Warmduscher das auch ;-)

Mal hier und dort ein wenig variiert, haben zahlreiche User und Blogger diesen Text verbreitet. Besonders der Umgang mit den Medien ist spannend – beziehungsweise die Tatsache, dass man zum Beispiel auch ohne Mobiltelefon »überleben« konnte. Morgens das Haus verlassen und abends irgendwann wiederkommen, ohne ständiges Justieren der Verabredungen. Oder ohne die berühmten Gespräche, die mit »Ich bin jetzt da« beginnen. Wir Warmduscher realisieren unseren Alltag tatsächlich »nicht ohne mein Handy«. Aber sollen wir tatsächlich, nur um zu beweisen, dass wir ganz normal sind, das Smartphone und Tablet zu Hause liegenlassen?

Die letzten verborgenen Geheimnisse der Generation Y

Kennt Ihr die Situation? Euer Kind kommt von der Schule nach Hause, setzt sich an den Computer, noch bevor es am Esstisch gesehen wurde, hackt wirr in die Tasten, und auf dem Bildschirm flimmern Fotos und Nachrichten im Sekundentakt vorbei. Umrahmt vom schönen Dunkelblau auf dem mit weißen Lettern etwas wie »facebook« aufleuchtet. Und so geht es offenbar den ganzen Tag weiter. Tagein, tagaus. Ist Euch eine solche Situation vertraut? Ihr fragt Euch: »Was macht mein Kind eigentlich? Schwebt es da in dieser virtuellen Welt herum? Und warum geht es nicht mal raus vor die Tür, fährt mit dem Fahrrad um den Block? Oder macht Erfahrungen, wie wir sie früher gemacht haben?« Ihr habt Angst, dass Euer Kind gar nichts mehr vom »echten« Leben mitbekommt, wenn es offenbar alles nur noch durch die Scheibe des Bildschirms wahrnimmt? Aber vor der eigentlichen Antwort verschließt Ihr Euch. Sie lautet: Social Media und »virtuelle Welten« sind nicht etwas Fremdes, Bedrohliches, sondern ein neues Kommunikationsinstrument wie vor ein, zwei Jahrzehnten das Mobiltelefon. Als die ersten Handys aufkamen, herrschte ungeheure Aufregung. So erzählte man mir zumindest. Aber nicht unbedingt, weil man so begeistert war, nun überall erreichbar zu sein, sondern weil man genau dies als unnötig, wenn nicht sogar als Bedrohung empfand. Ausgerechnet aalglatte Yuppies, schmierige Geschäftsleute oder Zuhältertypen waren die ersten sozialen Gruppierungen, die in der Öffentlichkeit mit Mobiltelefonen auftraten und sich oft auch damit brüsteten.

Handys gelten nicht mehr als schmierig. In Deutschland entfällt mittlerweile mehr als ein Mobiltelefon auf jeden Einwohner – weltweit sind mittlerweile sechs Milliarden Handys in Benutzung. Aber auch wenn ein Zwölfjähriger meint, er müsse ein iPhone haben, denn auf dem Schulhof sei das nun mal ein Statussymbol, hat Apple ganze Arbeit geleistet: Smartphones sind ein Statussymbol, das jeder hat! Anders formuliert: Obwohl fast jeder ein Smartphone besitzt, ist es nach wie vor ein Statussymbol.[1] Zwar kann es wohl manchmal ungeheuer nerven, wenn man etwa in Bus oder Bahn von Mitfahrern umgeben ist, die pausenlos auf ihren Tasten herumknibbeln, schamlos laut telefonieren oder Musik hören, dass sich die Kopfhörer biegen. Von Realitätsverlust und Onlinesucht sprechen bei diesem Anblick wohl nur lebenserfahrene Altphilologen, die ihre Leserbriefe auf der Schreibmaschine tippen. Doch vielleicht flirtet der Kaugummi kauende Backfisch auf dem Nachbarplatz aber auch gerade online mit seiner frischen Liebe, die er am Wochenende kennengelernt hat? Oder liest der junge Mann gegenüber auf dem iPad ein Buch oder schreibt er seine Doktorarbeit? Oder vielleicht informiert er sich bei Wikipedia gerade über die Herkunft des Begriffs »Miesepeter«? Wäre das dann für die 1975 und davor Geborenen in Ordnung? Letztendlich ist auch dies eine Frage des Takts. Aber Menschen, die sich über Mitreisende beklagen, weil sie nur in ihre Handflächen starren oder mit ihrem »umts umts umts« aus dem Kopfhörer nerven, fordern damit nicht, dass man sich mit ihnen unterhalten soll.

Wenn von »virtuellen Welten« die Rede ist, in denen sich Teenager bewegen, dann handelt es sich tatsächlich um die reale Welt. Auch wir mussten uns schon mal mit den Stärkeren in der Klasse auseinandersetzen, vielleicht sogar mal prügeln. Der Einwand, statt prügeln wird heutzutage ja ganz elegant im Internet gemobbt, scheint zwar berechtigt, zieht aber nicht ganz. Das habt Ihr nämlich auch gemacht, nur mit anderen Mitteln, wie zum Beispiel Klatsch und Tratsch.

Selbstverständlich sind Smartphones und das Internet der Untergang des Abendlandes. Die »neuen« Medien sind »schlimm«! Viel erfolgreicher, nachhaltiger und lebensechter sind dagegen Medien wie Bücher und das Fernsehen, in denen man (wie etwa so mancher Kulturpessimist) solche Wahrheiten hinausposaunen kann und sich dann auf der Bestsellerliste ganz oben wiederfindet. Wenn es denn so einfach wäre …

Die Spaghetti-Theorie: von der Wand in den großen Topf

Das sogenannte Web 2.0, oft und vielfach als Raketentechnik behandelt, ist für uns ein Kommunikationsmedium, mit dem wir groß geworden sind – das für uns schon immer allgegenwärtig war. Das Neue, Revolutionäre, Gefährliche, Bedrohliche oder Großartige an diesem Medium: Die Grenzen zwischen Sender und Empfänger, Anbieter und Verwender verschwimmen. Früher gab es eine Handvoll großer Medienanstalten, die als »Gatekeeper« die begrenzte Sendezeit oder Publikationsfläche verwalteten, wobei die öffentlich-rechtlichen schon immer ganz offiziell von der Politik unterwandert waren, die die Gremien traditionell mit »ihren Leuten« besetzen.[2] Diese Medienunternehmen waren der einzige Sender und somit der einzige Weg zum großen Publikum. Ohne eigenes Medienunternehmen, ohne Produktionsteam, millionenschwere Technik und ein hinreichendes Budget schien das Erreichen eines medialen Publikums unmöglich. Unternehmen behandelten ihre Werbemaßnahmen wie eine Handvoll Spaghetti, die an die Wand geworfen wird: Irgendwas wird schon hängen bleiben. Bis heute wissen die Marketingleute nicht, wie sie dieses Medium wirklich effektiv nutzen können.

Im Web 2.0 ist man nicht mehr Anbieter oder Nachfrager. Jeder ist Partizipant. Und wenn wir zurückkommen zu den klassischen linearen Medien: Irgendwie machen uns diese klebrigen Spaghetti an der Wand nicht mehr so richtig an. Stattdessen schauen wir lieber in den großen Topf: Jeder Teilnehmer kann publizieren, kommunizieren und weltweit Menschen erreichen. Im Internet findet jeder auch ohne Einflussnahme von oben sein Publikum, und sei es noch so klein. Manchmal wird es aber auch ganz groß: Die ersten Gesangsaufnahmen von Justin Bieber im zartesten Kindheitsalter sorgten für Furore – ebenso wie der Mathematikstudent, der eine schwierige Aufgabe auf YouTube für alle verständlich löst, der Blogger, dessen Meinung plötzlich unzählige Follower findet, oder auch der Diktator, der trotz massiver Attacken gegen die eigene Bevölkerung schließlich vor der Basisdemokratie des Mediums kapitulieren muss.

Das Internet ist nicht eine Masse. Internet – das sind wir alle. Das Medium sucht sich seine Fans selbst. Wer gut unterhält, findet seine freiwilligen Fans, manchmal rund um den Globus. Die Klickraten bei einem Mini-Film-Experiment schnellen manchmal in eine Höhe, von denen Massenmedien nur träumen können.

Bei dem Fernsehexperiment *Gottschalk live* war einer meiner Lieblingsschauspieler aus der Kindheit zu Gast: Michael »Bully« Herbig. Nicht schlecht habe ich dann gestaunt über die Einblendung unter seinem Namen: »20 Millionen Menschen sahen seine Filme.« – nicht über die offenbar gewaltige Menge an Menschen, die er mit seinem Lebenswerk erreichte, sondern über die Tatsache, dass bestimmte Blogeinträge oder YouTube-Videos diese Marke innerhalb einer Woche knacken können – und meine Podcasts sie in vier Jahren geknackt haben.

Ich kann mit einem Podcast, den man mit drei Klicks öffnet, mehr Menschen erreichen als ein Schauspieler mit seinen gesamten Filmen während seines ganzen Lebens. Das liegt nicht nur daran, dass jeder Mensch global kommunizieren kann, sondern dass die Technik stimmt. Früher war Technik eine Wissenschaft für sich: kompliziert, fast unbeherrschbar, in der Hand von Riesen und vor allem unerschwinglich.

Mit einem Smartphone kann ich heute hochauflösendes Videomaterial produzieren, wie es vor wenigen Jahren nur im Kino zu sehen war. Bezeichnenderweise bringt heute kein Mensch mehr seine Filme zum Fotoladen an der Ecke und wartet auf die teuren Resultate, sondern fertigt einen beachtlichen Teil der privaten Filme und Fotos auf dem Smartphone an. Die Technologie ist hochprofessionell, die Qualität hervorragend, und alles ist jederzeit machbar und kostenlos. Ob ausgebildeter Journalist, Spaziergänger, Hobbyfotograf und -Filmer oder Kameramann: Die Grenzen fallen. Die Qualität ist druckreif. Die Aussage macht den Unterschied. Content is king.

Und wer noch immer meint, dass die Qualität und der Unterhaltungswert der nutzergenerierten Inhalte nicht an die der (Inszenierungs-)»Profis« heranreicht, für den gibt's jetzt eine Hausaufgabe: Fahrt mal den Rechner hoch und gebt bei YouTube den Suchbegriff »The longest time« ein, den Titel eines A-capella-Popsongs von Billy Joel aus dem Jahr 1984. Was gleich auf Euerm Bildschirm aufpoppen wird: Mehrere hundert, wenn nicht sogar mehrere tausend (die Suchanfange brachte über hunderttausend Treffer) kreative Interpretationen von überwiegend begabten, musikalischen Usern. Mit dabei: ein Überraschungskonzert auf einer öffentlichen Herrentoilette, eine amüsante Slapstick-Inszenierung, ein Buben-Ensemble im Grundschulalter, verschiedene Schul- und Uni-Ensembles, alle mit ihrem speziellen Charme, Interpretationen als Ballade, eine als Rap. Aufnahmen, auf denen der User die verschiedenen Stimmen selbst einsingt und dann zusammenmischt. Die Bandbreite der Virtuosität ist gigantisch. Nirgendwo anders springt der Spaß an der Musik so über. Ein Klick auf die »empfohlenen Videos« in der Seitenleiste. Und noch einer. Und noch einer. Ups, und schon ein ganzer Abend vorbei und die Castingshow verpasst. Mist.

Und wer hier die emotionalen Eskapaden um die Auftretenden vermisst, der findet entsprechend herzzerreißende Geschichten auch im Äther. Im Gegensatz zu den gescripteten und dramatisierten Ausführungen in den Prime-Time-Formaten wirken hier die Erzählungen ganz von selbst. Ein Suchbegriff reicht. Fragwürdig ist höchstens der teils inflationäre Gebrauch, den man von der Möglichkeit des Alles-Filmens macht: Wenn bei jeder Veranstaltung von der Hausparty bis zu den Olympischen Spielen ständig die Kamera gezückt wird, stellt sich die Frage: Hat man eigentlich auch gesehen, was da abgelichtet wurde, oder hat man die großen Momente im Prinzip verpasst, obwohl man mittendrin ist und nicht nur dabei? Oder auch: Interessiert es wirklich andere, was man davon publiziert?

Wir suchen nicht mehr – wir finden

Das genau ist der Punkt. Wir haben unendlich viel Input, der jederzeit zur Verfügung steht: Millionen von Websites, Foren, Blogs, Sendern, Programmen, Content – und im Schnitt vierhundert bis fünfhundert Facebook-Freunde.[3] Deshalb sind wir von Kindesbeinen an mit der Notwendigkeit aufgewachsen, zu selektieren, bis es uns in Fleisch und Blut übergegangen ist. Was ist relevant für mich? Womit will ich mich beschäftigen? Was ist es wirklich wert? Das führt dazu, sehr effizient zu denken und zu handeln. Das klassische »Surfen« im Internet, wie es damals hieß, ist nur eine Nutzungsvariante von vielen. Surfen hat immer den Beiklang, sich etwas auszusetzen, sich irgendwo zu verlieren, den Fortgang nicht alleine lenken zu können, sondern eben sprichwörtlich von einer riesigen Welle getragen zu werden. Das ist jedoch nur eine Option, wie man Medien nutzt, und auch das kann Spaß bereiten. Das professionelle, gezielte oder selektive Vorgehen im Internet, etwa bei einer Recherche, ist jedoch auch längst Standard. Das Schöne daran ist ja: Wenn man etwas wirklich sucht – einen Begriff, eine Erklärung, ein Produkt –, dann sucht man nicht, man findet ihn. Sofort. Das Gleiche gilt für Zitate, für verschollene Bücher, seltene Kräuter oder Quellen ganz anderer Art.

Ein Bekannter erzählte mir, dass er eigentlich einen recht interessanten Stammbaum habe. Schon sein Urgroßvater habe um die Jahrhundertwende viel geschrieben und veröffentlicht, unter anderem ein Standardwerk der Forstwissenschaft; er habe aber auch eine Fichte-Ausgabe herausgegeben – einiges davon fand sich in der Universitätsbibliothek wieder. Aber er konnte die Bücher natürlich nur ausleihen. Als es dann das Internet gab, dauerte es nicht allzu lange, bis Antiquariate ihre gesamten Bestände digital auflisteten, um sie auch online anzubieten. Was vorher Jahre und Jahrzehnte permanenten Stöberns in muffigen Läden bedeutet hätte, war binnen Sekunden aufrufbar. Um eine lange Story kurz zu machen: Wenig später besaß der Doktorand mehrere Bücher seines Urgroßvaters – und noch einige, von denen man gar nichts mehr wusste: eigene Texte, Gedichtbände und eine Abhandlung über das gleiche Thema, zu dem der Urenkel gerade in der Bibliothek seine Doktorarbeit verfasste: Immanuel Kants *Kritik der reinen Vernunft*.

Ihr seht: Anders, als oft suggeriert wird – und wie es als Vorurteil in vielen Köpfen tief verankert ist –, erschöpft sich die Nutzung der neuen Medien nicht in »sinnbefreiter Daddelei«. Vielmehr geht es darum, mit anderen Menschen zu kommunizieren, die Köpfe zusammenzubringen. Die verschiedenen Arten, wie wir unsere Beziehungen pflegen, sind nun um das Internet erweitert. Dort können wir mehr erreichen: mehr Freunde und auch mehr Gespräche. Nicht 1:1, sondern mit allen, oder innerhalb einer kleinen Gruppe, ganz wie wir unsere Freundschaften online pflegen wollen. Ich muss nicht alle Spaghetti an die Wand werfen und schauen, was hängen bleibt, sondern kann ganz gezielt mit diesem oder jenem Freundeskreis kommunizieren.

Kritik ist jedoch durchaus auch angebracht an dem permanenten Verweilen im Web und in den Social Media. Ein Faktor, der gegen die große Freiheit spricht, ist die Zeit. In der Tat kostet das fast lebensnotwendige Online-Sein ungeheuer viel Zeit. Aus diesem Grund ist einer meiner guten Freunde tatsächlich nach dem langen Marsch durch die Facebook-Deaktivierung (darunter auch: Fotos von ihm mit Freunden unter der Überschrift:»Diese Freunde würden Dich vermissen …«) ausgestiegen – aber nur einer. Es ist aber nicht nur eine Facebook-Schikane, sondern eigentlich prinzipiell sozial gar nicht möglich, wieder auszusteigen. Einladungen zu Geburtstagsfeiern oder Partys, Gerede, Gerüchte, Termine: Wer nicht drin ist, bekommt schlicht kaum noch etwas mit. Auf dem Pausenhof wird heute nicht mehr darüber geredet, was gestern im Fernsehen kam, sondern darüber, was es Neues gibt.

Unsere Freundschaften sind intensiver

Von älteren Generationen kommt jedoch der Vorwurf:»Ihr habt doch in Wirklichkeit gar keine Freunde mehr! Ihr hackt doch nur noch in die Tasten, schaut auf leuchtende Farbpunkte und wisst gar nicht, mit wem ihr gerade kommuniziert! Das hat doch mit Freundschaft, so einer zum Pferdestehlen, nichts mehr zu tun!«

Ich habe mich lange mit diesem Einwand beschäftigt – oder vielmehr: Er hat mich beschäftigt, denn wenn man einmal vom Phänomen Facebook-Party absieht, bei dem man plötzlich und versehentlich mehr Freunde hat, als einem lieb ist (wenn man seinen Account nicht echten Freunden vorbehält), geht es den Usern um ernsthafte und, wenn es sich ergibt, auch enge Bekanntschaften. Verschiedene Studien kamen zu dem überraschenden Ergebnis, dass Facebook & Co. die User nicht apathisch oder einsam macht, sondern geselliger und umtriebiger. »Online-Freundschaften vertiefen und erhalten in aller Regel offline-Freundschafen«, sagt der Sozialpsychologe Prof. Dr. Jaap Denissen von der Berliner Humboldt-Universität. Die Social Media bewirken, dass man sich öfter im richtigen Leben trifft als ohne Zugang zum Netz. In einem »Tal der Ahnungslosen« in Ostdeutschland, wo es bis vor kurzem keinen Netzzugang gab, stellten die Wissenschaftler fest, dass die Annahme von Ehrenämtern, kommunalpolitische Aktivitäten oder Verabredungen zu Oper, Kino und anderen geselligen Dingen wesentlich seltener vorkamen als in vernetzten Regionen.[4]

Die Generation Facebook hat offenbar viel mehr »Freunde« als früher. Das ist zunächst nicht weiter erstaunlich, und der Begriff »Freunde« ist auch durchaus diskutierbar. Aber jetzt kommt's: Unsere Beziehungen zu unseren Freunden dauern länger und sind wesentlich intensiver und gefestigter als die der Generation vor uns. Damit ist keineswegs gemeint, dass Internet-User öfter chatten, sich auf Facebook oder per E-Mail austauschen – und dass das dann eine »wahre Freundschaft« darstellt. Laut einer offiziellen Studie aus den USA[5] pflegen 56 Prozent der Nicht-Internet-Nutzer Freundschaften und Kontakte zum Beispiel durch Vereinsarbeit, Mitgliedschaften in Clubs und anderen Gemeinschaften, bei frequenten Social-Network-Usern sind es hingegen 82 Prozent, die sich offline engagieren, Freunde treffen, sozial unterwegs sind! Und ihr wollt mir erzählen, wir seien durch das Netz desozialisiert. Pah.

Der vermeintliche »virtuelle Raum«: die verlängerte Kneipentheke

Man kann aber auch eine weiterführende Frage stellen: Wie kommt es eigentlich, dass unsere Generation überhaupt auf die neuen Medien so abfährt? Wieso wollen wir per Twitter, SMS oder auf Facebook kommunizieren, wo wir uns doch ohnehin den halben Tag in der Schule treffen? Dafür gibt es sogar eine biologische Antwort: Elektronischer Kontakt ist wie Kuscheln. Beim digitalen Kommunizieren wird ein Hormon freigesetzt, das uns ein ähnliches Gefühl gibt, wie wenn wir uns sinnlich, zärtlich und geborgen fühlen: das Kuschelhormon Oxytocin.[6] [7] Wer kennt es nicht, dieses anmachende Brausen, das in uns aufsteigt, wenn wir als Absender einer tollen Nachricht eine angenehme Person wahrnehmen?

Eine schlüssigere Antwort gibt vielleicht die Analyse des Erfolgs des amerikanischen Unternehmens Zynga. Ihr kennt Zynga? Sicherlich kennt Ihr das Facebook-Spiel *FarmVille* – oder spielt selbst mit. Irgendwoher muss ja der Erfolg kommen, mit dem das Start-up aus dem Silicon Valley mit über 80 Millionen Usern zur beliebtesten Facebook-Anwendung wurde. Der Businessplan von Zynga sieht vor, dass man wie bei einer Mischung von Tamagotchi und dem *Siedler*-Spiel seinen kleinen Bauernhof unterhält und ihn mit den besten Ernteergebnissen optimal bewirtschaftet. Um im Freundeskreis der erfolgreichste Bauer zu sein, bestellt man sich bei *FarmVille* einfach eine Ladung virtuellen Dünger. Für echtes Geld, versteht sich. Durchschnittlich 2,25 Dollar pro Spieler erwirtschaftete Zynga in der Anfangsphase des Unternehmens. Aufgrund des großen Erfolgs des Online-Spiels erwirtschaftete Zynga

2011 den gigantischen Umsatz von 1,14 Milliarden Dollar – ohne viel Hardware.

Mich hat dieses Phänomen zu folgender Erkenntnis gebracht: Wir Menschen projizieren unsere Grundbedürfnisse (für die altklugen Bildungsbürger: die ab der dritten Stufe der Maslowschen Bedürfnispyramide, hier in der westlichen Welt) – das Gefühl, nicht allein zu sein, Menschlichkeit, Kommunikation, Freunde, Unterhaltung, ein wenig Wärme, Lebendigkeit, Interaktion und das Gefühl, gebraucht zu werden – in dieses neue Medium. Und da die sozialen Medien anders als die klassischen linearen Medien keine kommunikative Einbahnstraße sind, erfahren diese Bedürfnisse offenbar auf eine gewisse Weise Befriedigung. Das Internet ist also nicht ein virtueller Raum, sondern die Verlängerung der Kneipentheke, der Selbsterfahrungsgruppe oder eben der Clique.

Auf Wiedersehen Bilder, Bücher, Zeitungen?

Viele der älteren Generationen haben nicht ein Problem mit der digitalen Jugend von heute. Sie haben ein Problem damit, dass deren Revolution nicht auf der Straße stattfindet – nicht in der Popmusik und nicht so, wie sich die Erwachsenen von heute das eben vorstellen –, sondern im Internet. Sie sagen sogar teilweise, dass wir ihnen nichts vormachen können. Aber sie sehen nicht, was wir dort tun, treiben, unternehmen. Vielleicht verabreden wir uns gerade zu einem Flashmob, zetteln eine Revolution an, schreiben irgendwo die Hausaufgaben ab oder diskutieren sogar einen äußerst komplexen Sachverhalt. Dazu später mehr.

Doch nicht alle »Alten« beklagen den Untergang ihrer klassischen Medien wie Zeitungen, Bücher, das Radio, ja sogar Fernsehen. Meine gesamte Familie (auch mein Großvater!) liest inzwischen die Lokalzeitung nicht mehr gedruckt, sondern auf dem iPad.

Wenn es einen wirtschaftlichen Schwund gibt, dann sind es die klassischen Medienunternehmen, die verpennt haben, sich angesichts der technologischen Entwicklung neue Geschäftsmodelle auszudenken. Denn schon vor über zwanzig Jahren verabschiedete sich der Media Lab-Visionär Nicholas Negroponte mit einem aufsehenerregenden Vortrag von den klassischen Massenmedien: »Good-bye to Mass Communication: So Long Broadcast, Newspapers, Books«.[8] Die Alternative war für ihn in leicht abgewandelter Form das, was tatsächlich eingetreten ist. Wie man sich in Fachkreisen mittlerweile einig ist, gilt jedoch weiterhin das Rieplsche Gesetz, nach dem kein neues Informationsmedium ein altes verdrängt, sondern ihnen meistens andere Funktionen zuweist. So starb mit der Erfindung des (Ton-)Films das Theater nicht aus, und das Kino überlebte auch die Einführung des Fernsehens.

Um es gleich vorwegzunehmen: Im Unterschied zur Generation Fernsehen, die sich nach Zeiten und den Programmen richtet, schauen wir tatsächlich immer weniger bis gar nicht in die Röhre. Warum man Radio hören soll, muss mir mal jemand erklären; wenn man einmal die einzelnen UKW-Frequenzen zwischen 87,5 und 108 durchzappt, finde ich keinen Anreiz. Die Zeitung ist eine schöne Sache, um Fisch einzuwickeln, nur die Nachrichten sind buchstäblich von gestern – und nichts ist bekanntlich nach einer alten Journalistenweisheit älter. Außerdem habe ich nie wirklich begriffen, wie man eigentlich Zeitung liest. Im Zug brauche ich, um eine gedruckte Zeitung lesen zu können, zum Umblättern eigentlich ein ganzes Vierer-Abteil für mich, und am Frühstückstisch ist entweder die Zeitung oder die Kaffeetasse im Weg

Ich wurde Anfang 2012 zu einer Tagung der Fotobranche eingeladen, um der Fachwelt zu erklären, wie die Digital Natives mit ihrem Medium – der Fotografie – umgehen. Nun, man muss diesem Publikum nicht mehr erklären, dass »Foto Porst« ausgedient hat und man seine Bilder in jeder Drogerie mittlerweile vom Stick direkt ausdrucken kann. Was das Verkaufspublikum fotografischer

Medien jedoch sträflich vernachlässigt, ist der Versuch, auf uns zuzukommen, obwohl wir – und hier kommt die gute Nachricht – ja wohl die erste Generation sind, die ständig mit dem Fotoapparat unterwegs ist und – die zweite gute Nachricht – mit diesen Bildern intensiv kommuniziert. Noch nicht gemerkt?

Das Fotohandy kann qualitativ vielleicht noch nicht mit einer Profikamera mithalten, hinsichtlich der Auflösung allerdings schon längst. Der spontane Griff zum Mobiltelefon ist uns schon in Fleisch und Blut übergegangen. Die Kommunikation mit Bildern ist so intensiv, dass wir uns eher schon mit dem Vorwurf auseinandersetzen müssen, wir verpassten das eigentliche Ereignis, weil wir es eher hinter der Linse betrachten und nicht bewusst. Aber was immer wir sehen und erleben, wollen wir anderen mitteilen, jedoch nicht im Fotoalbum und auch nicht im Diakarussell, sondern online, mit meinen Freunden weltweit. Vielleicht ergäbe sich sogar eine neue Möglichkeit in Fotoläden, wenn die mal auf die Idee kämen, einen Verkaufsraum als attraktiven Treffpunkt zu entwickeln, in dem man gemeinsam in gemütlichen Sesseln sitzt, Cappuccino schlürft, sich Fotos anschaut und mit einem Knopfdruck ausdrucken oder mit meiner Clique ein Fotobuch basteln kann. Gut wäre es auch, wenn ich unterwegs schon Bilder zum Druck schicken könnte, die ich dann vor Ort nur noch abholen muss, statt in einer Schlange zu stehen und zu sehen, wie Muttchen oder Ömchen mit dem Stick vom Söhnchen fertig wird.

Der interessante Punkt ist jedoch: Wir fotografieren so viel wie nie zuvor. Es wird fotografiert, was das Zeug hält! Jeder Smartphone-Nutzer verfügt über einen hochauflösenden Fotoapparat und kann diese Bilder auch noch direkt weiter verschicken. Besonders für Jugendliche ist die Option »Foto« im Handy ein Anlass, nahezu täglich Bilder zu machen und sich verbal wie auch nonverbal mitzuteilen.

Meinen Vortrag auf der Tagung der Fotobranche fasste ich folgendermaßen zusammen: »Wir schenken ungern Zeit her. Wir nutzen unsere mobile Zeit. Bilder sagen bekanntlich oft mehr als tausend

Worte, sie transportieren eben auch Stimmungen – und sei es, um zu dokumentieren, was auf der alternativen Party gerade abgeht. Deshalb, meine Damen und Herren, *Start making sense* – denn die bleibenden Momente in unserem Lebensfilm, das sind Fotos.«

Als mein Vortrag schloss, resümierte der Veranstalter mit dem Satz: »Herr Riederle, Sie haben uns sicher unterhalten, teilweise sogar provoziert oder sogar beleidigt, aber genau das ist es, worauf ich seit dreißig Jahren in meiner Branche warte. Und als Fazit kann man mitnehmen: Die jüngste Generation operiert mit Bildern – was will man mehr?«

Dazu noch zwei Dinge: Wie man sieht, ist es für das Foto nicht zu spät. Und auch nicht für den Druck. Zum einen haben immer weniger Leute unserer Generation überhaupt noch einen Drucker zu Hause, geschweige denn einen, der Bilder in Fotoqualität ausdrucken würde. Und zum Zweiten sind wir Kinder immer noch große Bastelfreunde, die möglicherweise eine Auswahl von Bildern für Omis Geburtstag im Internet in ein Layout sortieren, beschriften und zu einem Drucker schicken. Mein kleiner Bruder scheint auf Druck bereits vollkommen zu verzichten. Mir scheint es oft, als würden unsere analogen Vorfahren immer noch Angst haben, ohne Druckmedien den Halt zu verlieren und digital auf einem Seil zu tanzen. Aber davon einmal abgesehen: Auch wenn wir längst an Motive in glänzenden Monitoroberflächen gewohnt sind, würde den meisten von uns doch etwas fehlen, wenn wir nicht Poster und Bilder an der Wand hängen hätten, wie es sich für ein Jugendzimmer gehört.

Die Zeitung – altgedient oder ausgedient?

Womit wir bei den beiden klassischen Druckmedien wären, dem Buch und der Zeitung. Als die ersten Zeitungen mit der Veröffentlichung ihrer Nachrichten auf eigenen Webseiten begannen, ging dies mit einem starken inneren Konflikt einher. Niemand konnte wirklich sagen, ob die Zeitungsverlage damit nicht gerade ihre eigene Basis zerstörten und ihre Haupteinnahmequelle, die Zeitung, marginalisierten. Die entscheidende Frage war, ob Online-Medien wirklich irgendwann den gleichen Profit abwerfen würden. Die *Frankfurter Allgemeine Zeitung (FAZ)* stellte in den ersten Tagen ihrer Internetpräsenz nur einen kurzen Text auf ihre Website: Natürlich fände man hier niemals die gleichen Nachrichten wie in der gedruckten Zeitung, dann könnte man den Druck doch gleich einstellen. Dieser Text verschwand dann ziemlich schnell zugunsten der Nachrichten aus der *FAZ*. Und was den Profit angeht, hat *BILD* den Bann gebrochen: *BILD.de* wirft heute mehr ab als die Printausgabe. Und das bedeutet trotzdem wohl kaum, dass die gedruckte *BILD* in nächster Zeit abgeschafft werden würde.

Trotzdem lässt sich diskutieren, wie die Gewichtung zwischen Online- und Printnachrichten sich optimal verhalten sollte. Das Neueste vom Tage lese ich weder morgens in der Zeitung, noch sehe ich es abends in der Tagesschau – mit dem Aufklappen des Laptops oder dem Blick aufs Smartphone bin ich doch ständig auf dem neuesten Stand! Vielleicht ist es ja Absicht, redaktionell so zu verfahren, um das öffentlich-rechtliche Stammpublikum um die sechzig um 20:00 bei seiner Tagesschau-Gewohnheit abzuholen und anderen Generationen im Internet das Gleiche anzubieten. Oder aber man müsste online andere Inhalte einstellen.

Printmedien wie die *Süddeutsche Zeitung (SZ)* oder die *FAZ* sind jedoch ein qualitativer Fels in der Brandung, zumal sie im Medienmix nach wie vor das »Mutterschiff« bilden. Und das hat seinen Grund. Sie sind dem klassischen Journalismus verpflichtet; hier muss jede Tatsache hieb- und stichfest, jedes Wort richtig geschrieben sein; hier wird fundiert recherchiert und kommentiert nach der goldenen Regel: Papier ist geduldig. Auf eine offenbar ganz andere Art und Weise fühlt sich der Autor seinem Text gegenüber verpflichtet; noch in hundert Jahren könnte er theoretisch dafür haftbar gemacht werden, was er gestern geschrieben hat. Im Internet hingegen verschwinden falsch oder luschig recherchierte Beiträge ganz schnell von der Bildfläche, wenn sie zum Beispiel schlechte Kommentare ernten.

Apropos Kommentar: Wenn die Social Media die verlängerte Theke sind, dann ist der Leserkommentar von *SPIEGEL online* und Co. der Stammtisch. Und damit tut sich eine andere Gefahr auf. Es ist teilweise erstaunlich, auf welcher Niveaubandbreite die Beiträge spielen. Diskussionsforen sind für alle da – vom Experten, der manchmal mehr weiß als der Autor, bis zum beschränkten Grantler.

Dieser Umstand, der bei den alten Printmedien nur in der Leserbriefecke seinen Niederschlag fand, führt zu einem weiteren Problem: dass im Internet nun einmal jeder alles sagen und posten kann, was ihm gerade beliebt. Der Redakteur einer Tages- oder Wochenzeitung bemüht sich im Allgemeinen, einen Sachverhalt mit Pro und Contra abzuwägen und Dinge so darzustellen, dass sie möglichst allgemein relevant sind. Stichwort »Objektivität«. Diskussionsforen sind sicherlich ein großer Beitrag zur Demokratie. Aber lesen muss man das meiste von »Mein Senf« eher nicht, da sich in nahezu allen Beiträgen nicht Fachmeinungen widerspiegeln, sondern persönliche Vorstellungen, gemixt mit Weltanschauungen.

Ein skurriles Beispiel war der tiefe Fall – ausgerechnet! – eines Zeitungserben, der an seiner eingebildeten Medienkompetenz scheiterte. »Ist es denkbar«, schreibt der bekannte Blog-Kolumnist Stefan Niggemeier, »dass einer der wichtigsten Medienmanager Deutschlands über Monate in diesem Blog unter einer Vielzahl wechselnder Pseudonyme eine dreistellige Zahl von teils irren Kommentaren abgibt, in denen er auf eigene Beiträge verweist, mich und seine Konkurrenz beschimpft, wüste Verschwörungstheorien strickt und seine verschiedenen Identitäten miteinander diskutieren lässt? Es sieht ganz danach aus, aber Konstantin Neven DuMont sagt, er war es nicht.«[9] Der vierzigjährige Sohn des Zeitungsmachers Alfred Neven DuMont trägt einen bekannten Namen. Er saß im Vorstand der DuMont-Mediengruppe und hatte dort offenbar Langeweile, so dass er neben seinen Dauerkommentaren auf Niggemeiers Seite ein Spiel der Identitäten aufzog, in dem vermeintlich andere»Autoren« seine Kommentare oder diejenigen anderer Identitäten kommentierten, bis das Ganze einen gegenüber Niggemeier so offensiven wie absurden Charakter annahm, dass es sich zum Skandal ausweitete. Auffällig viele dieser Autoren verteidigten Niggemeier verbal bis aufs Blut. Neven Du-Monts»Kommentarwahn« (Niggemeier) hatte besonders vermeintliche Angriffe auf die DuMont-Gruppe zum Inhalt, aber schließlich ging das Ganze nach hinten los: Vater Alfred entließ seinen eigenen Sohn.

Im Internet existiert aber auch eine Form, in der man zu einem ganz bestimmten Themenkreis meistens kompetente Beiträge eines Autoren findet, der sich bestens auskennt und sich mit anderen auf Augenhöhe darüber austauscht: der Blog. Der Blog ist das Logbuch des Web; tauglich für eine größere Fangemeinde existieren sie seit etwa fünfzehn Jahren. Inzwischen gibt es etwa 180 Millionen Blogs mit teilweise innovativen Inhalten. Selbst in Orientierungshilfen wie dem»Perlentaucher« finden sich neben den interessantesten Artikeln der aktuellen Feuilletons auch die neuesten Blog-Empfehlungen vom Tage. Jeder Interessent findet zu seinem persönlichen Thema entsprechende Blogs, in denen sich die gesamte Netzgemeinde rund um ihr Thema versammelt.

Das Buch:
totgesagt und daher quicklebendig

Gutenberg hat nicht das Buch erfunden, aber er hat die Lettern beweglich gemacht. Nach der zweiten Buchstaben-Mobilisierung durch die Digitalisierung von Printmedien um das Jahr 2000 ist noch mal das Gleiche geschehen. Das Buch ist aus den Fugen geraten. Als Alternative haben sich digitale Lesegeräte etabliert – der Kindle-Reader von Amazon oder Tablets wie das iPad. Auf dem Kindle lassen sich etwa 1400 Bücher speichern. So viele, wie man im ganzen Leben kaum liest – und sie sind immer und überall verfügbar. Man sucht nicht nach einer Textstelle, man findet sie. Man unterstreicht, malt etwas daneben, kopiert und pastet sie woanders hin, zum Beispiel in die Doktorarbeit … natürlich nicht, ohne die Quelle anzugeben. Man steckt also seine gesamte Lebenslektüre in die Handtasche, statt zehn Schwarten in den Koffer zu packen, der damit kaum noch tragbar ist. Und wenn die zehn Bücher dann gelesen sind, trägt man sie wieder zurück. Das Buch ist fort, es lebe das Buch. Glaubt nicht, dass wir nicht mehr lesen. Vielleicht »schmökern« wir mehr als Ihr. Und letztendlich, liebe Kulturpessimisten, ist es auch nur ein anderes Transportmedium der Lettern. In Amerika hat der E-Book-Umsatz bei Amazon übrigens den von toten Bäumen bereits überholt.

Wenn vom E-Book die Rede ist, dann ist man auch schnell bei den Themen Piraterie, Plagiat und Copy & Paste. An dieser Stelle ist es vielleicht sinnvoll, die nicht einmal besonders ältere Kollegin, die 1992 geborene Helene Hegemann, ins Spiel zu bringen. Im Jahr 2009 erschien ihr Roman *Axolotl Roadkill* mit einer sensationellen Resonanz: Es sei doch wirklich mal ein authentisches Gefühl, das die damals siebzehnjährige Debütantin vermittelt, meinten die Kulturjournalisten – bis zu dem Zeitpunkt, als sich herausgestellt hatte, dass ihr authentischer Roman zu einem großen Teil per Copy & Paste entstanden ist. Genau genommen änderte sich danach nichts. Denn die Kulturjournalisten, die den Roman so gefeiert haben, verlegten sich anschließend größtenteils darauf, ihn (und ihre eigene Rezension) zu verteidigen. Allen voran ihr eigener Patenonkel Maxim Biller, der davon nichts mitbekommen haben will.

Wie dem auch sei: Hegemanns Roman wurde nicht nur in fünfzig Sprachen übersetzt, er löste die Diskussion aus, ob Copy & Paste eine legitime Kulturtechnik darstellt. Bemerkenswert ist diese Tatsache auch deshalb, weil die »Autorin« selbst es sich – wie beispielsweise in der Harald Schmidt Show zu sehen – nicht erklären konnte, »was hier gerade abgeht« um sie herum.

Das Buch ist spätestens seit der Aufklärung das Medium schlechthin, in dem individuelle Gedanken geäußert und dargestellt werden. Menschen treten als Autoren, also Urheber, auf und liefern den Lesern in Gestalt von Gedichten, Geschichten oder Romanen einen Teil ihrer Persönlichkeit. Andererseits sind Techniken des »Klauens« zum Beispiel in der Musikszene gang und gäbe: Hip-Hop würde gar nicht existieren, wenn Rap und Gesang nicht von gecoverten Versatzstücken aus echten Kompositionen begleitet werden dürften. Selbstverständlich werden dabei aber brav die »credits« genannt – man möchte am Ende ja nicht den Ärger einer anderen Gang auf sich ziehen.

Darum kann es aber in literarischen Texten nicht gehen, und nur, weil es so einfach ist, schnell mal eine Passage zu markieren, kopieren und herüberzuziehen, kann man nicht für sich beanspruchen, einen eigenen Text verfasst zu haben. Auf die gleiche Weise verführt das Angebot im Internet natürlich zum »Pfuschen« bei den Hausaufgaben oder beim Lernen, letztendlich bleibt die Lernarbeit aber doch bei einem selbst hängen. Trotzdem sind wir auf Lernstoff wie Unterhaltung angewiesen, in welchem Medium auch immer. Auch wenn wir auf dem Kindle oder auf dem iPad lesen, kommt es auf den Inhalt an. Es geht nichts verloren. Und dieses Papier ist genauso geduldig wie die Digital Natives mit skeptischen Erwachsenen.

Eines steht fest: Spätestens seit den Anfängen des Computerzeitalters, als Programme und Spiele noch keinen Kopierschutz hatten und eifrig vervielfältigt wurden, gibt es hinsichtlich des Urheberrechts nur noch ein eingeschränktes Problembewusstsein. Ob Software oder Musik: Schon unsere Eltern teilten und verteilten (noch nie ein Mixtape im Radio aufgenommen und verschenkt?); die Kultur des Sharens mit Gratistransfer hatte sich fest etabliert – und nur die wenigsten hatten dabei gezielte Schädigung im Sinn. Diese Entwicklung werden die Urheberrechtsverfechter bei aller Berechtigung ihrer Argumente wohl kaum rückgängig machen können. Brauchen sie aber auch nicht, denn die Wissenschaft will herausgefunden haben, dass Filesharing das klassische Geschäft ankurbelt. [10] [11] [12]

Kommen wir wieder darauf zurück, dass unsere Eltern oft nicht wissen, was wir da eigentlich den ganzen Tag vor dem Monitor tun, was wir uns anschauen, mit wem wir kommunizieren – was das Ganze für einen Sinn haben soll. Hier die gute Nachricht: Wir kommunizieren. Wir tauschen uns aus. Fast neun Prozent von uns betreiben einen eigenen Blog! Darüber hinaus tauschen wir uns nicht nur über das Neueste vom Tage, sondern auch das Neueste aus unserem Freundeskreis aus. In der Tat muss man mittels der Social Media eben auch sozial auf dem Laufenden bleiben. Und plötzlich werden Medien urban, regional, hautnah spürbar: Heute ist nicht nur Bundesliga live auf Sky oder in der Zusammenfassung in der ARD von der Couch aus möglich, sondern theoretisch ebenso das Spiel des TSV Burgau (Bezirksliga Nord).

Außerdem – man höre und staune – verabreden wir uns, draußen vor der Tür, im Café, für die Party bei einem Freund. Wir ziehen einfach los und wissen, dass sich dort alle treffen. Wir haben unser Mobiltelefon dabei, stimmt. Es kann ja auch etwas dazwischenkommen. Oder jemand signalisiert, dass die Party langweilig ist. Dann wird schnell umdisponiert. Wenn die Ferien beginnen, stecken wir ein paar Bücher für den Strand in die Tasche, damit der Kindle nicht im Meer landet. Wir freuen uns auf die Lektüre einer deutschen Tageszeitung vom gleichen Tag. Und wenn wir in Manuskripten herumschmieren wollen, drucken wir sie nur allzu gerne aus.

Wir haben keine »Playstation, 64 Fernsehkanäle, Surround Sound und eigenen Fernseher«. Aber wir haben auch unsere Freunde – vermutlich mehr als Ihr früher.

Ach … und wo noch mal habt Ihr Euren Text über Eure Kindheit veröffentlicht? Richtig … es sind eben herrliche Zeiten!

2 Vom Auto bis zum Automaten

Alte Produkte und Systeme – und warum sie ausgedient haben

Ein paar Dinge müsst Ihr mir erklären. Einige Produkte und Konzepte, mit denen Ihr aufgewachsen seid, sind mir echt suspekt. Und ich verstehe nicht, warum sie für mich noch Sinn machen sollten – zumindest so, wie sie »konfiguriert« sind. Beim Thema Medien habe ich mich als Fan geoutet. Wir sind genauso hungrig nach Geschichten, Storys und Phantasien wie jede Generation vor uns. Und all dies muss sich nicht unbedingt auf dem iPod, dem Smartphone oder dem Tablet wiederfinden. Dort gibt es andere Dinge zu entdecken.

Aber – was habt Ihr eigentlich mit dem Radio veranstaltet? Eigentlich, sollte man meinen, ist das eine wunderbare Quelle, die einem ständig neue Musik bietet – neue Musik im Sinne von neuer, anregender Musik. Oder Ideen. Einfach neue Ideen. Ein Vortrag von jemandem, der etwas Tolles ge- oder erfunden hat: eine Geschichte, ein Autor, Infos über einen neuen Laden in der Stadt oder einen neuen DJ um die Ecke, irgendetwas. Möglicherweise existiert so etwas zwischen den dunklen Kanälen, irgendwo auf UKW zwischen 87,5 und 108. Wenn ich allerdings mal das Radio anstelle, zum Beispiel während einer längeren Autofahrt, dann stoße ich immer wieder auf die gleichen Sender, und zwar mehr als einmal. Okay, bei Volksmusik kenne ich mich nicht ganz so aus. Aber wenn man aus lauter Langeweile beim Fahren die gängigen Mainstream-Popsender hört, ist man sich nach etwa zwei Stunden sicher, dass wir in den achtziger Jahren leben und Helmut Kohl Bundeskanzler ist. Und schon wieder kommt ein Song von Phil Collins, Simply Red oder, vielleicht mal ganz modern, Madonna. Nicht einmal meine Eltern wollen das hören. Dazwischen: Staumeldungen. Der hippe Auf-Zack-Sender Eins Live nennt das sogar »Stau-Schau«. Nach zwei Stunden wissen wir zuverlässig, wo es sich noch immer staut – wirklich weltbewegende Informationen. Noch sinnloser sind sie allerdings, wenn man davon betroffen ist, sprich: mitten im buchstäblich angesagten Stau steht.

Aber zurück zum Musikangebot: Das Programm, so berichtet man mir, wird heute in diesen Sendern von der sogenannten Heavy Rotation bestimmt. Es wird permanent ermittelt, welche Songs die »Leute draußen am Radio« am liebsten hören und was in den Top Ten gelistet wird, und das wird deshalb ständig gespielt, weil die Leute das ja am liebsten hören. Hm. Das bedeutet also, dass immer die gleichen Lieder kommen, und je öfter man fragt, desto öfter kommen die gleichen Lieder, weil die »Leute draußen am Radio« ja nichts anderes kennen als das, was im Radio läuft. Acht- bis zehnmal laufen die immer gleichen »Hits« dann im Radio – jeden Tag. Und wenn die »Leute draußen am Radio« älter als 35 sind, dann läuft eben auch noch die gute alte Musik aus den guten alten Zeiten, die an den ersten Engtanz oder die erste Ü30-Party erinnert.

Ich finde, das ist ein großartiges Konzept. Da braucht man auch die ganzen langweiligen Internetsender nicht mehr anzuklicken, die alle ein ganz spezielles Musikangebot bereithalten, wo man alles, wirklich alles anhören kann, was es an Musik auf der Welt gibt (mein Großvater meinte übrigens, früher habe es das im Radio auch mal gegeben). Oder diese ständigen blöden Tipps auf Facebook, wo Freunde meinen, sie hätten da einen ganz tollen Song gefunden, oder einen uralten Videoclip, den man sich unbedingt mal anschauen müsste. Nein, so ist es doch viel schöner: die Ultrakurzwelle leise zur Arbeit rieseln lassen, den achsolustigen Moderatoren lauschen (und die Augen verdrehen) und jede Stunde die erwartbar gleichen 08/15-Liedchen hören. Oder verzweifelt im Programmheft anstreichen, was einen interessieren könnte, und zur Sendezeit dann am Lautsprecher Platz nehmen. Traditionell, für außergewöhnliche Musik, nach Mitternacht. Tolle Sache. Beachtet man auch, dass die darbenden Major Companies mit ihren aufgeblasenen Star-Hypes auf diese Weise ständig ein Almosen erhalten, statt dass wir aufregende, unbekannte Musiker zu Gehör bekommen, muss man wirklich froh sein. The Winner takes it all: Und es gibt nichts als Hits, Hits, Hits. Das Radio, eine ständige Oliver Geissen Show. Und die GEMA verteilt die Pfründe an immer die Gleichen. 65 Prozent der GEMA-Ausschüttungen fließen an fünf Prozent der GEMA-Mitglieder: etwa 3400 von 65 000 Mitgliedern insgesamt.

Apropos GEMA: Wenn dieses Buch erschienen ist, hat sich vielleicht schon ein Teil der lebendigen Club-Kultur aufgelöst: Die GEMA, die jährlich 700 Millionen Euro an Tantiemen verteilt, will die Preise erhöhen: für das sagenumwobene Berliner Berghain etwa, einen der offenbar angesagten Clubs, um das Zehnfache – statt 30 000 Euro 300 000 Euro pro Jahr. Diskotheken und die vielen »kleinen« Künstler haben nichts von den Tantiemen. Bei dem ominösen GEMA-Schlüssel zahlen die Kleinen bei jedem Live-Auftritt für ihre Kompositionen ein, bekommen aber nichts oder kaum etwas heraus. Ganz anders bei den ganz Großen – die bekommen umso mehr von dem, was die Kleinen einzahlen. Kleinvieh macht bekanntlich auch Mist. Und wehe, wenn jemand nicht seine Gebühren entrichtet … wir scheinen ja ohnehin längst in einer Inkasso-Gesellschaft zu leben.

Diesen unglaublichen Sachverhalt beschreibt der Musiker und Produzent Guido Möbius:

Wenn also ein Konzertveranstalter 500 Euro für das Konzert einer Newcomer-Band an die GEMA entrichtet, kommen vielleicht 50 Euro davon bei der Band an. Schuld ist ihr niedriger Pro-Faktor. Die übrigen 450 Euro versickern im großen Topf der »unverteilbaren Gelder« oder werden aufgewendet

für die üppige Bezahlung aufgeführter Hits und Gassenhauer
mit hohem Pro-Faktor. Eine verquere und unsoziale Idee, die
vielen Kritikern zufolge dem Gedanken des Urheberrechts-
gesetzes widerspricht.[1]

Das klingt wirklich alles unglaublich schlüssig, was da veranstaltet wird. Natürlich überlegt man längst, wie man auch auf YouTube und Co. Tantiemen verlangen kann – dort, wo einzelne Künstler bislang die große Chance hatten, von selbst entdeckt zu werden, ohne große Promotion-Wellen und riesengroße Plattenlabel, die Millionen investieren, um Abermillionen wieder herauszubekommen, wenn die »Leute da draußen« es immer und immer wieder im Radio hören. Die Clubs haben natürlich eine großartige Chance, mitzuverdienen: Sie spielen die Songs, die im Radio laufen. Das kennen die Leute, und die kommen dann. Die GEMA ist übrigens keine Behörde. Sie tut nach außen nur so. Sie ist ein privater Verein. Und es geht noch weiter:

Laut Geschäftsbericht 2010 ist der GEMA-Vorstand sehr un-
zufrieden damit, was im Bereich Online erwirtschaftet wurde.
Hier sehe man großes Potenzial. Das heißt, die Verwertungs-
gesellschaft wird Musikern, Komponisten und Nutzern wei-
terhin durch ihre Netzpolitik das Leben schwermachen. »Wir
müssen alle unsere Anstrengungen darauf richten, dass wir in
diesem Bereich endlich den Durchbruch schaffen«, heißt es
im Jahrbuch. Man gewinnt den Eindruck, dass sich die GEMA
zum Erhalt ihres aufwendigen Apparates auch neue Einnah-
mequellen erschließen will.[2]

Ihr müsst mir das erklären. Wenn ein wirklich talentierter Junge oder ein für ihre Musik lebendes Mädchen einen Song mit Garage-Band oder Smartphone aufnehmen und online verbreiten kann, was soll dann das ganze Gekrampfe und der ewige, immer gleiche

Singsang? Natürlich ist Fun, um es mit Adorno zu sagen, ein Stahlbad und Popkultur das Etikett für harmlose Schlager, die mehr oder minder alle eine Fußnote zu *Let It Be* und *Blowin' in the Wind* darstellen. Schaut man sich das mal in der Praxis an und zieht sich den *Four-Chord-Song*[3] auf YouTube rein, stellt man verblüfft fest: So ziemlich alle Hits der letzten fünfzig Jahre beruhen auf denselben Harmoniefolgen. Die britische Popformation THE KLF *(What Time is Love, Justified and Ancient)* hat ein »Handbuch« geschrieben, wie man mit nahezu hundertprozentiger Sicherheit einen Hit landet.[4] Alle diese Kommerzsongs sind derselbe Matsch. Schön. Einfach schön zum schnellen Wegkonsumieren. Aber dabei handelt sich es ja um die allergrößte Pop-Sause seit Elvis, klar. Auch die KLF-Jungs Bill Drummond und Jimmy Cauty sind der Meinung, dass man »vor neun Uhr vor der Tür« sein muss, aber so schön der Text noch heute zu lesen ist, an der Methode ist vieles überholt: Heute benötigt man keinen Radio-Logger mehr, um Redakteure von Sendestationen zum Abspielen der »Platte« zu überreden, sondern man nimmt auf, stellt ein Filmchen dazu her, schneidet, stellt es ein, brüht sich einen Tee auf und wartet. Ob man nun verkrampft einen Hit landen will oder einfach nur zum Spaß etwas aufgenommen hat, was man gut findet und gerne teilt – nun, mancher Song wurde unvermutet ein Welterfolg.

Aber für große Erfolge braucht es schon lange keine Sender mehr, denn das klassische Sender-Empfänger-Schema ist überholt. Im Zeitalter der »Massenmedien« mussten Zeitung, Radio oder Fernsehen breite Gesellschaftsschichten zur gleichen Zeit erreichen. Im Zeitalter des Internets ist ein »Versender« mit einigen anderen vernetzt, die ihrerseits ebenfalls vernetzt sind, und so macht das, was gut ist, schnell die Runde. Wie schon öfter geschehen, sind Songs, die die Interpreten selbst hochgeladen haben, zu Riesenerfolgen geworden – einfach per *Like*, Mund-zu-Mund-Propaganda beziehungsweise virale Kommunikation. Erklärt mir, warum ich Radio hören soll und warum Ihr noch die letzten Außenposten der Freiheit kaputt machen wollt. Inklusive der Club- und DJ-Kultur. Der Mainstream ist offenbar kaum aufzuhalten. Oder ist es jetzt schon wieder Mainstream, nicht Mainstream zu sein?

Tollkühne Menschen in ihren fahrenden Kisten

Neben solchen Mechanismen gibt es auch Technologien, die ich sofort zum »alten Eisen« zählen würde. Dazu gehört im Prinzip auch die »Faszination Automobil«, wie die Werbung sie uns so verführerisch präsentiert. Autos sind omnipräsent; sie prägen nicht nur den Alltag vieler Menschen, sondern auch unsere gesamte Infrastruktur, unser Leben. Es gibt Menschen, die leben und arbeiten zu einem großen Teil mit dem Ziel, sich ein hochwertiges Auto zuzulegen, weil es ihnen als Statussymbol wichtig ist. Sie faseln etwas von »Fahrgefühl« und verbringen einen guten Teil ihres Lebens auf der Autobahn. Für Autos wird alles geopfert: Geld, Zeit, Natur. Ein Kilometer planierte Autobahntrasse kostet im Straßenbau etwa eine Million Euro – damit man sich anschließend in den Stau stellen kann. Aber es gibt sie immer noch, die Asphalthelden, die damit prahlen, welche Strecken sie in einer unglaublichen Geschwindigkeit absolviert haben: tollkühne Menschen in ihren fahrenden Kisten.

Das Auto steht für zwei wesentliche Faktoren der »alten Technologie«: Beherrschung und Statussymbol. Die Gefährte der Henry-Ford-Ära sind im Prinzip immer noch so konstruiert, dass man (oder auch Mann) sie beherrschen muss. Hier kann man seine ganze Fähigkeit, elegant zu fahren, zu rasen oder auch einzuparken, ausspielen. Hier kann aber auch dem Nachbarn gezeigt werden, was man sich leisten kann. Dass es sich im Prinzip aber um eine recht klobige Kiste handelt, die man umständlich besteigen und recht schwerfällig manövrieren muss, davon ist selten die Rede.

Stattdessen wird das Hohelied auf die »Freiheit« angestimmt. Unglaublich, wie oft dieses Wort in der Werbung in Zusammenhang mit dem Auto fällt – ungefähr so oft, wie man mit der Karre im Stau steht.

Meine Generation kann den Kult rund um die Kiste jedenfalls nicht nachvollziehen. Es scheint sich um eine Melange zu handeln, die noch aus den siebziger Jahren herrührt – als Familienväter mit dem Auto ihr soziales und technikaffines Selbstverständnis zum Ausdruck bringen und demonstrieren wollten, dass sie es sich leisten und auch beherrschen können. Traditionell halten sich in Deutschland fast hundert Prozent aller Autofahrer für die jeweils besten, die sie kennen. Die Mentalität, Herr über die Technik zu sein, hat sich mittlerweile vielleicht mehr in die Baumarktszene verlagert – aber Hauptsache, es gibt Bereiche, in denen Männer noch Männer sein können. Den Führerschein zu machen war nicht das große Hindernis. Dann aber die heilige Trias von Auto, Motor, Sport beherrschen können, sowohl, was die Fahrkunst angeht, als auch, wenn man sich unter den Wagen legt oder am Wochenende an Oldies herumfrickelt – das ist die wahre Herausforderung. Männlicher geht es kaum.

Was die »Beherrschung« von Technologien angeht, so ist sie seit Apple einfach obsolet geworden. Warum? Weil keine Gebrauchsanweisungen mehr benötigt werden. Im modernen Medienzeitalter sind Produkte entstanden, die von ihrem Anwender nicht mehr verlangen, dass er sich erst einmal den Opel-Katalog »Wie helfe ich mir selbst« reinzieht; die Dinger funktionieren einfach und erklären sich selbst. Apple hat zu Beginn seiner Erfolgsära vermutlich gegenüber der beigen Konkurrenz am meisten gepunktet, wenn das Unternehmen frisch ans Werk ging. Ein Werbespot aus den neunziger Jahren zeigte im direkten Vergleich einen Käufer eines 08/15-Computers und den eines Apple-Geräts. Ihr ahnt, was kommt, oder Ihr erinnert Euch vielleicht sogar an Euer erstes eigenes Computer-Abenteuer im MS-DOS-Zeitalter: eine never ending story von Eingaben und Anweisungen, bei denen man nicht einen Schritt falsch machen durfte, und am Ende funktionierte es trotzdem nicht – oder aber man stöpselte genau einen Stecker ein und schaltete auf ON, und das Ding lief.[5] Im ersten Fall gab es eine Menge Leute, die das »Prinzip PC« bevorzugten – denn wenn sie es einmal geschafft hatten, das Teufelsding zum Laufen zu bringen, waren sie der Held. Oder man bevorzugte das Prinzip Apple, spielte nicht den Helden und war dafür seiner Zeit voraus.

Apropos Radio, Achtziger und Staus: Ich bin jetzt achtzehn Jahre alt, und ein beachtlicher Teil meiner gleichaltrigen Bekannten wollen zum großen Erstaunen ihrer Eltern nicht einmal den Führerschein machen.[6] Ich verstehe sie, denn mir ist schleierhaft, was daran so erstrebenswert sein soll, stundenlang im Auto zu sitzen und gezwungen zu sein, nichts zu tun – außer Radio zu hören, sich über den Autofahrer vor mir aufzuregen, vielleicht auf dem Rücksitz ein Video zu schauen oder im Stau zu stehen und die verdreckte Plane eines Lkws zu bewundern. Mir will auch nicht einleuchten, warum die Autowerbung einem Freiheit und Faszination vorgaukelt. Davon spürt man erst recht nichts, wenn man auf dem Land lebt, wo das Auto aufgrund fehlender Mobilitätsinfrastruktur gezwungenermaßen benötigt wird, und jede Menge Nahrungsmittel nach Hause oder die Kinder zum Fußball oder zum Ballett transportieren muss.

In den Werbeblöcken sieht man Autos oft tolle Dinge treiben. Da peitschen eigentlich recht gewöhnlich aussehende Kisten durch Gebirgslandschaften; die SUVs zerquetschen ein paar Molche, wenn sie durch schier undurchdringliche Flusslandschaften brettern, und mittlerweile schaut auf Lanzarote wohl kaum noch ein Kamel hoch, wenn wieder mal ein Flitzer für einen Werbespot durch die Lavafelder braust. Aber offenbar sieht man das im Fernsehen und will es dann auch haben. Will ich haben: der Porsche für den Papi, der SUV für die Mutti. Wenn die Werbung das Sagen hat, soll ich nun so schnell wie möglich den Führerschein machen, um endlich einen dieser tollen Wagen zu fahren – wobei »fahren« gerade in der Stadt ja sowieso etwas übertrieben ist.

Autos werden außerdem offenbar als Statussymbol gehandelt. Ich frage mich aber, wann das eigentlich zum Tragen kommt: in der Tiefgarage? Oder soll ich den halben Tag um den Block fahren wie ein Zuhälter, bis mich jemand bemerkt? Das ist mir zu aufwendig. Zumal ich die Fahrzeit besser nutzen kann. In öffentlichen Verkehrsmitteln hat man Zeit und Muße, sich auszutauschen, sich zu informieren und direkt so manche Aufgaben zu erledigen – mailen, shoppen, lesen, Überweisungen ausfüllen oder Papierkram abarbeiten.

Wenn man auch unmotorisiert vorankommt, spart man sich nicht nur den Führerschein; sondern auch die ewige Parkplatzsuche, Garagenmiete und Parkgebühren, Strafzettel, die tägliche Entnervung durch das Lavieren und Taktieren im Straßenverkehr und massenhaft Zeit, die man vor Ampeln und im Stau verbracht hätte. Man muss keine Inspektion machen lassen, nicht zum TÜV, nicht ADAC-Mitglied werden und keine Kfz-Steuer und -Versicherung zahlen. Es bleibt einem so viel erspart, wofür die Älteren anscheinend mit Hingabe massenhaft Geld ausgeben. Ich begreife es einfach nicht.

Wenn schon Auto fahren, dann ist das Carsharing eine wirklich zeitgemäße Nutzung: ein Fahrzeug, wenn man es braucht. Das Auto war einst ein Symbol für Freiheit. Braucht man heute diese Freiheit nicht mehr – oder drückt sie sich anders aus? Ist die Jugend heute freier? Jedenfalls muss die versprochene Freiheit beim Auto mit einem hohen Preis bezahlt werden. Ist man aber nicht viel freier, wenn man gar kein Auto besitzt und es nur nutzt, wenn man es braucht, so wie Bus, Bahn oder Flugzeug?

Die Zahl der Carsharing-Mitglieder ist innerhalb von zwei Jahren von 30 000 auf 200 000 angestiegen.[7] Bei den Carsharing-Unternehmen ruft man entweder an oder sucht und bucht per App. Dann muss man sich zu dem Parkplatz begeben, auf dem der bestellte

Wagen abgestellt ist, und ihn später auch wieder dort hinbringen. Die Anbieter Car2go und DriveNow gehen noch einen Schritt weiter: Hier werden nur Smarts bzw. BMWs angeboten, und die sind überall in der Stadt geparkt. Bei näherem Hineinschauen meint man, jemand habe die Zündschlüssel drin stecken lassen. Das stimmt auch. Will man nun mit dem Wagen fahren, braucht man nur seine Mitgliedskarte »vorzeigen«, und der Wagen öffnet sich. Anschließend darf man ihn so lange fahren, wie man möchte – irgendwann greift eine Flatrate; Hauptsache, man stellt ihn irgendwann wieder innerhalb der Stadtgrenze ab (da sonst alle Autos bald außerhalb der Stadtgrenzen herumstünden, wo sie nicht so schnell wieder in Anspruch genommen würden). Auf diese Weise kann man zum Beispiel mit dem Auto zur Disco fahren und mit dem Taxi (oder einer Mitfahrgelegenheit) zurück, ohne sich alkoholisch zurückhalten zu müssen. Die Autos sind mit einer Sonde ausgestattet, so dass sie schnell gefunden werden. Die Kunden finden per Smartphone-App oder iPad ganz schnell den nächstparkenden Wagen, und schwupp können sie loszischen. Wozu, bitte, soll ich mir ein Auto kaufen? Dass die meisten Carsharing-Anbieter zunehmend E-Autos betreiben, ist nur eine Randnotiz.

Der gesamte Sektor bietet Möglichkeiten, die von Start-ups intensiv genutzt werden, wie die Online-Mitfahrzentrale carpooling, bei der sich binnen kürzester Zeit Daimler-Benz Anteile gesichert hat. Auf dieser Plattform kann man die freien Plätze in seinem Wagen füllen. Bei tamyca miete ich das Auto meines Nachbarn. Wenn ich Lust auf eine Spritztour mit dem Cabrio habe – es wartet schon so gut wie um die Ecke. Bei der Social-Carsharing-Plattform getaround bieten Privatleute ebenfalls ihre Autos an, bevor sie einfach herumstehen und Geld kosten. Multiplicity, Nachbarschaftsauto, Flinc, Open Ride und wie sie alle heißen, bieten im Übrigen auch interessante Arbeitsplätze an. Informatiker, Ingenieure und IT-Fachleute sind oft diejenigen, die das Geschäftsmodell erkennen und erfolgreich aufziehen. Und natürlich Designer, Programmierer, Software-Entwickler. Wie bei tamyca: Auf die Idee kamen vier Ingenieur- und Informatikstudenten aus Aachen, die sich fragten, was man mit den ganzen Autos machen könnte, die ja meist nur herumstehen. Innerhalb kürzester Zeit meldeten sich unerwartet viele Interessenten auf der flott geschneiderten Website an. Mittlerweile werden die Autos sogar mittels eines Box-Systems und einer Hardware im Wagen per Smartphone ohne Schlüsselübergabe an den nächsten Fahrer durchgereicht. Alles clevere Ideen von Digital Natives, die Maschinenbau, Ingenieurwissenschaften oder auch Webdesign studieren.

Der Automat oder die Kunst der Beherrschung

Beim Autofahren kommt offenbar noch ein Aspekt hinzu, den jeder Formel-1-Fan absolut verinnerlicht hat: Seht her, auch wenn dieses Blechteil mich noch so nervt, wenn ich ständig nach einem Ort suche, wo ich es loswerden kann, wenn ich mich manchmal geradezu gefangen darin fühle – ich beherrsche es. Mir ist das unverständlich, aber es scheint in jeder Generation – vor allem auf dem Land – Menschen zu geben, die sich über das Gasgeben definieren. Es hat wohl etwas damit zu tun, dass man für alte Technologie grundsätzlich eine Gebrauchsanweisung benötigt. Man bekommt sogar den Eindruck, das Design mancher Einrichtungen sei regelrecht so gewollt. Auch das kann ich mir leider nicht erklären.

Der Automat ist einer dieser alten Einrichtungen: Es ist immer eine besondere Freude, an Bahnhöfen auf so einen Kasten angewiesen zu sein, um eine Fahrkarte zu erwerben – vor allem, wenn der Zug in Kürze abfährt.

Die Schlange vor den Schaltern – manche Produkte wie Fahrradtickets bekommt man übrigens nur hier und nicht online – ist meistens sehr lang, da die Deutsche Bahn es sich zur Mission gemacht hat, sich für jeden Kunden viel Zeit zu nehmen. Und da das nette Ömchen nun dran ist und eigentlich keine Fahrkarte kaufen, sondern ausführliche Informationen bezüglich ihrer in drei Monaten anstehenden Eisenbahnreise zur Tochter nach Flensburg beziehen will und nebenbei noch ein bisschen Lebenshilfe, drehen hinter ihr schon die ersten entnervten Schlangesteher ab, zerknüllen ihre Wartemarke und machen sich auf den Weg zum Automaten. Die Zeit drängt schließlich.

Der Automat – Hüter des schnellen Tickets. Sollte man denken. An den großen Bahnhöfen Deutschlands, wo sich täglich viele Tausende Reisende drängen, gibt es im besten Fall ein Dutzend davon. Oft steht nebendran schon ein Angestellter, der sich mit dem Gerät auskennt und wartet, bis man mit den Nerven am Ende ist. Mit anderen Worten: Man darf erst einmal alleine ran, um dann irgendwann doch zu scheitern – das ist absehbar. Ein Automat liefert immer nur eine Option, die man per Knopfdruck bestätigen muss, um weitergeführt zu werden.

Allein das Buchstabengetippe zum Zielort ist eine Wonne. Manche Ziele gibt es auch gar nicht, selbst wenn man dummerweise genau dort hinwill. Alles andere links und rechts davon bleibt unsichtbar. Bei manchen Eingaben ergeben sich gerne Endlosspiralen, so dass man immer wieder von vorne anfangen muss. Vor allem muss man ganz schnell verstehen, was sich die Programmierer der Software so gedacht haben – oben am Bahnsteig rollt gefühlt schon der Zug ein. Da fragt einen dann der nette Bahnangestellte, was man denn genau wolle. Meistens folgt dann eine Belehrung, die darin mündet, dass man »irgendetwas falsch gemacht« und vor allem nicht verstanden habe, wie der Automat funktioniert.

Automaten haben eine lange Geschichte. Seit der industriellen Revolution wurden sie als selbsttätige Instrumente verstanden – heute geht ihnen die Grundfunktion meistens ab. Androiden und Verkaufsautomaten der ersten Stunde des modernen Rationalismus agieren eigentlich selbsttätiger als jeder Kasten, der heute in der

Ecke steht und erst einmal etwas von mir verlangt. Selbst der Erwerb von Zigaretten ist mit Auswahl und Erwachsenenkennung so kompliziert geworden, dass so mancher Kauf in die Hose geht, sprich: Der Automat kassiert das Geld, rückt aber nichts heraus. Dann hat man einfach Pech gehabt, denn der Automat spricht nicht mit dir. Aber man muss ihn verstehen. Das Gleiche gilt im Prinzip für Parkuhren und jedes Gerät, in das man Münzen einwerfen muss. All das mutet doch sehr antiquiert an.

Wieso muss ich verstehen, wie ein Automat funktioniert? Darf ich nur mit der Bahn fahren, wenn ich weiß, wie man das Gerät bedient? So muss ich am Automaten regelmäßig abbrechen und zum Zug hetzen – nicht ohne den Hinweis des netten Bahnangestellten, dass ich eben früher zum Bahnhof kommen und den Automaten beherrschen lernen müsse. Also zahle ich das »erhöhte Beförderungsentgelt« mittels Fahrpreisnacherhebung und lasse mir vom Schaffner die Vorschriften aufsagen, um noch pünktlich nach Hause zu kommen.

Mit dieser »old school«-Mechanik scheint nur noch die Idee verbunden zu sein, dass man sich als Herr über die Technik fühlen kann, wenn man die Programmierung durchschaut hat und nicht mehr wie der Ochs vorm Berg vor dem Gerät steht. Ein Automat redet nicht; er reagiert nur auf Knopfdruck und schluckt manchmal das Rückgeld. Das Prinzip des »Auto-matischen«, also der Selbsttätigkeit, ist längst ad absurdum geführt. Ein Auto fährt von A nach B. Wie viele Fahrten von A nach B durch das Internet und die Social Media überflüssig gemacht wurden, lässt sich nicht ermitteln. Zu Beginn des 20. Jahrhunderts, als Kunst gerade begann, im Sinne von Aufnahmen auf Schallplatten oder im Radio, technisch reproduzierbar zu werden, machte man sich Gedanken über die Auswirkung dieses Prozesses auf die Kunstrezeption. Der Philosoph Walter Benjamin stellte die These auf, dass das Kunstwerk dabei seine »Aura« verliere. Gerade für uns, die wir grenzenlosen und allgegenwärtigen Zugang zu digital abgespeicherter Kunst und

Musik haben, ist der Auraverlust immens. Und entsprechend groß ist der Wunsch, diese Aura zu erleben. Deshalb haben Konzerte nach wie vor so großen Zulauf, deshalb ist die Clubkultur und alles, was »live« ist, so angesagt. Alles, was lebensnah ist, macht neugierig und wird gierig aufgesogen. Warum das alles im Keim erstickt werden soll und warum ich stattdessen meine Zeit mit Brainwash-Radio verbringen sollte – das müsst Ihr mir erklären. Sicher waren solche Technologien, von denen ich hier ja nur ein paar aufgespießt habe, gut gemeint, als sie erfunden wurden. Vielleicht war das auch anders gedacht. Na ja, Ihr hattet ja damals auch nichts anderes …

3 Start making sense!

Sinn statt Werbung

Der flotte Spruch, der witzige Spot oder die nächste Preisschlacht. Klar, so kennen wir die allgegenwärtige Werbeflut heutzutage. Und so kennen wir Werbung seit knapp 180 Jahren. Doch schlechte Botschaft für Euch, liebe Werber, und gute Botschaft für uns: Die Ära der Werbung, des klassischen Marketings, ist vorbei.

Wenn auf einer Party ein junger Typ eine Frau umgarnt und erzählt, was für ein toller Hecht er sei, dann handelt es sich um Reklame. Wenn er ihr erzählt, welch bezaubernde Erscheinung sie doch in seiner Gesellschaft sein könnte, dann ist das Werbung. Und wenn sein bester Freund ihr erklärt, was für ein toller Hecht sein bester Freund sei, dann handelt es sich um Public Relations.

Klassische Werbung ist die Kunst, alles ein bisschen größer zu machen, als es ist, mit der Gießkanne auszusäen und Streuverluste hinzunehmen. Am Ende steht die Zielgruppe mit ihren Bedürfnissen, auf die man mit Produkten und Dienstleistungen antwortet. Und dann steht man da. 5000 sogenannte Werbebotschaften sollen es sein, die jeden Tag auf uns niederprasseln. Wohlgemerkt, auf jeden Einzelnen von uns. Da diese Botschaften zum größten Teil wohl in das Unterbewusstsein sickern, bekommen wir nicht alle mit. Würden wir uns bewusst mit ihnen auseinandersetzen, wären wir mit nichts anderem mehr beschäftigt.

Dieses Prinzip der Reklame, auf das Marketing auch heute noch zum größten Teil setzt, ist das ewig gestrige: Im Jahr 2012 wurden alleine in Deutschland etwa 55 000 Marken beworben. Der gesamte Wortschatz des Durchschnittsdeutschen umfasst nur etwa ein Viertel dieser Zahl! 5000 Werbebotschaften täglich – und von dieser geballten Dosis können wir uns am Tagesende theoretisch an maximal fünf bis zehn erinnern. Wohlgemerkt: theoretisch! Aber sich an Werbebotschaften erinnern – wer will das schon?

Deswegen setzen Marken weiterhin wahllos auf den Mechanismus, der schon zu Zeiten des Wiederaufbaus nach dem Zweiten Weltkrieg angewandt wurde, als es pro Produktsegment vielleicht eine Marke als Platzhirsch zu bewerben gab: die Menschen, egal ob sie ihren Waschmittelvorrat für das nächste halbe Jahr schon wieder angelegt haben oder nicht, mit ihrer Botschaft möglichst oft und in möglichst vielen Situationen und auf möglichst vielen Kanälen zu impfen. So lange, bis sich bei den Konsumenten, auch unterbewusst, ein sogenanntes »bevorzugtes Entscheidungsmuster« für die beworbenen Marken aufbaut. Dass man sich damit in der heutigen Zeit etwas schwerer tut als noch vor achtzig Jahren, brauche ich vermutlich nicht weiter auszuführen.

Doch seit wenigen Jahren haben die Werber wieder Hoffnung! Sie hatten eine tolle Idee: Sichtlich zufrieden hat ein Konzeptioner in einer Karikatur gerade am Computer eine Werbekampagne zusammengeschraubt. Klappe zu, Affe tot. Dann kommt er aber doch noch mal ins Grübeln:»Hm, vielleicht sollte man noch etwas mit Social Media dranhängen …«

Worum handelt es sich im besten Fall bei Social-Media-Marketing? Um im Bild zu bleiben, muss man den Rahmen etwas sprengen. Sagen wir mal so: wenn die gesamte Party das Mädchen oder den Freund gut kennt und ein gutes Wort für sie einlegen kann. Oder wenn die beiden sich vorher schon so gut in Szene gesetzt haben, dass sie bereits wissen, ob sie sich finden oder nicht – dann handelt es sich um Social Media. Der Mann hat die Frau schon ausgespäht, vielleicht ihr Interesse geweckt, und andere machen sie miteinander bekannt oder legen ein gutes Wort für sie ein. So etwa funktionieren die Social Media.

Merkwürdig: In den Social Media setzen wir uns ständig freiwillig und ganz bewusst mit Botschaften auseinander, zunächst mit denen unserer Freunde. Aber Werbung wird dort auf eine fast schon drollige Art und Weise betrieben – so als wenn der Mann nicht mehr lockerlässt, selbst wenn er schon abgewiesen wurde: ein Gewinnspiel da, ein Foto-Contest dort, ein User-Casting hier und zwischendurch wird in diesen vermeintlichen Dialog noch etwas an »Produktinformationen« eingespeist. Moment mal? Sieht so etwa persönliche Kommunikation im Sinne der Social Media aus? Zurzeit, da die Facebook-Kommunikation für die meisten noch etwas Neues darstellt, ist das bestimmt schon ganz nett. Doch wenn man den Trend aus den USA verfolgt, passiert gerade etwas Spannendes. Der überschwengliche Nutzungspeak, der sich bei jeder technologischen Neuheit (vom Buchdruck bis Facebook) einstellt, geht zurück auf ein sinnvolles Nutzungsmaß. Die ersten Nutzer gewöhnen sich an die Netzwerk-Kommunikation: Die Nutzungshaltung entwickelt sich vermehrt vom Spielzeug zum Werkzeug. Konkret: Entferntere Bekannte sowie die ganzen lästigen »gelikten« Marken fliegen wieder aus der Chronik. Endlich wieder Ruhe!

Aber um was geht es denn beim Marketing dann – wenn wir uns vor der Informations- und Werbeflut kaum noch retten können und die bösen Konsumenten die Werbung ohnehin schon bewusst ausblenden? So viel vorneweg: Es geht um viel mehr als um ein bisschen Reklame. Es geht um Sinn, um gesellschaftliche Verantwortung – und die Frage: Wenn es vielleicht bald gar keine richtigen Unternehmen mehr geben wird, wofür dann eigentlich noch Werbung?

It's dialogue, stupid!

Klassische Werbung oder »Kommunikation« beansprucht für sich, einen Dialog zwischen dem Absender und der Zielgruppe herzustellen. Leider trifft das nicht zu – allein schon aus dem Grund, dass mit klassischen Kommunikationskanälen keine Zwiesprache aufgebaut werden kann. Werbung kalkuliert schlicht damit, dass die »message« über Plakate, Anzeigen, TV-, Radio- und Kino-Spots schon einigermaßen richtig an den Mann respektive die Frau kommt, deren Unterbewusstsein anzapft und sie im Supermarkt geradewegs auf das von irgendwoher vertraute Logo des Waschmittels zusteuern lässt. Das funktioniert auch – mit einem ungeheuren Aufwand, einer Dauerbefeuerung mit den immer gleichen Spots, Bannern und Anzeigen oder einer wirklich immens coolen, unwiderstehlichen Botschaft. Mit anderen Worten: Der Werbeaufwand muss in einem adäquaten Verhältnis zum erzielten Erfolg stehen, qualitativ oder quantitativ. Alleine in Deutschland wurden im Jahr 2012 etwa 25 Milliarden Euro für klassischen Einbahnstraßen-Werbemonolog hinausgeballert.[1]

Und bis 2014 soll der Werbemarkt sogar noch weiter wachsen! Noch mehr Motive und Aussagen, die meine Generation ansprechen und bei ihr ein Gefühl auslösen sollen. Beachtlich ist die Menge an Spots, in denen schlecht rasierte Jungs auf einer Party herumhängen und dann irgendeinen Drink kippen, den ich kaufen soll, oder die ein bisschen Mist bauen. Nichts gegen eine schön erzählte Kurzgeschichte, aber na ja …

Wenn also sogar die Kurzgeschichten schon nicht mehr länger als für einen Augenblick im Gedächtnis bleiben, dachten die Werber – und meinten auf eine prima Idee gekommen zu sein –, dass man die klassische Werbung am besten mit ein bisschen Scheindialog anreichert. Das Unternehmen 1 & 1 hat sich redlich bemüht, menschlich zu wirken, und hat deshalb eine Figur eingeführt, die glaubhaft wirken soll, die an das Unternehmen und seine Produkte glaubt und uns ihren Service schmackhaft machen soll: Marcell D'Avis, Leiter der Abteilung Kundenzufriedenheit.[2] Marcell D'Avis gibt es wirklich, er heißt nur etwas anders, und er arbeitet auch noch – wie authentisch! – bei 1 & 1. »Die neueste Innovation, das bin isch« und alles andere, was Marcell D'Avis jetzt zu sagen hatte, konnte den Zuschauer nicht wirklich vom Hocker reißen. Aber weil Marcell D'Avis nun einmal gesagt hat, dass er bei 1 & 1

arbeitet und voll hinter seinem Unternehmen steht und sich persönlich für die Kundenzufriedenheit einsetzt, haben sich die vom
schlechten Service frustrierten 1 & 1-Kunden nun mit ihren Fragen
und Reklamationen direkt an Marcell D'Avis gewandt. Das Post-
fach von Marcell D'Avis ist sofort vollgelaufen; und auch wenn er
natürlich nicht allein für die Beantwortung zuständig war, kam
1 & 1 nicht mehr hinterher oder hat sich nicht genug bemüht. Auf
jeden Fall lief die gesamte Aktion aus dem Ruder. Die Kunden
ließen bald ihrem Frust freien Lauf, reagierten aggressiv auf die
Passivität von 1 & 1, brüllten Ansprechpartner am Telefon an,
wenn sie denn einmal die Warteschleife überlebt hatten. Auf You-
Tube finden sich etliche nachsynchronisierte Parodien der Werbe-
spots, die die Stimmung der Kunden deutlich machen: Als Leiter
der Abteilung »Kundenverarsche« werden ihm Sätze wie »Wenn
Sie eine Frage zu Ihrem DSL-Anschluss haben, lese ich sie mir
nicht mal durch. Mein Team und ich scheißen auf Ihr Schreiben«[3]
in den Mund gelegt. Marcell D'Avis verschwand von der Bildfläche der Fernsehschirme. Man sagt, er sei selbst sehr frustriert
gewesen. Zwar wurde er innerhalb kürzester Zeit eine der be-
kanntesten Werbefiguren. Aber auch eine der meistgehassten.
Die Kommunikation von 1 & 1 war der Versuch, den Dialog mit
dem Kunden 1:1 aufzunehmen und besonders persönlich zu wirken. Diese Aktion hatte eine andere Dimension als die Werbung
mit dem Klempner, der verkalkte Waschmaschinen mit Tabs rette-
te – und der privat einen ironischen Zulauf hatte, bis der Vorgarten
voller Fans mit Plakaten stand. Bei der 1 & 1 Internet AG ist der
Dialog nach hinten losgegangen, und das bei einem Provider, der
1:1-Kommunikation verkauft.
Apple ist mit seinem Image zweifellos einer der angesagtesten Konzerne der modernen Wirtschaftsgeschichte, nach Coca-Cola rangiert
Apple derzeit auf Platz 2 der weltweit wertvollsten Marken.[4] Was
sicher nicht unerheblich für den Erfolg war: ein Popstar als Gründer-
vater, der einen Überschuss an Innovationen entwickelte und nach

seinem Tod zur Kultfigur wurde. Entscheidend aber für den unheimlichen Erfolg der Marke Apple ist etwas anderes: eine grundsätzliche Haltung, die Steve Jobs von Kindheit an eingetrichtert bekommen hatte. Als kleiner Junge hatte er mal mit seinem Adoptivvater den Gartenzaun gestrichen, und da soll dieser ihm gesagt haben: »Es ist wichtig, auch die Rückseiten kunstfertig zu gestalten, selbst wenn sie nicht zu sehen sind.«[5] Und diese Einstellung hatte Steve Jobs dann vermutlich sein Leben lang beibehalten. Ist einem jemals beim Auspacken eines Apple-Produkts eine Bedienungsanleitung in die Hände gekommen? Nein! Hat man sie vermisst? Wohl kaum. Weil die Geräte intuitiv und problemlos zu bedienen sind und weil sie einfach funktionieren. Und sie sind einfach sexy, mindestens so sexy wie Sportutensilien. Kurzum: Es macht Sinn.

Ein bisschen Apple im Gurkenglas

Dabei betreibt Apple eine denkbar einfache, eigentlich unattraktive Kommunikationsstrategie. Die Apple-Werbung ist Corporate Communication im alten Stil: eine reine Produkt-pur-Präsentation. Jedes Mal, wenn Apple etwas zu sagen hat, erscheint ein neues Produkt weltweit in der gleichen Aufmachung und mit der gleichen Typographie vor einem weißen Hintergrund. Dazu erzählt jemand etwas im Off, und danach weiß man Bescheid – nach spätestens dreißig Sekunden ist alles vorbei. Es wurde nicht übertrieben, nichts herausposaunt; es wurde keine Marktschreierei veranstaltet, sondern schlicht dargestellt, was es mit dem Produkt auf sich hat, fertig. Und dann rennen wir alle in den Apple Store und stehen für das neue iPad Schlange. Das mag auch mit dem Produkt zu tun haben, aber nun kommt eben beides zusammen.

Was ist der Unterschied zwischen 1 & 1 und Apple? 1 & 1 operiert mit dem uralten Akt der klassischen Werbung, dem Versprechen. In der Praxis wurde es dann nicht gehalten. Apple verspricht nicht, sondern zeigt. Apple hat schon etwas geleistet, wenn das Produkt auf den Markt kommt. Apple braucht deshalb keine Übertreibungen, keine heiße Luft, nicht einmal ein Markenimage, das über die Produktqualität hinausstrahlen soll, weil die Produktqualität stimmt. Der Tusch ist jedoch: Mit Apple kann man kommunizieren. Schon die Produkte selbst lassen kaum Fragen offen. Apple drängt sich aber – und das als technischer Miterfinder der Social Media – nirgendwo auf. Und während bei 1 & 1 die Kunden offenbar nicht mit der Gebrauchsanweisung klarkommen und sich über den Service aufregen, vermittelt Apple einen intuitiven Zugang zu seinen Produkten (sonst würden wohl kaum Babys auf den iPads herumpatschen) und bietet darüber hinaus einen sehr persönlichen Service, mehr auf dem Level von Skateboard- oder T-Shirt-Shops.

Und hier kommt die Message: Uns interessiert nicht, was sich die Werbe-Heinis ausgedacht haben: dass die Gurken im Gurkenglas aus bester Erzeugung stammen, von Jungfrauenhänden bei Sonnenaufgang gepflückt, einzeln ins Glas gelegt wurden und mit drei Aromaversiegelungen versehen ihrem heutigen Zustand entgegensäuern. Das kann ja jeder von sich behaupten – und tut es auch! Wir schauen hintendrauf, was denn wirklich drin ist: Herkunft, Inhalt, Substanz, Zutaten oder Zusatzstoffe. Manchmal möchten wir sogar nur wissen, was das Glas denn nun eigentlich enthält. Als Nächstes wüssten wir noch gerne, ob der Inhalt gut ist. Und das bekommen wir im Handumdrehen heraus, ohne überhaupt am Verschluss eines Gurkenglases zu drehen.

Das Web 2.0 ist zwangsläufig ehrlich

Es kommt noch ein weiterer Faktor hinzu: Schön versprechen, verpacken, verkaufen, und dann auf und davon – die Strategie des Trojanischen Pferdes zieht nicht mehr. Mit dieser Art von Augenwischerei kann man im Web 2.0 nicht bestehen. Und es geht nicht darum, dass hier wieder einmal eine Generation behauptet, sie lasse sich von der Werbung nichts vormachen (auch wir können unser Unterbewusstsein nicht oder nur mühsam steuern).

Zunächst einmal muss man erkennen, dass in den Social Media der Begriff »Unterhaltung« eine neue Dimension angenommen hat. Die Werbung setzt einen Dialog in Gang; ein Unternehmen kommuniziert mit seinen potenziellen Kunden. Die Social Media ermöglichen permanente Unterhaltung zwischen sehr vielen Menschen – auch solchen, die sich gar nicht kennen. Mit anderen Worten: Wenn die Gurken, die Laufschuhe, die Kopfhörer oder die Winterreifen nichts taugen, dann spricht sich das sehr schnell herum. Spätestens mit einem Suchbegriff kommt die Wahrheit ans Licht. Das Web 2.0 ist in dieser Hinsicht Fleisch gewordene Stiftung Warentest. Man kann auf Verkaufsportalen sofort in den Verbrauchermeinungen nachschauen, wie das Produkt bei Leuten angekommen ist, die schon Erfahrungen damit gesammelt haben. Es gibt wohl kaum noch jemanden, der dort nicht nach ganz unten scrollt, um zu sehen, was andere dazu sagen.

Auf diese Weise verteilt sich der Markt neu: Man kauft, was größtenteils empfohlen wird. Man kommt möglicherweise von einem Produkt ab, um sich das Erzeugnis einer anderen Marke zu besorgen. Ob MP3-Files bei iTunes, die Waschmaschine bei Amazon oder Gurken bei REWE – die Werbung kann einem buchstäblich nichts mehr vormachen. Mit anderen Worten: »Das Ende der Dummheit der Konsumenten« ist erreicht. Erst wird geprüft, dann gekauft. »Der Konsument ist kein Idiot, sondern deine Frau«, meint Werbepapst David Ogilvy. Ganz recht: Der Kunde sind wir alle. Und wir haben unseren Einkaufszettel geschrieben, bevor wir zum Supermarkt losziehen – sei es analog oder digital. Es gibt keinen Markt mehr für schlechte Produkte.

Die große Entdeckung bei den Social Media müsste für Werber lauten: Bei dem, was Sie so treiben, haben Sie es nicht nur mit Menschen zu tun, sondern es haben auch noch Menschen mit Menschen zu tun. Was immer Sie behaupten – es wird erst einmal unter allen Nutzern verhandelt, was es taugt. Das ist ein Dialog, stupid! Menschen können antworten. Das begreifen viele nur sehr langsam. Diesen Wandel verstehen am ehesten Menschen, die dichter dran sind: Lehrer, Politiker, Manager. Sie merken immer deutlicher, dass die Verpackung immer weniger das Produkt ausmacht. Wenn Lehrer der Klasse ihren Stoff vermitteln wollen, müssen sie mit einem Wissensvorsprung rechnen, den man nun mal unter der Schulbank mit einem Klick auf Wikipedia herstellen kann. Deshalb müsste man sich jedoch etwas anderes einfallen lassen. Politiker können kaum noch große Versprechen machen, wenn ihnen immer mehr Menschen vor Augen führen, dass sie sie nicht halten können – diese kritischen Beobachter sind auf dem Plan, sie prüfen die Konsequenzen und sind mit Zahlen, Daten und Fakten schneller zur Stelle als jedes Gremium. Manager und besonders Marketingfachleute in Unternehmen spüren diese Entwicklung zur Verbraucheraufklärung sehr deutlich, wissen aber selten, wie sie darauf reagieren sollen. Längst haben es Unternehmen nicht mehr in der Hand, was über sie geschrieben, geredet oder berichtet wird. Die Macht der Kommunikation liegt inzwischen bei uns, bei den Kunden. Aber viel schneller kommt der Mann aus der Werbeagentur oder ein Social-Media-Berater um die Ecke und dreht den Unternehmen Werbebanner auf zielgruppen- oder produktaffinen Seiten an oder veranstaltet das nächste Facebook-Gewinnspiel … und schon ist es wieder um überzeugende Dialog-Kommunikation geschehen.

Für wen arbeitet Ihr?

Ganz besonders schlaue Werbetreibende setzen die Tarnkappe auf: Sie tauchen in den Social Media unter und als begeisterter Konsument des Produkts wieder auf. Sehr schön ist dann immer wieder zu lesen und zu staunen, dass »Sillybilly« sich so irre für Kinderspielzeug einer bestimmten Marke begeistern kann – aus denen er seiner erwachsenen Ausdrucksweise zufolge eigentlich herausgewachsen sein müsste. Oder der User mit seinem eigenen rechtmäßigen Namen, der eine Seife oder ein dubioses Umweltprojekt »liked« – rein zufällig handelt es sich dabei um seine Werbe- oder PR-Kunden. Oder es werden massenhaft Fans »gekauft«. Merkwürdig, wenn die abertausend Fans einer deutschen Marke auf einmal alle aus Indien kommen. Bitte nicht!

Zu meiner Rolle als Keynote Speaker und Netzbeobachter gehört es, auszusprechen, was offenkundig ist. Immer wieder stelle ich erstaunt fest, dass viele Marketingmanager genau solche Strategien anwenden. Wir wissen schon, was gut ist, und daraus machen wir dann ein Konzept. Dann sage ich ihnen, sie sollten erst einmal eine andere Haltung einnehmen und ihre Strukturen auf den Prüfstand stellen. Ob sie sich zum Beispiel folgende Fragen stellen: Für wen arbeite ich gerade? Nein, nicht für den Chef oder die schwarzen Zahlen. Im Auftrag der Kunden. Wie sehen deren Bedürfnisse aus? Und wie bekomme ich es heraus, statt zu behaupten, dass ich es schon weiß? Ich habe allen Ernstes erlebt, dass Menschen in solchen Positionen das Web 2.0 ablehnen, weil da unter anderem »doch idiotische Ballerspiele laufen«. Oder: »Es könnte ja sein, dass irgendjemand mal was Negatives reinschreibt?« Mit solchen Argumenten lehnen die Werber alter Schule, die noch ernsthaft glauben, sie könnten mit ihrer Marketingstrategie Bedürfnisse beim Kunden wecken, eine große Möglichkeit ab: weiterführende Kommunikation auf Augenhöhe zu betreiben und von den Menschen, die sie als Kunden erreichen möchten, noch besser zu lernen, was deren wahre Bedürfnisse sind.

Kommunikation »Like Björn«

Wie aber funktioniert Kommunikation auf Augenhöhe … glaubwürdig? Zum Beispiel mit einem persönlich gehaltenen, gut geführten Unternehmens-Blog. Oder tatsächlich mit persönlichem Kontakt. Dafür reicht schon beinahe die gute alte E-Mail. Neulich ging meine heißgeliebte Sportwatch von Nike+ kaputt. Ein Desaster. Schließlich laufe ich keinen Kilometer ohne sie. Wäre ja auch vollkommen umsonst: Die Sportwatch registriert alles – vom Kilometer bis zur Kalorie und vor allem die Laufstrecke per GPS. Die gebe ich dann per Stick im Armband auf Nike+ Connect ein; das Programm öffnet sich und holt sich die Daten mit Landkarte, mit denen ich dann auf Wunsch sogar auf Facebook und Twitter vor meinen Freunden und Followern ein bisschen angeben kann (dafür muss allerdings auch die Leistung stimmen, sonst gibt's hämische Kommentare). Der Gerechtigkeit halber sei erwähnt, dass es das gleiche Programm etwa bei adidas gibt und dort miCoach heißt und dass dort vermutlich das gleiche kleine Malheur eintreten könnte: Das Programm Nike+ Connect lässt sich eines Morgens nach dem Laufen nicht mehr öffnen. Nichts funktioniert. Ich bin untröstlich. Schließlich finde ich die (recht gut verborgene) Telefonnummer der Service-Hotline – auch ein Nike-Hotliner will lieber seine Ruhe haben vor den immer gleichen Fragen, die auf der Website beantwortet werden.

Da meldet sich »Björn« aus Frankfurt. Björn und ich gehen erst einmal alle möglichen Ursachen des Defekts durch, kommen ihm aber nicht auf die Spur. Björn von Nike+ ist geduldig. Er wirkt am Telefon, als sei er der coole Verkäufer aus dem Sportgeschäft, wo ich die Uhr gekauft hatte – einer, der selbst immer so aussieht, als käme er gerade von ein paar Runden zurück. Sehr sympathisch. Und er ist wirklich Björn. Denn schließlich geben wir die virtuelle Fehlersuche am Telefon auf, und Björn verspricht mir, noch eine Mail mit einer Checkliste zu schicken, mit der ich noch mal alles durchprobieren kann. Wenig später erhalte ich die Mail von Björn, und nun nimmt eine muntere Mailerei ihren Lauf, bei der Björn und ich uns gewissermaßen kennenlernen. Leider gelingt es nicht, den Defekt zu beheben, und schließlich schlägt Björn nach Rücksprache vor, dass ich die Uhr einschicke und dafür (!!!) das Geld zurückerhalte, um mir eine neue Uhr zu kaufen.

Hier geht es nicht um die Großzügigkeit des Herstellers, sondern darum, dass ich mit »Björn« rede und nicht mit Nike+, adidas oder deren first level contact assistant of the customer service. Es geht darum, dass ich ein persönliches Verhältnis mit dem Unternehmen habe, ein riesiges Vertrauen gewinne und ihm vermutlich noch lange Zeit gewogen bleiben werde. Ich bin sein Freund geworden. Und vermutlich werde ich diese mehr als überzeugende Serviceleistung hinaus in die Welt posten und twittern – empfehlen. Es kann Euch Marketingmanagern doch nicht um einen gesparten Euro hier und da gehen, zu Lasten der Qualität, der Serviceleistung und der Zufriedenheit der Kunden. Die Einsparung mag sicher für die Betriebswirtschaftler kurzfristig ganz toll aussehen, doch der Wert eines loyalen Kunden wird dabei völlig außer Acht gelassen. Ob ich nach dieser Erfahrung mit Björn wieder bei einem anderen Hersteller in diesem Produktsegment kaufen werde? Wohl kaum. Warum auch? So läuft das Business!

Eine Frage der Werte

Wo stehen wir Digital Natives also gerade? Werbung erreicht uns kaum noch; wir sperren den Mist bald auch aus unserem Facebook aus und wissen in vielen Fällen besser über die Produkte Bescheid als der Verkäufer. Und wie wird es weitergehen? Trendforscher sprechen von einer Entwicklung der Werbung vom »gemeinen Verführer« hin zum »Servicekanal«. Denn die meisten Menschen kaufen ja ohnehin Waschmittel, Klopapier, Windeln, Versicherung oder Kaffeemaschine – nur nicht immer und ständig. Doch immer und ständig, auch wenn der Bedarf für die nächsten Jahre ohnehin gedeckt ist, werden wir mit Werbung bespielt. Das Marketingbudget ist also ganz offensichtlich zum Fenster hinausgepulvert – lauter Anregungen, die ich gerade nicht brauche und denen ich ohnehin nicht folgen kann.

Wenn den aktuellen Prognosen hinsichtlich der technologischen Entwicklung Glauben zu schenken ist, sind wir in wenigen Jahren so weit, dass Marketing intelligent wird; es wird kontext- und bedarfsbezogen werden. Die Google-Anzeigen spiegeln das schon heute wider. Ich gebe von mir preis, an was ich interessiert bin, und bekomme dann genau für meinen Bedarf neben den Suchergebnissen auch die entsprechend beworbenen Produktinformationen gezeigt. So sollen schon bald die Marketinginformationen in nahezu allen, bis dahin längst digitalisierten, Kanälen individualisiert werden. Das Wissen über unsere Konsumvorlieben, unseren Musikgeschmack, unsere Freunde und über vieles mehr besitzen die Online-Unternehmen, die wir täglich ansteuern, ohnehin. Wenn wir also annehmen, wir werden jetzt nur noch mit den Informationen zu Marken konfrontiert, die für uns wirklich relevant sind, dann steht noch eine Frage offen: Wie unterscheidet sich das eine Waschmittel (stellvertretend für jede Art von Produkt oder Dienstleistung) vom anderen? Genau, durch Sinn. »Kunstfertig gestaltete Rückseiten«. Verkörperte und ausgelebte Werte im Rahmen einer Unternehmenskultur, bei der man stolz ist, dem Kundenkreis anzugehören.

Bottom-up-Marketing

Bei dieser Art von Kommunikation zwischen Produzent und Kunde kommen die Marke und das Unternehmen »von unten« statt »von oben«. Statt eine Botschaft oder Behauptung mit der ganz großen Gießkanne auszuschütten – und danach die Sintflut –, beginnt die Kommunikation im ganz Kleinen, im Dialog. Da muss die Leistung überzeugen, und dann – schwupp – dreht sich das Ganze: Es wird munter getwittert, gemailt-an-alle oder in einem

Buch beschrieben, wie toll dieser und jener Service ist. Dann kann sich der Absender vor Vertrauensvorschuss kaum noch retten. Loyalität ist für langfristigen Erfolg wichtiger als kurzfristiger Umsatz. Statt Dinge erfolgreich wirken lassen zu wollen, muss es darum gehen, Nähe aufzubauen – das ist bei meiner Generation wichtiger denn je. Lügen und falsche Versprechungen kommen mittlerweile ohnehin sehr schnell ans Tageslicht. In Zeiten, wo Kunden ihre Marken und Unternehmen wechseln wie die Hemden, gibt es für schlechte Leistung keinen Markt mehr. Und die Menschen wechseln nicht unbedingt zum billigsten Preis, sondern hin zur besten Leistung. Statt einen Betrag X in Marketing zu pumpen und ängstlich zu schauen, was dabei wieder hereinkommt, gewinne ich einen zufriedenen Kunden, der mich weiterempfiehlt. Deshalb ist das Angebot von erfolgreichen Nischenprodukten seit einiger Zeit angesagter denn je.

Viele Unternehmen fürchten sich so schrecklich vor Transparenz, dabei ist sie erwiesenermaßen gut fürs Geschäft. Deshalb zu guter Letzt noch ein paar Anregungen, die den Dialog, den ich meine, fördern:

1. Entdeckt den Rückkanal – seid bereit zum Dialog!

Bottom-up statt Top-down: Niemand kann wissen, wer der Kunde ist – außer demjenigen, der mit ihm und ihr ein Gespräch beginnt. Sind die Kunden einmal mit der gebotenen Leistung zufrieden und von dem Produkt begeistert, ziehen sie weitere Fans nach sich.

2. Öffnet Eure Systeme!

Schluss mit dem Hütchenspiel – seid authentisch und offen! Verdeckte Taktiken gehen in unserer offenen digitalen Gesellschaft immer öfter nach hinten los; dieses Versteckspiel kann man sich nicht länger leisten. Verwendet also offene und einheitliche Standards, lasst alle mitarbeiten oder mit Euren Leistungen weiterarbeiten.

3. Lasst Vernetzung zu!

Nichts kann verletzender sein als ungerechtfertigte Kritik – nichts aber kann anregender sein als der kreative Input meiner Kunden! Habe ich sie erst einmal auf meiner Seite, dann werden sie selbst es sein, die mir Ideen und Anregungen liefern. Unterbindet nicht die Kreativität, weil Ihr fürchtet, dass sie Euren Profit verringern könnten – Mitgestaltung ist angesagt. Die Kunden sollten an der Struktur Eurer Produkte mitarbeiten und bekommen genau das, was sie wollen. Der Hersteller wird Hitlieferant.

4. Lasst Loyalität wachsen!

Alles, was das Leben mit Sinn füllt, hat unsere Aufmerksamkeit. Dazu gehören vor allem persönliche Kontakte. Wenn Produkte sich immer mehr gleichen, können Unternehmen nur noch mit der Qualität ihrer Leistung und Dienstleistung signalisieren. Und die kommt: von Menschen für Menschen.

5. Macht keinen Unsinn – macht Sinn!

Henry Ford wusste, dass die Hälfte seiner Werbeausgaben unnütz ist – nur nicht, welche Hälfte. Das ist vorbei. Wo es offene Systeme gibt, in denen die Kunden mitwirken und mitgestalten können, herrscht ein Dialog: vom kleinen Gespräch bis zur großen Fangemeinde. Solange Produkte und Dienstleistungen in sinnvolle Zusammenhänge eingebettet sind, verkaufen sich auch selbst heilende Mähdrescher und Uhren, die zum Laufen motivieren. Wenn das Produkt einfach von vorne bis hinten stimmt, dann kommen die Kunden von alleine. Dafür werden wir sorgen. Denn wir werden dann keine »Kunden« sein, sondern Eure Fans.

4 Was treibt uns an?

Liken oder nicht liken, das ist hier die Frage

Wo steckt sie nur, diese merkwürdige Generation? Beziehungsweise: Wo bekommt man uns zu fassen? Wie kann man uns begeistern und ein Angebot erfolgreich lancieren? Das sind legitime Fragen – zumal auf der anderen Seite des Bildschirms immerhin Menschen sitzen, die sich für alles Mögliche begeistern können. Wir
sind eine Generation, die gerne vom Weg abkommt, um nicht auf
der Strecke zu bleiben. Aber sogar das, was am Anfang »Surfen«
genannt wurde, ist nicht mehr ganz so beliebig wie in der Zeit, als
das Internet fast noch überschaubar war. Die Haltung bleibt jedoch. Das typische Netzverhalten entspricht dem Motto »Schau
mal hier, schau mal da«: Ein lustiger Film auf YouTube, ein Katzenvideo, eine persönliche Randnotiz, eine Empfehlung hier, eine
Geschichte da – immer aktuell auf Facebook oder Twitter gepostet.
Wir »outen« uns so wie noch keine Generation vor uns. Steht auch
so im Manifest der Digital Natives:

*Wir verstehen das Internet als sozialen Kulturraum. Mit un-
seren realen Identitäten prägen wir dessen Inhalte und mit
unseren sozialen Beziehungen dessen Vergesellschaftung. Im
Rahmen der Legalität und manchmal auch im konstruktiven
Diskurs mit dieser sind wir hier die Exekutive, unsere Moral
die Judikative und unser Code die Legislative. Eine vierte
Gewalt wählen wir durch unsere Aufmerksamkeit.*[1]

Ihr »Alten« versteht meistens nicht sofort, wie wir funktionieren. Ihr geht davon aus, dass einer ein Programm für viele macht,

wie das berühmte Männchen, das hinter dem Radio-Lautsprecher sitzt und die ganze Zeit auf Sendung ist. In der Werbung definiert man Zielgruppen, auf die man die gesamte Kommunikationsstrategie abstimmt. Das ist niedlich: Denn man meint sie zu kennen. Agenturen und Werbetreibende denken sich dann auch immer neue schöne Sachen aus, um den Kunden in den Griff zu bekommen: zum Beispiel Marktforschung, Public Relations, Versuche der Medienmanipulation (gerne von Politikern betrieben).

Wir sind aber keine Zielgruppe. Wir sind ein Publikum. Der Unterschied: Wenn David Guetta, die Wise Guys oder Coldplay auf der Bühne stehen, jubeln ihnen Abertausende von Menschen zu. Niemand ist gezwungen, auf ein Konzert von ihnen zu gehen und über hundert Euro dafür auszugeben. Sie müssen nicht verführt werden, um etwas zu kaufen, was sie vielleicht gar nicht wollen. Sie können nicht enttäuscht werden, weil sie glühende Fans sind. Die Interpreten haben sich jeden einzelnen von ihnen verdient. Und in der Regel geben sie auf der Bühne zurück, was ihr Publikum erwartet – und noch etwas mehr.

Natürlich investieren die Major Companies beträchtliche Summen für den Aufbau ihrer Schützlinge zu Megastars. Aber das nützt alles nichts, wenn die musikalische Qualität nicht stimmt. Oder wenn man den großen Popstar nun mal nicht gerne hört. Der Geschmack entscheidet. Daran kommt man trotz aller Inszenierungsversuche nicht vorbei. Denn auch das scheint ein Teil der Marketing-Maschinerie zu sein: der Hype. Wenn Stars ins Gerede kommen, weil plötzlich ein Nacktfoto von ihnen kursiert, dann scheint es der Netzgemeinde auf den ersten Blick möglicherweise so berechnet zu sein wie der »Nipplegate«-Auftritt von Janet Jackson. Nichts bleibt unberührt und undiskutiert. Deshalb hat man es nicht nur mit einem Fanpublikum zu tun, sondern auch noch mit einem aufgeklärten Publikum, das man als Fan gewinnen muss.

Gut ist, was gefällt

Mit dem »Prinzip Gießkanne« erreicht man uns nicht. Wenn etwas nicht gut ist, spricht es sich schnell herum. Man müsste mit den Maßstäben der Popkultur vorgehen: Schau mal, was ich gesehen habe, vielleicht gefällt dir das auch. Gut ist, was »gefällt«. Wenn Millionen Leute ihren »gefällt mir«-Button drücken, tun sie es freiwillig. Dann kommt der Film, das Produkt oder was auch immer einfach gut an und hat sein Publikum gefunden, fertig. Wenn ich etwas wirklich gut finde, dann teile ich es mit meinen Freunden, die mit ihren Freunden, also den Freunden der Freunde.

Auf diese Weise kann zum Beispiel ein Teenie in die Sphäre der Popstars katapultiert werden – die Kindervideos von Justin Bieber,[2] die seine ersten musikalischen Gehversuche dokumentieren, sollen der wesentliche erste Meilenstein seiner Karriere gewesen sein. Denn was Bieber dort performt, ist wirklich erstaunlich, sowohl musikalisch als auch in Bezug auf seine Präsenz. Da wundert es nicht, wenn sich die Videos sehr schnell verbreiten. Und so mancher Teenie ist offenbar mit dem Herzen daran hängengeblieben. Was die Plattenfirmen dann daraus gemacht haben, mag jeder selbst bewerten. Mir gefiel allerdings der natürliche, authentische Justin besser.[3]

Aber noch mal kurz zurück: Wer sind wir eigentlich? Vielleicht kommt Ihr so besser hinter unser Geheimnis: Der Journalist Benjamin Maack, ein Digital Immigrant, sieht unsere Generation – und einige davor – zutiefst beeinflusst von der zunehmenden medialen Durchdringung der Welt und der Beschleunigung von allem. Daraus ergab sich seit den neunziger Jahren eine ständige Neubewertung der Generationen, angefangen von Douglas Coplands resignierender Generation X bis zum heutigen State-of-the-Art, der sich angeblich mit Trends, Werten und Philosophien gar nicht mehr auseinandersetzt, sondern …:

»Wie heißt der Schauspieler noch mal?
Warte. Hmpf. Ich hab hier keinen Empfang.
Ich hab zwei Balken.
Und? Hast du's.
Sekunde.
Und?
Sekunde!
…
Wir gucken nachher.«[4]

Der Generationen-Graben

An diesem Punkt muss man über eine Lücke sprechen, die niemals gefüllt wird: den Generation Gap. Denn oft wird von den besorgten Eltern leichtfertig behauptet, dass wir eigentlich keine Werte hätten und unter Orientierungsverlust leiden würden; waren es früher noch Trends in einer immer schneller werdenden Zeit, so scheinen wir nach der Schule nur noch herumzuhängen oder eben gedankenlos auf unseren Geräten herumzuklickern. Klar. In Wirklichkeit – und das weiß jeder, der Kinder hat – wollen Kinder und Jugendliche ganz entschieden nicht alles preisgeben, was sie denken und fühlen, was sie beschäftigt – und erst recht nicht, ob sie vielleicht gerade verliebt sind. Solche Dinge bleiben ihr Geheimnis, das sie höchstens mit ihren besten Freunden teilen. Umgekehrt denkt Ihr Erwachsene oft, dass Ihr im Prinzip schon wisst, was wir tun und denken. Ihr meint ja auch, dass wir uns an Eure Gebote und Verbote halten, dass wir Eure Ansichten teilen oder noch viel von Euch lernen können. Das mag teilweise zutreffen. Es trifft aber auch zu, dass Ihr ab und zu verbotenerweise per Anhalter gefahren seid, Euren Eltern aber nichts davon erzählt habt. Mit anderen Worten: Es ist ja schön, dass Ihr Euch viele Gedanken macht, was wir denken, fühlen und wollen, aber zumindest bis zu einem gewissen

Alter – bei mir war das etwa mit sechzehn Jahren – werden wir es Euch nie verraten. Eher locken wir euch auf die falsche Fährte. So, wie Ihr es mit Euren Eltern gemacht habt. Die Social Media bilden dabei teilweise die Räume, die Ihr nicht betreten sollt – wie das verminte Gebiet unseres Jugendzimmers, in dem wir unsere Geheimnisse hüten, die wir schnell verstecken, wenn ihr höflich anklopft.

Natürlich gibt es die besonders konservativen Eltern, die uns vor dem digitalen Teufelszeug bewahren wollen – weil sie es nicht verstehen und fürchterliche Angst davor haben. Aber der moderne Generation Gap ist digital, daran wird sich nichts ändern. Wir sind die Ersten, die mit Smartphone und Twitter in der Hosentasche aufgewachsen sind. Die Kulturpessimisten unter Euch versuchen, den Graben zwischen den Generationen mit der ganz großen Schaufel zuzuschütten: Internet- und Facebook-Verbot. Dass wir dann keinen Zugang mehr zu unseren Freunden haben und nicht mitbekommen, was läuft, scheint keine große Rolle zu spielen. In Eurer Generation gab es übrigens ein Fernsehverbot, in den Generationen davor sogar Sturmläufe gegen Wasch- und Dampfmaschinen. Alles Teufelszeug, wie man heute weiß.

Von der Konsum- zur Coaching-Gesellschaft

Ihr »Alten« habt die sogenannte Konsumgesellschaft begründet, mit ihren endlosen Verbraucher- und Ratgebersendungen im ZDF. Wir »endverbrauchen« nicht. Wir orientieren uns nicht einmal an der Werbung. Wir gehen nicht einmal zum Kühlschrank oder auf die Toilette, sobald der Werbeblock kommt, sondern schauen nicht einmal mehr fern. Wir sind keine »Zuschauer«, also auch nicht fassbar, Ende der Durchsage. Wir können uns medial sehr gut selbst ernähren, und zwar mit Dingen, die uns wirklich interessieren.

Die Social Media bieten einen Vorteil, den es noch in keiner Generation vorher gegeben hat: Inhalte. Ob sich Unternehmen mit formelhaften Werbebotschaften profilieren müssen oder Mitschüler bei den Bundesjugendspielen, das spielt in unserer Generation keine Rolle mehr. Und so, wie wir über die uns gemachten Angebote informiert sind, hat jeder und jede von uns heute die Gelegenheit, sich so zu profilieren, wie man ist, und das zu tun, was man tun will. Die Vorgängergeneration würde ich noch als Casting-Gesellschaft definieren: Das Leben ist eine einzige Bewerbung vor Leuten, die wissen, was gut ist. Und auch im Erfolgsfall stellt sich erst später heraus, ob man tatsächlich erfolgreich war. Sicherlich helfen Plattenverträge ebenso wie Wahlspenden, aber am Ende ist nur erfolgreich, was wirklich gut ist. Die »gute« Botschaft verbreitet sich durch Mund-zu-Mund-Propaganda. Das lässt sich (fast) nicht manipulieren – außer, jemand findet höchstverdächtigerweise plötzlich auf Facebook eine Seife, eine Fluglinie oder einen Politiker unheimlich dufte –, diese Kontakte generieren sich von selbst.

Nichts veranschaulicht diesen Bruch zwischen der klassischen Auffassung, etwas vorgeben zu wollen, und der Möglichkeit jedes Einzelnen, etwas aus sich zu machen, wie die von der Heimat Werbeagentur entworfene Kampagne des Bundesverbandes der deutschen Volksbanken und Raiffeisenbanken mit dem Slogan »Jeder hat etwas, das ihn antreibt«. Formal ist diese Kampagne ein klassischer Werbespot, der im Fernsehen läuft, aber inhaltlich demonstriert sie genau jene Herangehensweise, die vermutlich den künftigen Lebensstil markiert: »Was treibt dich an?« lautet die Leitfrage, unter der regelrecht journalistisch recherchiert wird – bei den ganz einfachen Leuten mit teilweise ganz einfachen Bedürfnissen. Selbst ein »Star« wie der ehemalige Fußballtrainer Dettmar Cramer tritt dort mit einer Aussage auf, die einen umhaut: »Immer noch ein bisschen besser werden.« Dabei sieht man den alten Mann, wie er nach wie vor mit dem Ball trainiert, um »immer noch ein bisschen besser« zu werden. Auf diese Weise werden verschiedene Menschen und die unterschiedlichsten Dinge vorgestellt, die sie antreiben. Dahinter steht natürlich immer das Versprechen der Raiffeisenbank: Wir unterstützen dich dabei. Auf YouTube kann man übrigens Langversionen der Spots sehen. Dort erzählen die Protagonisten, die in der Fernsehwerbung nur kurz ihre Lebensmotivation von sich geben, ausführlicher über ihre Ambitionen und ihre Pläne – ohne dass sich die Bank dauernd werbeträchtig dazwischenwirft.[5]

Dass es überhaupt etwas gibt, was die Anhänger der Konsumgesellschaft antreibt, scheint ihnen beinahe merkwürdig vorzukommen. Diejenigen, die ich meine, offenbaren ihre Werte sehr hübsch in dem berühmten Werbespot der Konkurrenz von der Sparkasse aus den neunziger Jahren:»Mein Haus. Meine Yacht. Mein Pferd. Meine Pferdepflegerin« … hat nicht nur etwas Schmieriges, sondern auch die Botschaft: Was ich auch immer erwerbe und erspare, ich lege es in prestigeträchtigen Dingen an, die mir hohes Ansehen verschaffen und den Neid der anderen auflodern lassen. Hm. Das ist es also, was dich antreibt. Porsche, Yacht, Villa – ist ja nicht besonders originell. Was mich wirklich beeindruckt, ist der alte Mann, der immer noch an sich arbeitet. Was ich von Menschen aus meinem Bekanntenkreis erfahre, ist genau das, was sie antreibt. Ich kann anerkennen, was ich gut finde, will mehr davon erfahren, bleibe über ihr Tun und Machen auf dem Laufenden. Ich bin näher an den Leuten dran als jedes Unternehmen. Ich kenne viele entfernte Bekannte aus dem Internet besser als meine Nachbarn. Und ich weiß oft sogar, was sie antreibt.

Substanz gewinnt

Ein »hautnahes« Beispiel: die Mode. Die klassische Modebranche wird weitgehend von großen Marken geprägt, die sich und ihre Kollektionen im Halbjahreszyklus neu erfinden müssen. Was dann über die Catwalks von Mailand, Paris oder New York läuft, ist je nach Marke das nächste angesagte Ding – gefertigt von illustren Modeschöpfern und deshalb in seiner Trendiness eigentlich unantastbar. Es ist eine groß inszenierte Show, die die Trends festsetzen und die Nachfrage befördern soll. Das Internet spielt dabei eigentlich keine Rolle – wenn es da nicht die Style Blogger wie beispielsweise Tavi Gevinson gäbe, die einfach losziehen und Mode festhalten, die ihnen gefällt. Tavi ist jünger als ich, 1996 geboren, und hat im Alter von elf Jahren ihren eigenen Blog ins Netz gestellt: *The Style Rookie.*[6] Der Blog hatte binnen kürzester Zeit etwa 50 000 Zugriffe gehabt, heute sind es über eine Million Besucher wöchentlich.

Was ist geschehen? Kann diese kleine Göre denn überhaupt Geschmack haben? Wie einige andere Leute stellt Tavi ihren eigenen Geschmack einfach zur Schau und zeigt auch den Street Style anderer Menschen, der ihr gefällt. Ihr Konzept ist recht schlicht:»I write about what I like.« Dazu gehört zum Beispiel auch die von vielen verachtete Sängerin Joni Mitchell. Tavi gefällt ihre Musik, fertig. Sie fragt nicht nach der Meinung anderer und setzt keinen Trend. Der Style in ihrem Blog setzt sich per»Like« von selbst durch. In der Vergangenheit hat Tavi oft Menschen gezeigt, die ihr auf der Straße begegnet sind und deren Outfit ihr gefallen hat. Es ist ein skurriler, sich von der Masse abhebender Street Style. Nicht das berühmte Modelabel ist hier entscheidend, sondern die Art, etwas zu tragen, zu kombinieren, Farben abzustimmen und auf diese Weise Persönlichkeit und Originalität miteinander zu verbinden. Und genau diese Originalität fehlt den großen Modehäusern; sie definieren sich über eine oder zwei kreative Persönlichkeiten, deren Stil das Maß aller Dinge ist, und versuchen einen Millionenmarkt zu bedienen.

Tavis eigenwilliger Geschmack und ihre Orientierung an der Street-Mode hat ihr bereits im zarten Vorpubertätsalter einen Platz in der Front Row bei den berühmten Modenschauen eingebracht. Ihr Wort zählt – und alle schauen nach, was Tavi gerade wieder so gefällt. Der Clou: Mittlerweile schauen die großen Labels mit Argusaugen in Modeblogs wie *The Style Rookie,* was den Menschen auf der Straße gefällt – um es in ihre eigenen Kollektionen möglichst schon einzuweben. Der Stil wird also durch eigenwillige Menschen geprägt und nicht durch die großen Modehäuser. Diese lassen bei ihren Shows die Models über den Catwalk flanieren, während die Mode gerade draußen vor der Tür neu definiert wird. Besonders deutlich kann man diese Entwicklung auf der New Yorker Mercedes Benz Fashion Week beobachten, die traditionell am Lincoln Center zelebriert wird. Während in den Zelten das Kontingent der Einlasskarten für die »großen Shows« wieder mal künstlich verknappt wird, um Exklusivität zu schaffen, richten sich die Kameras der Presseleute immer öfter auf den Vorplatz, wo die Leute zusammenkommen, die sich für Mode interessieren. Immer öfter wird dort ein »Papagei« gesichtet, der es dann im Handumdrehen auf die Seiten der aktuellen Modeblogs schafft, während drinnen die Prada- und Victoria's-Secret-Models ihre seelenlose Parade abziehen. Während anschließend mühsam die mit üppigem Budget ausgestattete Marketing-Maschinerie der Modelabels anläuft, schauen sich andere Menschen in den einschlägigen Blogs längst höchst amüsiert das Schaulaufen auf dem Lincoln Place an oder beginnen in ihren kleinen Designerlädchen danach zu schneidern, was den Leuten offenbar am meisten gefällt. Mittlerweile haben auch Nachwuchsmodels den Lincoln Place als Plattform entdeckt, um dort selbst entdeckt zu werden. Die gute Nachricht ist also: Jeder von uns – und das haben wir erkannt – kann mit einer originellen Idee einen Trend auslösen. Die großen Labels mit ihrer geballten Marketingpower sind zwangsläufig immer Mainstream; einzelne hingegen, wie Tavi Gevinson, verkörpern unverfälscht und sehr lebendig das Besondere.

Früher hieß es noch: »Was nichts kostet, ist nichts.« Heute muss man sich mit der hässlichen Wahrheit begnügen: Wer nichts zu bieten hat, ist nichts! Nur Substanz gewinnt! Würde ein Konzern wie Apple heute so dastehen, wenn er einfach nur etwas auf den Markt geworfen hätte – mit markigen Werbebotschaften als Begleitmusik, die das ultimative Produkt anpreisen? Haben sie nicht. Mussten sie nicht. Denn die Produkte selbst überzeugten, und so etwas spricht sich schnell herum. Dieses ewige Hinter-dem-Berg-Halten von Verkäufern verstärkt den Verdacht, dass nichts dahintersteckt. Ihr größter Feind ist nicht ohne Grund der Warentest. Den Vorgängergenerationen ist es offenbar in Fleisch und Blut übergegangen, dass sie sich selbst auch »verkaufen« müssen.

Diese von dem Bankspot skizzierte Generation verkörpert die blanke »Generation Coaching«. Wenn ich sehe, dass Dettmar Cramer noch immer versucht, dem Ball die optimale Richtung zu geben, fühle ich mich angetrieben, es mit meinem Leben genauso anzustellen. Andererseits beeindruckt mich ein bald neunzigjähriger Dettmar Cramer aber genauso wie ein Jungspund, der mir im Internet etwas Neues zu bieten hat: Statt seine Rente zu beziehen und einmal täglich in den Supermarkt zu schleichen, will er es täglich wissen. Diese Generation Y, oder wie man sie auch immer nennen mag, vereint also in Wirklichkeit alle Generationen. Es ist allein eine Frage der Haltung. Und neulich war ich platt zu hören, was ein Bekannter seiner siebzigjährigen Mutter zum Geburtstag schenkt: ein iPad. Damit komme sie wunderbar klar, es sei ja viel einfacher als früher mit diesen ganzen Schreibmaschinen und Fernbedienungen und Gebrauchsanweisungen, habe seine Mutter gemeint, dann sei sie wieder mitten im Weltgeschehen, und es gebe ja noch so viel Neues zu entdecken …

Mein Antrieb und ich

Was hat mich angetrieben? Gute Frage. Ja, was habe ich mir damals als Dreizehnjähriger eigentlich gedacht, als ich meinen ersten

Podcast mit dem Titel *Mein iPhone und ich* online gestellt habe? Ich bin schlicht meiner Neigung zur Technik gefolgt. Die Möglichkeiten waren vorhanden. Der Erfolg des Podcasts beruhte vor allem darauf, dass ich zeigen konnte, worauf ich Lust hatte, beispielsweise wie man das damals nur in den USA erhältliche iPhone hackt, um es mit einer deutschen SIM-Karte betreiben zu können. Das ist mal ein Inhalt! Ansonsten habe ich natürlich nichts gemacht, was auf der Seite von substanzlosem Werbegewäsch, leeren Versprechungen oder reiner Selbstinszenierung zu Buche schlagen würde (dafür war ich ohnehin viel zu klein). Ich war aber da: Philipp Riederle. Ich wusste genau, was ich wollte, und habe keine Fragen offengelassen. Jeder kann mich sehen, wie ich aussehe, wie ich rede, wie ich agiere. Und jeder weiß sofort, wo man dran ist. Ich wollte mich mit dem Podcast nicht selbst inszenieren. Oder profilieren. Es ging mir darum, anderen weiterzuhelfen, und wenn es nur ein einziger Mensch gewesen wäre. Mir war es egal, auch einige spöttische Kommentare zu kassieren. Ich war dreizehn, und auf einmal hatte ich ein Riesenpublikum. Allein wegen des Inhalts. Jeder konnte mich kennenlernen, bevor er mich das erste Mal auf der Straße trifft. Und so geht es Abermillionen Menschen auf Facebook und anderen sozialen Netzwerken. Sie haben die freie Wahl, wie sie sich in Szene setzen, mit welchen Bildern sie sich darstellen und mit wem sie sich befreunden. Und sie können dort anderen mitteilen, was sie beschäftigt und interessiert – und vielleicht auch, was sie antreibt.

Es gibt bestimmt mehrere Gründe, warum mein Podcast mittlerweile mehrere Millionen Zuschauer pro Jahr hat – einen aber auf jeden Fall nicht: Es steht nicht ein großer Konzern dahinter, der jede Menge Geld investiert hat, das sich hoffentlich eines Tages wieder auszahlen wird. Stellt man sich jedoch die Frage, was mich antreibt, dann landet man eventuell bei einem Geschäftsmodell, wie ich es als Jungunternehmer umzusetzen versucht habe. Es hat nicht viel gekostet. Es war nicht forciert, sondern hat sich so ergeben. Und es hat sehr viel Spaß gemacht. Dabei bin ich nur meinem Instinkt gefolgt – und das Publikum mir! Es ist kein große Wagnis dabei, einen Blog, einen Podcast oder ein Video ins Netz zu stellen. Es ist keine Katastrophe, wenn niemand es »liked«, anschaut oder postet (dann ist es eben eine bittere Erkenntnis). Aber es bereitet Spaß, und man entdeckt sich selbst als die Person, die mit ihren Interessen nach außen treten will. Also macht es einfach!

Stammtisch statt Klassentreffen

Nachdem wir über die Macher gesprochen haben, müssen wir uns den Empfängern zuwenden. Als Teilnehmer am digitalen Geschehen sind wir nicht mehr nur klassische Empfänger, sondern Sender *und* Empfänger, Macher *und* Zuschauer. Und wir sind alle mit denselben Möglichkeiten ausgestattet. Auch hier wird eine große digitale Lücke geschlossen. Theoretisch kann man mit einem Großteil der Menschheit Kontakt aufnehmen, oder diese kann uns mit bestimmten Suchwörtern finden. Die Generation der Digital Immigrants hat das Internet als große Wiedersehensparty erlebt: Die Funktion »Finden statt Suchen« reichte; man gab einfach einen Namen ein, und die Suchmaschine spuckte möglicherweise genau diese Person aus. Auf diese Weise fanden sich Menschen wieder, die sich schon lange aus den Augen verloren hatten; das Netz wurde zu einer Art Klassentreffen.

Das sogenannte »Netzwerken« war ein weiterer Schritt, und hier geht es für viele um einen Meilenstein in der Karriere: Herrn Dr. Borsig musste man nicht unbedingt beim Nachmittagstee abpassen, sondern man kann in Netzwerken wie XING nachschauen, was einen interessiert und bei wem man sich anbiedern, pardon, anbieten kann. Bei Facebook geht es dagegen primär um »Freunde«. Die »Freunde« sind übrigens »Bekannte« – so muss man das amerikanische »Friends« korrekt übersetzen, da die deutschen

»Freunde« ja immer Freunde fürs Leben sind, die sich für immer und ewig das gegenseitige Vertrauen aussprechen. Fast überflüssig zu sagen, dass unsere Generation nicht lange suchen muss, sondern im ständigen Umkreis ihrer Bekannten aufwächst und sie nicht mehr so schnell aus den Augen verliert.

Wenn Digital Immigrants sich auf diese romantische Art wiederfinden, dann sind uns die Sozialkontakte in die Wiege gelegt. Ja, wir sind vielleicht nicht mit einem Silberlöffel im Mund auf die Welt gekommen, aber fast schon mit dem iPad direkt neben der Wiege. Es dauert kein Jahr, bis ein Kleinkind von leuchtenden Bildschirmen, Tastaturen und vor allem der Wischtechnik fasziniert ist – Hauptsache, es blinkt und flackert. Und ab und zu erscheint ein Bild. Wenig später dann läuft quasi unsere Gesamtkommunikation auf Hochtouren. Wir sind ständig miteinander vernetzt, quasseln uns in Bus und Bahn die Zunge franselig, twittern und posten, bis der Digital Immigrant kommt und uns an die guten Manieren erinnert. Jou, Alter! Aber zweimal in der Woche am Stammtisch herumhängen, zum Fußballspiel gehen, sich mit den Freundinnen treffen und dann genauso dummes Zeugs quasseln, das ist natürlich okay. Wir reden natürlich auch viel Blödsinn, sind aber mit unseren Mates ständig on hold, passen medial ständig auf uns gegenseitig auf und verlieren uns vielleicht fürs Leben nicht mehr aus den Augen. Wir pflegen Kontakte mit Leuten, die wir mögen, und müssen uns deshalb nicht später auf XING geschäftlich anbiedern.

Da sind wir also: die Generation Y, oder auch Z. Ausgestattet mit Smartphone und Tablet – und mit der Möglichkeit, uns ganz anders darzustellen, zu entwickeln und sozial zu interagieren. Nicht der schöne Schein entscheidet, nicht die geprägte Visitenkarte, das grelle Logo, die protzige Karre, der Markenanzug oder andere Insignien des Vertretertums, sondern Substanz. Wenn man Menschen etwas anbietet, was sie wirklich haben wollen, ist man erfolgreich. Der Rest ist verkrampfter Hype. Das Versprechen hat ausgedient, nur die Substanz zählt. Wenn ich jedoch etwas anzubieten habe, was andere interessieren könnte, habe ich nicht nur meine »30 seconds of fame«, sondern kann langfristige, intensive Beziehungen aufbauen. Langfristig, weil man in Blogs und auf seinen eigenen Seiten ohne zeitliche und quantitative Beschränkung publizieren kann, was man will. Intensiv, weil mit jeder Botschaft ein Dialog beginnt. Bling-Bling und Augenwischerei hat da nichts mehr zu suchen. Das kann man gar nicht ernst nehmen.

Erfolgsmodell Freemium

Bevor der nächste Krampf eintritt – in Form von Erfolgszwang –, sei auf ein Business-Modell hingewiesen, das jeder kennt: Überlegt mal, wie viele Programme und Dienste Ihr im Internet kostenlos nutzt – wenn Ihr überhaupt für irgendetwas bezahlt. Viele dieser Dienste – wie etwa Skype, XING oder Flickr sind grundsätzlich kostenlos –, aber man kann eine optionale Leistung hinzunehmen, die kostenpflichtig ist. Auf diese Weise nutzen zwar Millionen von Menschen Skype, aber nur etwa fünf bis zehn Prozent zahlen für eine zusätzliche Leistung oder einen höheren Status; nicht, weil die anderen mogeln, sondern weil es Shareware ist. »Freemium« ist entsprechend zusammengesetzt aus den Wörtern »Free« und »Premium«: Der Begriff war das Ergebnis einer Ausschreibung in einem Blog zur Namensfindung.

Der Business-Angel Fred Wilson hat das Konzept zu dem Geschäftsmodell, für das er Kapital bereitgestellt hat, so beschrieben: »Biete deinen Dienst gratis an, möglicherweise mit Werbeeinblendungen oder vielleicht auch nicht, gewinne viele Kunden auf effiziente Weise durch Mundpropaganda, Werbepartner, Plazierung in Suchmaschinen usw. und biete dann deinem Kundenstamm zu einem Aufpreis Zusatzleistungen oder eine erweiterte Version deines Dienstes an.«[7]

Die ältere Generation ist noch sehr auf Programmierung geeicht. Von Medien sind sie gewohnt, dass einer etwas hinausbläst, was alle dann lesen und schlucken sollen. Der klassische Zeitungsjournalismus tickt so. Dumm nur, dass den gedruckten Blättern langsam die Existenzberechtigung abhandenkommt. Meine Generation ist es offenbar leid, Information in Papierform wahrzunehmen, ohne selbst daran aktiv teilnehmen zu können (außer an besagtem Stammtisch). Man will aber mitmachen und genauso guten Journalismus haben wie in den analogen Medien. Aber die Printmedien haben offenbar nicht mitbekommen, dass die digitalen Medien ohnehin alles können, was Print kann – und noch einiges mehr. Der *SZ-Online*-Chefredakteur Stefan Plöchinger (Jahrgang 1976) hat Ende 2012 daran erinnert, dass die Printmedien im Prinzip schon immer auf der Idee des Clubs beruht hätten und dass der Journalismus genau dort wieder hingeführt werden müsse, bevor die nächsten Verlagshäuser schließen müssen.[8]

Ob Dienstleistung oder Programm: In vernetzten Strukturen liegt die Zukunft. Sicher werden noch viele Probleme zu lösen sein – unter anderem die Frage des Urheberrechts, der Schutz vor persönlichen Attacken und der Missbrauch des Internets für politische oder kriminelle Zwecke. Grundsätzlich hat die zunehmende Vernetzung aber zu einer Annäherung zwischen den Menschen geführt – wenn wir wollen, sind wir mittendrin und nicht nur dabei. In diesem Wirkungskreis sind wir nicht einem Medienansturm ausgeliefert, sondern können uns orientieren: kein reiner Konsum mehr, sondern den eigenen Interessen folgen, keine Heuchelei, sondern Authentizität, keine definierten Zielgruppen, sondern soziale Einheiten, die sich unter einem Dach einer geteilten Passion finden und vermehren – Fans. Die Auflösung fester oder gar verkrusteter Strukturen führt aber nicht nur zu einem neuen Medienverhalten, sondern sie färbt auf unsere Lebensgewohnheiten ab. Vielleicht ergibt sich so ein neues Selbstverständnis oder gar eine neue Lebensform in der modernen »flüssigen Welt«.

Also: Wir wollen nicht nur empfangen, wir wollen dabei sein – nicht nur konsumieren, sondern aufgeklärt entscheiden, auch über Informationen und darüber, was uns gefällt und nicht gefällt. Nicht nur senden und empfangen, sondern sehen, hören, das Gute posten und uns selbst immer verbessern. Unseren Senf nicht nur beim Bier hinter Butzenscheiben unter Gleichgesinnten zum Besten geben, sondern ihn mit der globalen Community teilen und sich hinsichtlich der entscheidenden Dinge einig fühlen. Wir wollen nicht alles hinnehmen, was alte Medien uns zu sagen haben, sondern uns integriert fühlen. Wir wollen uns an uns selbst orientieren.

Willkommen im Club.

5 User-generated Life in einer flüssigen Welt

Mediennutzer mit Analog-Hintergrund

Zwischendurch muss er immer mal wieder nach Hause oder ins Büro eilen, um »nach dem Rechten zu sehen«: nach eingegangenen Mails, Online-News, den Briefkasten checken, den Anrufbeantworter abhören und schauen, ob ein Fax eingetroffen ist. Ein guter Bekannter, Vertreter der Generation der Digital Immigrants, nennen wir ihn Erwin, unternimmt manchmal solche merkwürdigen Dinge. Und das, obwohl er sich im Besitz eines Smartphones befindet. Was immer er an Dokumenten auf seinem »Rechner« hat, wird zur Sicherheit noch mal ausgedruckt.

Nicht dass es unserem Mann an Medienkompetenz mangeln würde. Nicht dass er Schwierigkeiten hätte, mit seinem Smartphone umzugehen. Aber auf eine charmante Weise möchte Erwin diese letzte Bindung zur analogen Welt unbedingt aufrechterhalten, obwohl es eigentlich längst nicht mehr nötig ist. Anders kann ich mir diesen Drang nach Hause, um alle Geräte zu checken, und dieses Bedürfnis, etwas in der Hand zu haben, nicht erklären. Es gibt keinen Platz auf der Welt, an dem er nicht seine Arbeit verrichten könnte. Jedes Café steht ihm offen, jede Parkbank. Er könnte theoretisch sogar in der Welt herumjetten, Spaß haben, ab und zu mal etwas durchschicken. Aber er tut es nicht. Im Gegenteil, er arbeitet am »großen Rechner« zu Hause und gönnt sich hier und da nur einmal eine Auszeit im Café. Früher sei es schließlich so gewesen, dass er unter Umständen etwas verpasst hätte, wenn er nicht im Büro gewesen wäre, zum Beispiel einen wichtigen Anruf, auf den er hätte reagieren müssen. Er könne sich sogar noch an Zeiten erinnern, als man noch täglich mit einer

Riesenladung kurz vor der letzten Leerung zum Briefkasten rannte oder ein Kuriertaxi bestellte, bis dann das Telefax schon mal ein wenig den Druck herausnahm, die neuesten Erzeugnisse pünktlich abzuliefern. Auch er könne sich diese Zeiten heute kaum noch vorstellen. Ich noch weniger. Ich kann mir ja nicht mal ein geteiltes Deutschland vorstellen.

Um keine falschen Vermutungen aufkommen zu lassen: Der Mann steht mitten im Leben. Erwin ist keiner der Generation Briefe-handschriftlich-Schreiber oder Fernseh-Verweigerer. Aber von dem alten, einmal gelernten Lebensmodell kann er einfach noch nicht ganz loslassen. Zu Beginn seiner beruflichen Laufbahn hat er noch auf der Schreibmaschine geschrieben. Nach dem dritten Einsatz von Tipp-Ex hat er den Text auf einer neuen Seite beginnen müssen und so oft einige Stunden mit dem Abpinnen seines Manuskripts verbracht. Ja, es gab schon Kopierer, aber sie sonderten nicht die Qualität ab, in der er dem Kunden die Endergebnisse vorlegen wollte – damit dieser aus Respekt so selten wie möglich den Kugelschreiber zückt und im Text herumfuhrwerkt. Noch heute flößt ihm jedes neue leere Textfeld in WORD für eine Sekunde einen leichten Schauder ein – dass ihm da jetzt bloß nicht so viele Fehler unterlaufen … Das legt sich natürlich schnell, da man ja später alles korrigieren kann. Aber die Möglichkeit des Copy & Paste verbietet er sich noch heute.

Mit seinem Smartphone checkt Erwin nur das Wetter von morgen, einen Begriff bei Wikipedia oder Kochrezepte. Er telefoniert damit nur, wenn er angerufen wird. Termine notiert er sich mit einem Edelfüller in seinem Zeitsystem-Kalender. Mobil telefonieren ist ihm sichtlich unangenehm. In der Öffentlichkeit telefoniert er nun mal nicht gerne – das empfindet er als unhöflich –, und er kann sich dann auch nicht auf die Gesprächssituation vorbereiten, was ihn besonders bei Menschen stört, die beruflich für ihn wichtig sind. Das Klingeln des Mobiltelefons habe für ihn immer etwas Alarmierendes, sagt Erwin. Jedes Mal würde er das Schlimmste befürchten. Immerhin würde es dann ja wohl um Dinge gehen, die offenbar kaum auf sich warten lassen könnten, sonst würde man ihn ja auch zu Hause erreichen.

Medien verändern Menschen

Das Prinzip »Büro« beziehungsweise »Schreibtisch« ist noch immer so verinnerlicht, dass dessen Requisiten einfach auf das neue Medium übertragen wurden. So ist aus der Schreibmaschine ganz einfach der PC geworden, der noch immer zu Hause steht und an dem gearbeitet wird. Der Briefverkehr ist durch die E-Mail übernommen worden, die Tageszeitung wurde durch *SPIEGEL online, FAZ.NET* oder *SZ Digital* ersetzt, und statt der Sekretärin antwortet einem die Mailbox. Natürlich googelt Ihr Immigrants, vielleicht chattet und postet Ihr gelegentlich auch mal, aber bestimmt werdet Ihr Euch hin und wieder ärgern, wie viele Stunden Euch das mitunter täglich von der Arbeit abhält – hier eine E-Mail schreiben müssen, da etwas nachgucken, sich dort wieder über eine E-Mail-Antwort aufregen ...

Der Medienwissenschaftler Friedrich Kittler hat in seinem 1986 veröffentlichten Buch *Grammophon, Film, Typewriter*[1] aufgezeigt, wie die Einführung neuer Medien das Leben und damit auch die Menschen selbst verändert. Mit der Erfindung der Schreibmaschine ergab sich das klassische Verhältnis zwischen Schriftsteller und Sekretärin, das andere Texte produzierte, als wenn der Autor selbst handschriftlich zur Sache gegangen wäre. Und so veränderte sich das Verhältnis zwischen Mensch und Medium bei vielen technologischen Innovationen. Bei anderen Schriftstellern lässt sich wiederum feststellen, dass sich unter ihren flinken Fingern förmlich andere Texte ergaben, als wenn sie gemütlich zum Diktat gerufen oder handschriftlich gearbeitet hätten. Die Philosophie und der Stil Friedrich Nietzsches ist gemäß Kittler dadurch geprägt, dass er als einer der Ersten ausschließlich die Schreibmaschine benutzt hat. Und dies gilt auch für alle Dichter und Romanschriftsteller der folgenden Generation.

Mein Bekannter Erwin gehört der Generation Schreibmaschine an. Als sich Ende der sechziger Jahre im Xerox Park, dem berühmten Bostoner Ideenpark des Kopiergerät-Herstellers Xerox Corporations um den Pionier Alan Kay, ein paar Entwickler daransetzten, eine möglichst elegante Benutzeroberfläche zu gestalten, kamen sie auf die Idee, das klassische Büro zu simulieren und »Fenster« einzuführen, die man öffnen und schließen kann. Mit dem Wechsel des Chefentwicklers Alan Kay zu Apple und dem geistigen Klau dieser Entwicklungen durch Microsoft nahm die Geschichte seinen Lauf, und nichts ist uns so geläufig wie genau diese Oberflächenstruktur. Täglich arbeiten wir mit diesen Tools, von den »Windows« über die Aktenordner (files) auf dem digitalen Schreibtisch; es fehlt nicht einmal der Papierkorb. Und bei der elektronischen Post sieht es genauso aus: mit dem Büroklammer-Icon kann man Dokumente an Mails anheften, und in der Adressenleiste finden wir das »cc:«, das für nichts anderes steht als »carbon copy«, den klassischen Durchschlag beim Tippen auf der Schreibmaschine mittels Kohlepapier.

Völlig selbstverständlich wurden also die Arbeitsparameter des klassischen Büros auf die »neuen Medien« übertragen. Insofern lassen sich auch hier, so wie es Kittler bei der Schreibmaschine demonstriert hat, gewisse Denkschemata oder Rituale ableiten. Ganz allgemein bedeutet das: Digital Immigrants nehmen Computer & Co. als »Geräte« wahr, die ihnen zum Arbeiten dienen. Digital Natives hingegen kennen iPod, iPad und die anderen digitalen Wegbegleiter als (soziale) Medien, die keine »Geräte« oder »Apparate« im klassischen Sinne mehr sind, sondern Medien, die alles Mögliche generieren – unter anderem vielleicht auch Arbeit. In dem Roman *Super Sad True Love Story* von Gary Shteyngart wird der Generationenkonflikt bezüglich der Medien sehr sinnig auf den

Punkt gebracht: Ein älterer Herr trifft eine viel jüngere Frau, deren Daten er vollständig über seinen »Äppärät« erhält, und landet mit ihr im Bett. Er verliebt sich in sie und verfolgt ihre Aktivitäten ständig über den »Äppärät«, während er für sie nur eine beiläufige Affäre ist – man könnte sie auch Facebook-Freundschaft nennen –, vor der sie sich im Nachhinein ekelt.[2]

Immigrants beziehen »digital« auf Arbeit – wir aufs ganze Leben

Weiter noch: Medien geben Strukturen vor. Für Euch Immigrants ist im tiefsten Inneren offenbar noch Dienst Dienst und Schnaps Schnaps, so wie es der Nachkriegsunternehmer Max Grundig zu sagen pflegte. Niemand wird leugnen, dass sich (zumindest bei Euch) diese Einstellung grundlegend geändert hat. Heute ist ständig von »24/7« die Rede, von der vollkommenen Verfügbarkeit rund um die Uhr, jeden Tag der Woche. Der klassische »Feierabend« ist aufgehoben, sogar das heilige Wochenende, um der Erwartung der Kunden gerecht zu werden, tatsächlich immer einen Ansprechpartner zu haben. Nicht weil die Konkurrenz niemals schläft, sondern weil die Medien niemals schlafen. Suchen, buchen und bestellen kann man schließlich rund um die Uhr. Dies ist nur ein kleines von zahlreichen Beispielen, wie tief digitale Medien unser Leben verändern.

Die klassische Trennung von Arbeitszeit und Freizeit entfällt, aber man kann nicht einmal sagen, dass man immer nur arbeitet oder dass die Arbeit sich fundamental von Freizeit unterscheidet. Man kann sogar viel mehr unternehmen, um seine persönlichen Ideen zu verwirklichen, diese viel einfacher und mit weniger oder gar keinem Startkapital auch verkaufen.

Zeitverschiebung, Tempo, selbst feste Arbeitszeiten spielen keine Rolle mehr. Die Anwesenheit im Unternehmen, durch Zeiterfassung dokumentiert, steht heute nicht mehr in Einklang mit tatsächlich erbrachter Leistung. Meetings, Konferenzen, Gespräche, Präsentationen – nahezu jeder geschäftliche Vorgang kann schließlich über das Internet erledigt werden, per Skype-Telefonkonferenz, E-Mail oder Präsentationsfilmchen. Alles geschieht immer unabhängiger von Zeit und Ort, und gleichzeitig spielt die Zeitverschiebung vor allem bei internationalen Kontakten eine gewichtige Rolle. Für die deutsche Pünktlichkeit und ihre ordnenden Strukturen, wie sie in Unternehmen vorherrschen, sehe ich da zukünftig schwarz. In Rainald Goetz' Roman *Johann Holtrop,* für den ganz offensichtlich der einstige Bertelsmann-Vorstand Thomas Middelhoff Modell gestanden hat, werden die alten »Firmen« unmissverständlich als Gefängnisse beschrieben. Die Angestellten gelten als »Häftlinge«, und ein Vorstandsvorsitzender fühlt sich nach seiner Kündigung »in Freiheit«.[3]

Bevor Konzerne wie Bertelsmann heute kleine Pflänzchen der Künste schlucken, haben sie meistens einen Unternehmenssong (von übereifrigen Mitarbeitern) auf ihre Website gestellt, der »gefallen« soll. Wenn es gutgeht, dann soll der geliked und gepostet werden – immer mehr und mehr, bis die Eigendynamik der digitalen Mundpropaganda immer höhere Wellen schlägt. Gepostet wurden solche Videos, die Mundpropaganda ist enorm. Nur lauten die Meinungen dazu nicht »Ui, was für eine toll vorgespielte Unternehmenskultur«, sondern (um einen möglichst kurzen, treffenden Kommentar zu zitieren): »Ha-Ha-Ha-Ha-Ha-Ha-Ha :D«. Denn dieser »Mund-zu-Ohr«-Effekt ergibt sich ja sonst eigentlich eher bei Musikern, (Style-)Bloggern und etlichen anderen, die wirklich etwas »Tolles« zu zeigen haben – oder können. Wenn sich deren Arbeit als Erfolg herausstellt, dann haben sie nicht nur eine Menge Spaß gehabt. Und wenn daraus kein Erfolg wird, ist der Schaden nicht groß. Der Rest ist Geschäftstaktik – wie man zum Beispiel Werbekunden für sich gewinnt oder besonders hoch pokert, wenn die Industrie anklopft. Aber Pünktlichkeit, Gründlichkeit, Ordnung, Strukturen? Braucht man bestimmt noch – aber nicht in dem Stil, der seit der Industrialisierung nie geändert wurde. Für Euch bedeuten digitale Medien Arbeit – »Ich hab doch gar keine Zeit, immer da in diesem …«. Für uns bedeuten sie Leben. Wenn sich digitale Medien in der Vorstellung der Immigrants als »Netzwerk« am Boden ausbreiten, dann werden sie gerade ozeanisch. Es geht nicht mehr um Strecken. Nicht um Wege. Nicht um Leitungen. Es geht nicht mehr um Sender und Empfänger. Nicht um begrenzte Bandbreiten. Und nicht mehr um Zugangsbeschränkungen, Barrieren. Die letzten Strukturen fallen, die letzten Bastionen fester Zeit- und Ortsbeschränkungen sind längst obsolet geworden – oder werden zu charmanten Ritualen. Es geht darum, dass jeder Einzelne seinen (digitalen) Platz in der Welt hat, und den kann einem eigentlich auch niemand nehmen. Einen Platz, von dem aus man Zugang zu allen nur erdenklichen und verfügbaren Informationen hat und von dem aus man jeden erdenklichen Menschen jederzeit und überall kontaktieren kann. Jeder kann mit jedem Kontakt aufnehmen. Jeder hat eine Stimme, und die kann im Prinzip von jedem vernommen werden. In einer Zeit, in der jeder alles verwirklichen und mitgestalten kann, verändern sich alle Lebensbereiche grundlegend. Herzlich willkommen in einem Leben, wie es Digital Natives vorgefunden haben: liquid – flüssig.

Durch diese Herleitung des heute inflationär gebrauchten Wortes »liquid« wollte ich vor allem den Eindruck vermeiden, dass der Rest dieses Buchs in eine Großpropaganda für alles, was »liquid« ist, mündet und alles andere als Bullshit abtut – als wären wir in der Piratenpartei. Ich will vielmehr aufzeigen, dass die Generation der Digital Natives mit Dingen anders umgeht und umgehen muss, weil wir es nie anders gelernt haben. Wir müssen uns förmlich »von den Ahnen« erzählen lassen, wie es früher einmal gewesen sein muss. Und umgekehrt müssen wir nun den Erwachsenen verdeutlichen, worauf es hinausläuft, dass alles um uns herum flüssig ist: Es bedeutet nicht, ab und zu mal »im Internet zu surfen«, wenn einem danach ist, und je nach Zufall, Angebot oder Nachfrage mal hier und mal dort zu landen. Es bedeutet, schwimmen zu lernen.

Wir schwimmen Freistil

Als ich gehen gelernt habe, machten auch gerade Smartphones die ersten Gehversuche. Wie jedes andere Kind ging ich in den Kindergarten, danach in die Grundschule und das Gymnasium. Damit endet auch schon mein vorgezeichnetes Leben. Damit ist bei weitem nicht nur gemeint, dass man Studienfächer und einen Beruf wählen muss. Ich kann mein gesamtes Leben so gestalten, wie ich will, und bin damit natürlich auch, um es mit Jean-Paul Sartre zu sagen, dazu »verurteilt, frei zu sein«. Es gibt keinerlei Vorgaben mehr. Durch die Entgrenzung von Raum und Zeit verschwindet auch immer mehr die Option auf ein festgelegtes Leben, bei dem ich schon heute weiß, wie es verlaufen wird; und dass man nicht mehr auf die Rente hinarbeitet, hat sich mittlerweile allgemein herumgesprochen. Das Leben der Älteren bietet kein Modell mehr. Wir müssen uns ohnehin anders im Leben zurechtfinden. Und da kommen die Social Media gerade recht.

Das Abitur habe ich gerade absolviert, und das Leben liegt nun vor mir. Neben der Schule war ich während der letzten Jahre als Podcaster und Berater und bin nun auch als Autor tätig. Möglicherweise bin ich deshalb ein Sonderfall. Natürlich könnte ich vorerst einfach so weitermachen wie bisher: mein Unternehmen unter eigenem Namen führen und ausbauen, Manager beraten, Vorträge halten. Aber im Augenblick behalte ich mir wichtige Entscheidungen vor. Natürlich will jeder Abiturient die Zeit nach zwölf Jahren Schule erst einmal in vollen Zügen genießen, vielleicht eine Interrail-Tour machen, die neue Freiheit erleben, bevor es in die Uni geht oder eine Ausbildung begonnen wird. Herrn zu Guttenberg haben wir es zu verdanken, dass wir nicht mehr zur Bundeswehr gezogen werden oder Zivildienst ableisten müssen. Aber manche wollen das ja. Freie Entscheidungen, keine Zwänge – so scheint es. Meine Freunde haben sich die unterschiedlichsten Dinge vorgenommen, die sie nun nach dem Abitur tun wollen. Einige bleiben in der Geborgenheit ihrer Heimat, andere immatrikulieren sich für ein Jahr an einer ausländischen Universität, oder sie besuchen ein anderes Land, um die dortige Sprache zu lernen und das Leben von einer ganz anderen Seite kennenzulernen. Einige machen sogar ein Freiwilliges Soziales Jahr. Die möglicherweise kühne Behauptung, all dies hänge mit den modernen Medien zusammen, kann man vielleicht nicht immer stützen und in manchen Zusammenhängen möglicherweise auch gar nicht erkennen: Machen einige meiner Altersgenossen ein Soziales Jahr, weil es die Social Media gibt? Beantworten Sie sich die Frage einmal selbst. Bei den digitalen Kommunikationskanälen geht es in jedem Fall um Menschen, die sich miteinander austauschen. Daraus entstehen Meinungen, soziale Trends, Aufmerksamkeit und Detailinformationen zu Themen, die in der breiten Öffentlichkeit keinen Platz haben; einfach neue Perspektiven.

Wir hängen also nicht, wie gehabt, nach der Schule unbedingt vor einem Monitor, sondern ziehen in die Welt. Wir nutzen die vielen Vorteile der modernen Lebensweise – unter anderem natürlich auch, weil durch die rasante Entwicklung der digitalen Technologien nichts mehr so bleibt, wie es war. Nicht einmal klassische »Werte« haben Bestand. Hier ein Beispiel, bei dem User-generated Life in einer flüssigen Welt sehr schnell greifbar wird: das gute alte Automobil.

Führerschein – who cares?

Zur Zeit des Abiturs ist man gemeinhin in dem Alter, dass man Auto fahren darf. Seit Generationen wird dafür Vorsorge getroffen;

es wird Geld auf die hohe Kante gelegt, oder der Papa zeigt sich ganz großzügig und bezahlt die Fahrschule. Schließlich ist es ein absolutes Muss, im Besitz des Führerscheins zu sein. Das Auto ist vollkommen unersetzlich, und gerade für uns Deutsche ist der kleinste Kratzer schlimmer als jede Naturkatastrophe. Für uns Digital Natives ist die Sache aber alles andere als klar: Brauchen wir überhaupt so einen Blechhaufen? Und den Führerschein? Moment mal. Das Auto: Damit fahren wir doch täglich zur Arbeit, ins Kino und in den Urlaub – nach Italien, Spanien, Frankreich! Oder vielleicht doch nicht? Das Bild von der mit dem Auto nach Rimini fahrenden Familie weckt fast schon Erinnerungen an alte Heinz-Erhardt-Filme – an jene Zeit, in der das eigene Fahrzeug natürlich auch noch ein wichtiges Statussymbol war.

Trotzdem, ein Auto ist natürlich nach wie vor vollkommen unerlässlich, gerade für junge Menschen. Genau. Deshalb schlittert die Autoindustrie auch von einer Krise in die nächste, weil sie immer weniger Autos verkauft – zumindest in Europa und in den USA. Und das liegt daran, dass wir, die junge Generation, kein Interesse mehr zeigen, stundenlang das Lenkrad zu halten, wenn wir irgendwohin möchten. Ganz abgesehen davon, dass wir gar nicht verstehen, warum es jemanden beeindrucken sollte, an der roten Ampel zu stehen und mit dem Gaspedal zu spielen, mit einer Familienkutsche ins Kino zu fahren oder die große Freiheit mit Geschwindigkeit zu erleben – steht man doch mit dem Ding die meiste Zeit im Stau oder vor Ampeln. Und laut Statistik ist das Autofahren im Vergleich zu Bahn und Flug, was die Sicherheit anbelangt, sowieso grob fahrlässig.

»Laut einer Studie der Universität Frankfurt hat sich der Anteil der Führerscheinbesitzer unter den Zwanzigjährigen in den vergangenen zehn Jahren ungefähr halbiert. Selbst ältere Autofahrer nutzen häufig nur noch gelegentlich ein Fahrzeug, ohne es zu besitzen. Die Zulassungszahlen sprechen eine deutliche Sprache: Waren 1988 noch 16 Prozent der Neuwagenkäufer zwischen 18 und

29 Jahre alt, so ist dieser Anteil bis 2009 um mehr als die Hälfte auf 7 Prozent gesunken.«[4] Erschreckende Zahlen – oder doch nicht? Die spannendste Frage aber lautet: Wie soll das denn funktionieren? Sind wir jetzt alle Hardcore-Ökos oder Dauergäste im Hotel Mama? Und lassen wir uns nach wie vor von ihr von A nach B chauffieren? Kein Wunder, dass Opel vor die Hunde geht. Die deutsche Jugend, ts, ts – will nicht mal mehr der Industrie unter die Arme greifen. In den Vereinigten Staaten sieht es jedoch genauso aus; auch dort verzichten Jugendliche zunehmend auf den Führerschein.[5] Moment mal, im Land von Henry Ford, dem Land der unbegrenzten Möglichkeiten mit seinen Megastädten und unglaublichen Entfernungen? Ja, ganz offensichtlich.

Für die *Frankfurter Allgemeine Sonntagszeitung* bestand im Kulturteil (!) Anlass, die Frage zu diskutieren, ob »Autos noch zeitgemäß sind«.[6] Interessanterweise ist die Pro-Stimme eine junge Redakteurin, die sich voller nostalgischer Gefühle an eine »Fahrschule Kirsch« auf dem Weg zu ihrer Lieblingstante in Bad Vilbel erinnert. Bei dieser Tante habe sie immer alles gedurft, was sie zu Hause nicht gedurft hätte – und deshalb habe sie sich überlegt, wenn sie tatsächlich den Führerschein machen würde, dann in besagter Fahrschule Kirsch. Dann könnte sie nämlich immer zu ihrer Lieblingstante fahren in das Land, in dem man alles darf. Mit anderen Worten: Diese junge Frau, Jahrgang 1975, hat keinen Führerschein und zieht auch nicht wirklich in Erwägung, ihn noch zu erwerben.

Auf der Contra-Seite hält ein Mann mittleren Alters, Jahrgang 1958, Mobilität für überschätzt und konstatiert: »Seit wir das Internet haben, können sogar Menschen surfen, die ein Brett vor dem Kopf haben [bekanntlich ein gerne verwendeter Autofahrerfluch, P. R.], und mit den entsprechenden Anwendungen lässt sich praktisch jeder Punkt auf der Welt von oben betrachten und teilweise auch, als stünde man auf der Straße direkt davor. Klar, in der Wüste oder im Urwald geht das nicht, weil es ohne Straßen auch kein *Street View* gibt (...) wenn ich vom Angucken hungrig oder müde werde, kann ich mir online eine Pizza bestellen – und ein neues Bett gleich dazu. Ich kann deshalb die jungen Leute gut verstehen, die keinen Führerschein machen wollen, weil sie Autos uncool finden.«

Demgemäß geht es beim Autofahren also darum, dass man in alle Teile der Welt vordringen kann – und das kann man, diesem Herrn zufolge, im Internet besser. Das trifft vielleicht nicht genau den Punkt, entscheidend ist jedoch, was er im Internet dann noch so vorfindet: die Pizza, das Bett, also eigentlich alles, was man braucht und wofür man sonst in den Wagen steigen müsste. Mit anderen Worten, er kommt eigentlich ohne Not auf den Zusammenhang zu sprechen, der offenbar zwischen Führerscheinmüdigkeit und Internet besteht.

Ich habe mir den Führerschein dann letztendlich doch zugelegt. Dort, wo ich wohne, mitten auf dem Land, ist ein Auto nahezu unerlässlich. Bei allem und jedem muss man eigentlich größere Distanzen zurücklegen. Wir sind eine fünfköpfige Familie und damit automatisch vom Auto abhängig, da bei drei Jungs irgendeiner immer gerade zum Fußball gebracht werden muss, ganz zu schweigen von all den Lebensmitteln, die heranzutransportieren sind.

Mich treibt es aber wie ein großer Teil Gleichaltriger in die Großstadt, unter anderem um zu studieren. Was soll ich da mit einem Auto? Die Infrastruktur bietet ja alles, was ich brauche, von Transportsystemen bis hin zum Kino und der Oper um die Ecke; mit dem Auto würde ich wegen der endlosen Parkplatzsuche, der roten Ampeln, bescheuerten Verkehrsteilnehmer, Strafzettel und der Unfallgefahr vermutlich irgendwann wahnsinnig werden – spätestens, wenn ich feststellen muss, dass der Fahrradkurier, den ich vorhin überholt hatte, zehn Minuten vor mir am Ziel eingetroffen ist. Immerhin kann man ja hoffen, dass es in den Städten vielleicht wieder viel angenehmer, ruhiger und leerer wird auf den Straßen, wenn die Hälfte einer ganzen Generation den Führerschein nicht machen will.

Umgekehrt stellt sich die Frage, ob wir angesichts der gutenteils nicht mehr erforderlichen Mobilität überhaupt noch dichte Infrastrukturen brauchen; ob man überhaupt immer weiter wachsende Moloche benötigt und nicht alles auch bequem auf dem Land erledigen kann. Wo sich alles verflüssigt und man im Prinzip Home Office betreiben kann, statt sich per Auto oder Bahn mühsam in die Stadt zu quetschen, kann man doch auch zu Hause einen Großteil der Arbeit und Besorgungen online erledigen. Die Antwort: Es ist eigentlich egal und einfach Geschmackssache. Der Unterschied besteht darin, dass wir nicht mehr in dem Maße wie früher gezwungen sind, uns Infrastrukturen anzupassen, sondern die freie Wahl haben, wie wir unser Arbeits- und Freizeitleben gestalten – ob wir sie weiterhin als zwei strikt getrennte Bereiche behandeln wollen oder die Grenzen aufheben.

Selbstverständlich bin ich inzwischen mehreren Carsharing-Agenturen beigetreten und fahre in der Stadt nur Auto, wenn ich es tatsächlich brauche. Mein älterer Bekannter, Erwin, erzählte mir in diesem Zusammenhang, er habe immer in der City gewohnt und sei stets Auto gefahren. Seine Eltern hätten ihn dann etwas schief angeschaut, als er eines Tages sein geleastes Auto zurückgab, ohne es zum Restwert zu kaufen, weil er es mal ohne Wagen probieren wollte. Danach habe er festgestellt, dass fast alle Wege, die er vorher zurückgelegt hatte, extrem kurz waren, und er nur aus lauter Trägheit und Blasiertheit in der Stadt herumgefahren sei; träge, weil er die meisten Wege auch zu Fuß oder mit dem Fahrrad hätte zurücklegen können; blasiert, weil er sich vorher für Bus und Bahn einfach zu fein war. Die erste Phase nach dem Verzicht auf das Auto hatte er als extrem hart eingeschätzt; er war sogar verführt, sich doch schnell noch einen neuen Wagen zu besorgen – aus Angst, im Bedarfsfall nicht an den gewünschten Ort zu kommen. Mittlerweile besitzt Erwin seit zehn Jahren kein Auto mehr; er hat es seitdem auch nie vermisst. Er reserviert sich bei Fahrten zu IKEA, zum Mountainbiken außerhalb der Stadt oder zu seiner Mutter einen Wagen bei seinem Carsharing-Unternehmen – im Durchschnitt etwa drei Mal pro Monat. Ähnlich ist es ihm übrigens mit seinem teuren Büro ergangen. Viele Jahre war es für ihn eine alternativlose Selbstverständlichkeit, bis er gemerkt hat, dass er es eigentlich gar nicht braucht. Allein der Aufwand, sich dorthin begeben zu müssen … Carsharing ist eine typische »liquide« Angelegenheit, die Idee beruht auf dem Prinzip der Social Media und wurde ursprünglich von findigen Digital Natives entwickelt – und nicht von den klassischen Mietwagenfirmen und Autoherstellern, die hier ihr Geschäftsmodell der Zukunft hätten entdecken können. Geshared wird aber längst nicht nur das Automobil: Wenn wir auf Reisen gehen, übernachten wir nicht zwangsläufig in einem Hotel, einer Herberge oder bei (Facebook-)Freunden. Auf der Plattform Couchsurfing.org finden bereits über fünf Millionen Mitglieder weltweit Gleichgesinnte, die einen kostenfreien Schlafplatz suchen oder anbieten. Liegt man dann beim tatsächlichen Aufeinandertreffen auf derselben Wellenlänge, stehen die Chancen gut, dass der Gastgeber nicht nur Bett und Bad stellt, sondern einen auch mit örtlichen Spezialitäten bekocht; man bekommt die besten Geheimtipps oder gar eine persönliche Stadtführung. Man wird direkt in einen Freundeskreis integriert und zieht ins Nachtleben los – ja, es entwickeln sich vielleicht sogar tolle Freundschaften. Schneller in eine fremde Kultur eintauchen? Geht nicht. Und: Damit Gäste und Gastgeber wissen, auf was sie sich einlassen, wird nach dem Besuch jeweils eine öffentliche Bewertung abgegeben. Nur wer sich gut benimmt, bekommt wieder einen Schlafplatz. Reputation wird zur sozialen Währung.

Wer es weniger abenteuerlich möchte, kann sein Gästezimmer, seine gesamte Wohnung oder seinen Wohnwagen während der eigenen Abwesenheit für einen Unkostenbeitrag (in der Regel zwischen 20 und 80 Euro pro Nacht für eine schöne Privatwohnung in toller Lage) beim Portal airbnb vermieten. Auch hier basiert das Prinzip auf menschlichem Vertrauen und den Benutzerbewertungen. Oder man tauscht ganz einfach seine Wohnung bei Homeforhome.com. Suche Berlin, biete Bali.

An diesen Beispielen wird nicht nur deutlich, wie sich ein Paradigmenwechsel vollzieht, sondern auch, wie viele Möglichkeiten in »liquid technologies« stecken. Jeder vierte Deutsche zwischen 14 und 29 Jahren nutzt ein solches Verleihangebot im Netz.[7] Und es wird einmal mehr klar, wie die Digitalisierung dazu beiträgt, dass sich so ziemlich alle Lebensbereiche radikal wandeln.

Vom Mitmach-Web ins Mitmach-Leben

Der Paradigmenwechsel ist vollzogen: Das Selbstverständnis, sich in einer selbst gewählten Gemeinschaft zu bewegen und in ihr zu publizieren, beruht auf den Möglichkeiten, die die digitalen Medien bieten. Wir haben nicht nur ein paar alte Bekannte wiedergefunden. Wir sind die Generation nach Facebook: War es dort erstmals möglich, sich selbst in den öffentlichen Raum zu stellen, so hatte das zahlreiche Perspektiven eröffnet – es hatte aber auch mit Eitelkeit zu tun, wie man bis zum heutigen Tag feststellen kann.

Heute aber bestehen im wahren Leben die großen Möglichkeiten – wenn man es digital vernetzt. Wir bewegen uns vom Mitmach-Web ins Mitmach-Leben. Wir leben nicht mehr in einer »schnelllebigen Zeit«, wie es bis vor zehn Jahren immer hieß. In dem Zusammenhang fühle ich mich an Filme aus der Zeit der Jahrtausendwende erinnert, als die Übermittlung digitaler Signale, etwa zum Knacken einer Bank, gerne noch mit wahnwitzig schnellen Kamerafahrten vom Experten am Laptop durch endlose Kabelwürste unter der Erde bis wieder hinauf in die Bank simuliert wurde.

Wir sind nicht schnell. Wir sind schon da und überall gleichzeitig.

Wir sind so mobil wie nie, müssen morgens nirgendwo hin, um nichts zu verpassen: Die Welt ist schon da, jederzeit. Die reale Welt auch. Außerdem sind viele Dinge erschwinglich geworden, die vorher Mühe und Orientierung erfordert haben. Für viele Dinge müssen wir noch nicht einmal mehr Geld zahlen. Wir können auch, wenn wir für ein bestimmtes Produkt ein Angebot vorliegen haben, per Smartphone abrufen, ob es woanders günstiger angeboten wird, wie hoch die Versandkosten sind und wie verschiedene Käufer das Produkt bewerten.

Eigentlich erstaunlich, dass es noch richtige Reisebüros gibt, und ich frage mich, ob sie noch wegen ihres langjährigen Kundenstamms bestehen oder ob sie eine richtig gute Geschäftsidee haben, die sie ihren Kunden anbieten. So geht es mit allen Dienstleistern, deren Angebot ganz oder teilweise digital wahrgenommen werden kann. Andererseits tut sich ein neues Phänomen auf, das ich als Vintage-Sehnsucht bezeichnen möchte. Der gute alte Tante-Emma-Laden an der Ecke hat sofort eine Chance, wenn man eine schöne Idee hat. Gerichte und Getränke kann man sich online bestellen und nach Hause kommen lassen, aber Essen und Trinken ohne Gemeinschaft ist auch heute noch so trostlos wie der Pizza-Karton vor dem Computer. Ich kann mir aber einerseits Spreegurken nach Rezepten aus Omas Zeiten online bestellen und mich andererseits online zu einem Treffen bei einem neuen Italiener verabreden.

So geht Verabreden heute

Unsere Generation tickt nicht unbedingt so entschieden anders, wenn es um die ganz normalen Bedürfnisse und Rituale geht. Sie haben sich nur verlagert. Um es für die Eltern nochmals herauszustellen, die ihren Kindern Facebook-Verbot erteilen – hier ein ganz einfaches Beispiel: die klassische Verabredung.

Wer kennt das nicht: Man hat etwas Schönes vor, was aber allein keinen richtigen Spaß bereiten würde, zum Beispiel ein Abendessen, ein Popkonzert oder eine andere Veranstaltung, die man gerne »teilen« möchte. Oder auch nur eine einfache Radtour, weil das Wetter heute so schön ist. Was tut man? Man ruft jemanden an, man mailt oder man postet (das sollte man beherrschen, sonst stehen 3000 Facebook-Freunde vor der Tür). Dann wird die Verabredung bestätigt, oder jemand hat eben keine Zeit. Was die Verabredung angeht, so nehmen die Dinge meistens folgendermaßen ihren Lauf. Je näher der Zeitpunkt heranrückt, desto mehr hagelt es Absagen. Da kommt dann etwas dazwischen, das Wetter sieht doch nicht so gut aus – was auch immer. Oder der zweite Fall: Im Laufe der Hin-und-her-Mailerei ist die Situation derart kompliziert geworden, dass langsam einige aussteigen. Der eine kann erst eine Stunde später, der andere nur eine Stunde früher, ob der Treffpunkt da sein könnte und nicht dort. Nach dem Motto »Zugeschaut und mitgebaut« ist das offene digitale Medium Internet gerne auch ein Spielplatz der Mitgestaltung.

Mein Immigrant-Bekannter Erwin kennt das. Und er hat vor allem im Bereich Freizeit ein analoges Ritual etabliert: verabreden, wie es früher mal war – jeden Sonntagmorgen um halb zehn zum Laufen. Treffpunkt: am Schild neben der Eisbach-Welle, Englischer-Garten, München. Etwa zehn Kilometer, locker eine Stunde laufen. Wer kommt, der kommt. Das ist der springende Punkt: Die Verabredung steht. Jetzt und immer. Wenn man also am Sonntagmorgen in München gemeinschaftlich laufen will: halb zehn am Schild. Der Termin ist unumstößlich seit Jahren. Grund dafür ist, dass jeder vorherige Mail- oder Telefonverkehr bezüglich dieses Termins vollkommen tabu ist.

Ein fester Bekanntenkreis ist diesem Ritual angeschlossen, um sich zumindest einmal pro Woche zu sehen, ein bisschen zu reden und dabei fit zu bleiben. Diese Bekannten sind gesetzt. Wie es sich für echte Kerle gehört, wird natürlich bei jedem Wetter gelaufen, und faule Ausreden gibt es ohnehin nicht. Und da kommen wir zum entscheidenden Punkt: Wer kommt, der kommt. Aber wer nicht kommt, auf den warten die anderen. Er muss also die moralische Verantwortung dafür tragen, dass er nicht zum gesetzten Zeitpunkt erscheint. Wenn man also wirklich einmal verhindert ist, muss man das langfristig bekanntgeben. Natürlich ist es kein Thema, kurz Bescheid zu geben, wenn man etwa krank oder wenn es am Abend vorher spät geworden ist … grundsätzlich aber wird auf diese Weise der Eierei aus dem Weg gegangen, dass jeder seine Befindlichkeiten und Zeitprobleme zum Ausdruck bringt, bis die ganze Operation mehrfach verschoben ist oder einen ganz anderen Charakter annimmt, nach dem Motto: Das Wetter ist schlecht, statt Laufen um halb zehn Kaffeekränzchen um drei. Nix da. Um halb zehn wird gelaufen. Und wer nicht erscheint und sich nicht abgemeldet hat, auf den wird gewartet. Punktum. Es funktioniert. Zumindest für Leute, die in ihrem Berufsleben vermutlich ständig Mails aus dem ganz großen Verteiler erhalten und die sich mal wieder für ein Meeting oder hinsichtlich eines Dokuments abstimmen müssen, was meistens zehn Schleifen dreht, bis man eigentlich kurz vor dem Nervenzusammenbruch steht.

Für viele Menschen ist deshalb eine »analoge« Verabredung schon wieder etwas Schönes. Ja, es ist fast schon spannend, zu sehen, ob es funktioniert, wenn man sich zu einer bestimmten Zeit an einem bestimmten Ort verabredet, ohne noch dreimal zu telefonieren. Das führt gerne auch zu jenen spannenden Dialogen, die man in Bus und Bahn mitverfolgen darf. Einer der meistgesprochenen Sätze lautet dann zum Beispiel in der Linie 1: »Ich bin jetzt gerade in der Linie 1. Wo bist du?«

Ich halte es jedenfalls so wie neulich an einem schönen, sonnigen Tag beim Grillen: Ich hatte Lust, ein bisschen Fleisch auf den Rost zu werfen und mir mit ein paar Freunden und ein paar Kaltgetränken eine gute Zeit zu machen. Also piepste ich die Freunde an, die dafür in Frage kamen. Erst einmal keine Antwort. Ich kaufte auf

Verdacht genug Grillgut und Kohle, schleppte Getränke heran, bereitete das Ganze ein bisschen vor. Keine Antwort. Keine SMS. Nichts. Ich fing einfach an, das Feuer in Gang zu bringen, bis die Kohle glühte.

Ab etwa einer halben Stunde vor dem gesetzten Termin trudelten plötzlich die Zusagen ein: Der eine kam dann gleich, der andere etwas später, ein Dritter fragte, ob er eine Bekannte mitbringen könne. Klar, konnte er. Am Ende waren alle da, vom Fleisch blieb nichts übrig, die Stimmung war wunderbar, und alle waren glücklich. Man darf unterstellen, dass meine Gäste sich vielleicht nicht gleich auf Ort und Zeit festlegen wollten – ja, dass manche vielleicht sogar gewartet haben, ob sich nicht noch eine bessere Option bietet. Aber so ist das Leben nun mal: spontan; Generation Flashmob; spannend, wen man trifft, ob Bekannte oder Unbekannte. Und nicht wie *Zum Tee bei Dr. Borsig.*

6 Keine Altersfrage: Kindheit und Erwachsensein

Verlust der Kindheit

Der erste Porno mit zehn, Vollrausch mit elf, Killerspiele mit drei-zehn – und Fernsehen und Internet sowieso schon immer. Gewalt, Sex, Eskapaden, Eskalation. Die Jugend von heute ist nicht mehr zu retten. Und das wusste auch schon Sokrates vor 2500 Jahren. Seit den achtziger Jahren wird gemäß Neil Postman ganz einfach die Kindheit übersprungen und inzwischen bestimmt auch genauso die Jugend.

Mit größter Freude beobachtete ich in den letzten Jahren die Ent-wicklung meines kleinen Bruders, zum Beispiel wie er im Alter von zwei Jahren mit einer Zeitung herumnestelte: Er nahm die Fo-tos von Prominenten wahr, von hübschen Frauen und Frisuren. Er patschte munter auf ihnen herum, machte dabei aber trotzdem kei-nen zufriedenen Eindruck. Er kämpfte und haderte mit den Seiten, verlor aber schnell die Lust an dem komischen Objekt.

Auf YouTube gibt es ein beliebtes Filmchen mit einem Baby, das genau dasselbe tut, dieses Mal mit dem iPad. Es wischt und fum-melt darauf herum, dass es eine Wonne ist. Immer blinkt etwas auf oder bewegt sich; mal erscheint ein Bild, mal sind es Buchstaben. Das Baby hat sichtlich seinen Spaß. Als man ihm eine klassische Zeitschrift gibt, grapscht und wischt es vergeblich auf den abgebil-deten Gesichtern herum und ist sichtlich frustriert. Die Message lautet: Eine Zeitschrift ist ein iPad, das nicht funktioniert.[1]

Sind wir eigentlich Kinder? Oder waren wir es jemals? Als ich vor einigen Jahren beobachtete, wie mein kleiner Bruder sich die Bundesliga-Ergebnisse vom vergangenen Spieltag besorgte, ob-wohl er noch gar nicht lesen gelernt hatte, wurde mir klar, dass wir beide trotz nur neun Jahren Altersunterschied schon wieder verschiedenen Generationen angehören. Unverkennbar geht er mit einem noch viel ausgeprägteren Selbstverständnis mit dem iPad und dem Rechner um – und ich habe ihn noch nie eine Zeitung lesen gesehen.

Andererseits kamen mir Erwachsene anfangs auch vor wie Aliens: die Männer mit einem Knoten vor dem Kehlkopf, an dem ein komischer Lappen herunterbaumelt; Bierbäuche lassen sich damit nicht verdecken, sondern werden eher noch betont. Im Anzug sehen sie im Prinzip alle gleich aus, die wenigsten elegant und seriös, überwiegend eher wie Sparkassenangestellte. Zu Beginn meiner Tätigkeit als Keynote Speaker hatte ich noch ganz großen Respekt vor ihnen. Dann merkte ich schnell, dass, auch wenn sie sich wie Pinguine kleiden, man es mit ganz normalen Menschen zu tun hat, sobald sie anfangen zu sprechen. Manche habe ich höchstens als ein wenig arrogant empfunden, vor allem, wenn sie sich über die »neuen Medien« äußerten.

Abseits der Businesswelt unterscheiden sich Erwachsene und Jugendliche immer weniger. Das beginnt schon bei der äußeren Erscheinung: T-Shirt, Turnschuhe und Jeans trägt eigentlich jeder Erwachsene unter fünfzig in der Freizeit, nicht nur Florida-Rentner. Und wenn man vom Job her nicht auf Anzug und Krawatte oder ein Kostüm festgelegt ist, dann tun das die meisten auch nicht mehr. Abgesehen davon, sieht ein Anzug nur wirklich gut aus, wenn er mit einer lässigen Selbstverständlichkeit getragen wird. Und um das zu sehen, muss man fast schon nach Mailand fahren.

Zwei Ereignisse haben den Kleidercode in der Erwachsenenwelt nachhaltig verändert: die digitale Revolution und die wirtschaftliche Rezession seit der Jahrtausendwende. Die ersten Internetpioniere, die zu unglaublich viel Geld kamen, waren gekleidet wie kleine Jungs: kurze Hosen und T-Shirts mit lustigen Sprüchen. Umgekehrt wirkten die Menschen, die immer mit Anzug und Krawatte herumlaufen, nach der Pleite der Lehman Brothers Bank, den verzockten Milliarden und den Megabetrugsfällen im Stil eines Bernard Madoff plötzlich sehr unseriös. Es gibt immer weniger Geschäftsleute mit Krawatte, eigentlich fast nur noch dort, wo man dazu gezwungen ist: zum Beispiel in den Banken.

Wenn ich diese »Erwachsenen« sehe und erlebe, bemerke ich zumindest, dass der Unterschied zwischen ihnen und mir immer mehr schwindet. Vor allem aber finde ich es überhaupt nicht interessant oder erstrebenswert, auf diese Weise erwachsen zu werden. Hätte man die Wahl, Jugendlicher zu bleiben oder Erwachsener zu werden, müsste man eine Werbekampagne für das Erwachsensein entwickeln. Dann wird es allerdings schwierig: Was macht den Reiz aus, reifer zu werden – der Führerschein? Ein stetig wachsender Anteil meiner Generation will ihn ja nicht einmal mehr machen. Sexualität? Wenn es um das rein Visuelle geht, kann ja jeder alles sehen, was zu sehen ist – frei zugänglich und in jeder denkbaren Stellung. Was Heiraten und Kinderkriegen anbelangt, verteilen sich die Interessen wohl so proportional wie in jeder Generation – aber das zufällige Kennenlernen auf der Party und der Dorfkirmes hat der Schöpfer mittlerweile durch Flirt- und Datingportale ersetzt, in denen bereits mehr als ein Viertel aller Menschen ihren Traumpartner finden. Beruf und Karriere? Damit haben wir längst begonnen, bevor man in das Alter kommt, wo man Bundeskanzler oder Bundespräsident werden kann. Alkohol- und Drogenmissbrauch? Nicht einmal diesbezüglich ist auf uns Verlass, selbst das Komasaufen geht offenbar zurück.[2]

Generell muss man sich jedoch fragen: Unterscheiden wir uns eigentlich noch großartig von Erwachsenen? Sind wir noch Kinder oder Teenies im klassischen Sinn? Und was wollen wir eigentlich mit unserer Zukunft anfangen? Spießer werden? Oder sind wir's längst? Zunächst einmal möchte ich die Paradigmenwechsel diskutieren, die oben angeklungen sind und manchen

Leser möglicherweise leicht geschockt haben. Denn selbst Sex, Drugs and Rock 'n' Roll scheinen ja nicht mehr das zu sein, was sie einmal waren.

Wir sind langweilig!
Oder einfach nur zu vernünftig?

Der Jugend von heute wird ja mittlerweile ein erstaunlicher Vorwurf gemacht: Wir seien so unglaublich langweilig – ganz anders als die einst aufbegehrende Elterngeneration. Wir hätten ja wohl gegen nichts mehr was und würden kaum noch etwas unternehmen. Soso. Während die alte Generation früher also Punk gemacht hat, kreischen wir nur noch »Ey Pahty!« in die gezückten Smartphones, sobald wir eine Flasche Bier in der Hand halten – und dabei gibt's eigentlich gar keine Party. Während die Alten noch in Brokdorf und Gorleben Barrikaden aufgebaut haben, sitzen wir in farbigen Hosen an der Bushaltestelle und grölen ein bisschen herum. Wo Warhol und Woodstock war, da steht bei uns nur noch »Warhol« drauf – auf T-Shirts. Wir schmücken uns mit alten Pop-Ikonen, die wir nicht kennen, die aber irgendwie cool gewesen sein müssen. Wir sind die Generation Flatrate: alles mitnehmen und reintun, was irgendwie geht. Weil es mit der Flatrate abgedeckt ist, posten, simsen, phonen, twittern, mailen wir wie die Wilden und bekommen um uns herum nichts mehr mit. Selbst wenn mal etwas wirklich Aufregendes passiert, halten wir eher unser Smartphone hin, als ungefiltert und direkt wahrzunehmen, um es zu knipsen und auf Facebook einzustellen.

Klar. Jugend muss aufbegehren. Jugend muss rebellieren, sonst ist sie ja keine Jugend. Deshalb ist es ja so ungeheuer provozierend, dass wir im Unterschied zu der megacoolen Generation vor uns offenbar so langweilig sind – bei schönem Wetter nicht vor die Tür gehen, sondern uns lieber die Nächte vor der Playstation um die

Ohren hauen. Nicht anständig Fußball spielen und sich blutende Knie holen, sondern gleich im Fitness-Studio anmelden, um zu »trainieren«. »Wir haben noch Punk gemacht«, reklamiert die Generation X. Und: »Ihr habt doch nur DSDS und Lady Gaga«, sagen sie. »Wir hatten wenigstens noch ihre geistige Mutter, Madonna. Und wir hatten Tina Turner. Und überhaupt: Wir haben uns noch für viele Dinge interessiert. Für Kunst, Popmusik, Literatur. Was habt ihr eigentlich drauf?«

Es ist beruhigend zu wissen, dass der leicht verklärende Rückblick auf die eigene Jugend nur das Angenehmste für Euch Ältere mit sich bringt. Ganz nach dem Motto: Früher war alles besser. Klar, Ihr habt neben Punk und Rebellion klare Ziele verfolgt, gute Noten nach Hause gebracht, Euch gebildet, denn anders ist Euer Erfolg heute nicht zu erklären. Wir dagegen hängen nur mit diesen neuen Medien ab. Manfred Spitzer attestiert unserer Generation »digitale Demenz«. Mit mahnenden Worten wie »DAS IST SCHLIMM!« schlägt er vor, den Zugang zu Computern wie den Führerschein erst mit Erreichen der Volljährigkeit zu gewähren. Bei Günther Jauch. Im Fernsehen – von dem er früher behauptete, es mache dick, dumm und süchtig. Wie jetzt eben das Internet. Für Eure Generation ist Fernsehen aber das Selbstverständlichste der Welt. Ich sehe Euch eigentlich jeden Abend fernsehen. Und die Fernsehmacher arbeiten daran, amerikanische Zustände zu schaffen – sprich: Die Glotze läuft den ganzen Tag – egal, ob jemand hinschaut –, es geht von einer Gerichtsshow über die nächste Krankenhausserie bis ins schöne Vorabendserienprogramm, und samstags *Wetten, dass ..?*.

Eigentlich schaut sich meine Generation nur noch ganz gezielt Fernsehsendungen an – kein Wunder, denn die Programme richten sich ganz überwiegend an deutlich ältere Zielgruppen. Tut uns leid, dass wir da nicht mitschauen, aber jetzt wisst Ihr auch, warum. Wenn wir uns einem Medium ausliefern, dann sind es die Social Media, ganz klar. Allerdings läuft dort langfristig nichts, wenn man nicht selbst aktiv ist. Vermutlich ist es jedoch eher ein Markenzeichen von erwachsenem Medienverhalten, wenn jemand endlos durch die Weiten des weltweiten Web surft, sei es auf Nachrichten- oder Pornoseiten. Wenn aber die Startseite von *SPIEGEL online* zum dritten Mal aufgeht, muss es doch langweilig werden. Diese Erfahrungen haben sicher schon viele von Euch Erwachsenen gemacht, die deshalb von dem Medium nach einer Weile wieder ablassen, um sich nicht den ganzen Tag ablenken zu lassen.

Unser Medienverhalten geht eher in die Richtung des amerikanischen Fernsehens. Mit dem Unterschied, dass wir nicht zuschauen, sondern ständig interagieren. Und dass dieses Medium ein Teil unseres Lebens geworden ist, ist auch richtig. Es gibt jedoch einige pikante Unterschiede, die dann besonders deutlich werden, wenn man sich noch einmal den Umgang mit den digitalen Medien der ersten Stunde anschaut. Also, was die heute Vierzigjährigen damit unternehmen.

Die erste Generation E-Mail: alles möglich, nur nicht so gemeint

Gerade hat man noch gefaxt, da kommt schon die elektronische Post um die Ecke (oder eher: »aus dem Äther«): So muss es in den neunziger Jahren gewesen sein. Also wird munter gemailt, ein phantastisches Kommunikationsmedium ist geboren: Kurzmitteilungen in Echtzeit, persönlich, Frage, Antwort, Mail an alle. Schöne neue Medienwelt. Dann die Sache mit den Spams: »Murray Chevalier« schreibt mir persönlich und schlägt mir vor, meine »Career« zu »boosten«. Meine Bank führt ein Update durch und benötigt dafür noch mal die persönlichen Daten … merkwürdig nur, dass das Logo so verschwommen ist und die Mail aus Russland kommt. Geschenkt. Dann haben wir gelernt, dass sich ein paar Dinge nicht gehören, wenn man per E-Mail kommuniziert: »Netiquette« ist angesagt.

Dass die erste Generation E-Mail da noch etwas festhängt, zeigt sich an der unglaublich hohen Anzahl an Missverständnissen und Bereinigungsversuchen, die allein durch das Medium E-Mail produziert werden. Wie die ganzen neunziger Jahre, so scheint auch hier alles möglich und nichts so gemeint zu sein. Die Flut der Smart Icons, mit denen jeder zweite Satz dekoriert wurde, geht wunderbar mit der ironischen Haltung einher, die damals herrschte: Immer erst mal blöde Scherze machen, später aufräumen.

Die E-Mail eignet sich nicht für Humor, denn man kann nicht steuern, dass jeder Witz und jeder Scherz auch so gemeint ist. Im Gegenteil: Es wird ständig alles falsch verstanden. Im Dauerfeuer von Schreiben, Empfangen und Antworten werden auch Mails mit vollkommen normalem Inhalt falsch verstanden; dabei hat der Absender gar nicht die Absicht, Sachverhalte zu verdrehen oder unernst zu sein. Dies liegt vermutlich an der Haltung: Digitale Medien lenken ab. Zu den klassischen Arbeitsrequisiten und -ritualen wie Schreibprogramm, Telefon, Meetings, Zweiergespräche und Flurfunk sind E-Mail und Internet noch hinzugekommen. Nun aber ploppt alle Sekunden etwas auf, das den langen, ruhigen Fluss des Arbeitsrhythmus ständig unterbricht.

Studien zufolge wechselt bei der Arbeit der Fokus auf ein Medium viermal pro Minute. Das bedeutet: Viermal pro Minute geht der Blick von einer eingegangenen E-Mail auf eine Website zum Handy auf das Projekt, das ich eigentlich gerade bis 12 Uhr mittags fertiggestellt haben soll. Dies ist das Ergebnis einer Studie von Wirtschaftswissenschaftlern in Boston, die mehrere Probanden in einen Raum mit Fernseher und Computer gesetzt und sie aufgefordert haben, sich ganz nach ihrem Belieben zu beschäftigen. Bei der Registrierung der Augenbewegungen wurde dann festgestellt, dass die Versuchspersonen innerhalb von dreißig Minuten 120 Mal ihre Aufmerksamkeit von einem Medium auf ein anderes gelenkt hatten. Tatsächlich haben Untersuchungen mittlerweile ergeben, dass sich die Aufmerksamkeitsspannen bei der Nutzung der Social Media erheblich reduzieren. Gemäß diesen Studien verweilte man früher einmal etwa zwölf Minuten bei einer Beschäftigung, mittlerweile dauert der Switch von der E-Mail auf Google, von Facebook auf die eigentliche Arbeit nur noch einige Sekunden! Das hat weitreichende Folgen: Die Fähigkeit, sich auf ein Thema zu konzentrieren, sinkt rapide, und die Abhängigkeit von Handyklingeln und eingehenden SMS, E-Mail & Co. nimmt entsprechend zu. Tatsächlich ließen Probanden nach 24 Stunden Abstinenz regelrechte Phantomwahrnehmungen erkennen. Sie bildeten sich ein, dass das Mobiltelefon kingeln würde, oder sie hörten das Signal für das Eintreffen neuer E-Mails. Andererseits beobachtete man eine Steigerung der spontanen Bereitschaft, Probleme zu lösen und Entscheidungen zu treffen. Auch die Stressbewältigung scheinen Dauernutzer von interaktiven Medien besser in den Griff zu bekommen. Es wurden in der Regel weniger Stresshormone und dafür eher das Freude-Hormon Oxytocin ausgeschüttet.

Die Social Media stellen etwas grundsätzlich anderes dar als die Informationslogistik der Generationen vor uns. Dass ältere Menschen mit Informationsflut nicht mehr zurechtkommen, liegt nahe. Arbeitspsychologen stellen bei permanentem Multitasking und steigenden Anforderungen vermehrt Burn-out-Syndrome fest. Doch was soll man machen, wenn wir nun am Ziel unserer Träume angekommen sind und alle möglichen Daten-, Informations- und Selbstdarstellungsquellen in ein und demselben Gerät wiederfinden?

Ich möchte der ersten Generation E-Mail nichts unterstellen, aber vielleicht liegt hier ein ähnliches Phänomen vor wie beim Autofahren. Jemand, der gerade die Führerscheinprüfung absolviert hat, benötigt seine volle Konzentration, um alles gleichzeitig richtig zu

machen: bremsen, kuppeln, schalten, Gas geben, in den Außen-
spiegel schauen, Blinker betätigen, rechts vor links beachten, den
Verkehr auf der Kreuzung überblicken, die Verkehrsschilder erfas-
sen ... und wer schon länger fährt, der beherrscht das alles sehr
souverän.

Sie kennen sicher das verbreitete Horrorszenario, dass die Menschen in naher Zukunft schon bereit sein könnten, sich Chips im-
plantieren zu lassen. So muss man sich vermutlich meine Generation vorstellen. Ich kann mir meine Altersgenossen beim besten
Willen kaum hinter einen Schreibtisch geklemmt vorstellen, wo sie
»Multitasking« betreiben. Nein, mit dem Smartphone ist man eigentlich schon so weit, dass der Chip quasi implantiert ist. Ständig
tragen wir das Ding doch in der Hosentasche herum, ständig sind
wir auf dem Laufenden, wo wir uns auch immer befinden – wir
verpassen nichts. Die Bits und Bytes sind immer bei uns; wir wollen und brauchen sie wie die Luft zum Atmen. Der implantierte
Chip ist tatsächlich keine schlechte Idee, dann hätte man weniger
herumzuschleppen. Geschockt? Na endlich.

In Wirklichkeit geht es bei den erweiterten Ansprüchen durch die
digitalen Medien vermutlich um etwas anderes, um eine neue Art
der Strukturierung. Und da kann ich Euch beruhigen. Auch wir
müssen, wie jede Generation vorher auch, arbeiten lernen. Auch
wir müssen Prüfungen ablegen und müssen uns drauf vorbereiten. Wie viel Zeit wir dabei draufgehen lassen, weil wir uns von
E-Mails, SMS, Facebook et cetera abhalten lassen, ist eine Frage
der Disziplin. Ihr habt halt damals nicht gedaddelt, sondern heimlich Karl May (oder was auch immer) unter der Bettdecke gelesen.

Ihr seid abgeklärt – wir sind aufgeklärt

Durch die digitalen und sozialen Medien sind sicher neue und andere Anforderungen auf uns zugekommen. Der Medienwissen-

schaftler Neil Postman hatte das Fernsehen als Medium der Enthüllung kritisiert, in dem die Kindheit verschwinde. Dies ist natürlich voll übertragbar auf den PC-Monitor, da in den »magischen Kanälen« (Marshall McLuhan) des Internets nichts mehr ein Geheimnis bleibt. Das Geheimnis aber, so Postman, ist der Schatz der Kindheit. Man könnte sagen, ebenso die Neugier. Noch jede Generation wollte es wissen: wo die Grenzen sind, was man machen kann, wie nackte Frauen im *Playboy* aussehen. Und deshalb begehren Jugendliche zwangsläufig auf – gegen die Eltern, gegen Zwänge, gegen Du-darfst-dies-nicht-du-darfst-das-nicht.

Ehrlich gesagt haben wir aber in Wirklichkeit andere Probleme. Im Internet hat man Zugang zu allem – und jeder Zugang zu allen. Pornos und Pädophilie, Horror und Terror geben sich die Hand. Es wird schneller gemobbt, als ein Gerücht sich über den Schulhof verbreitet. Nichts bleibt ein Geheimnis. Wir werden mit Dingen wie Porno, Sucht und Mobbing in frühester Kindheit konfrontiert – natürlich nicht immer direkt, aber mittelbar doch rund um die Uhr über Funk und Fernsehen, Plakate, Bilder, Bilder, Bilder … Schönheitsideale, die in Wirklichkeit gar keine sind, und eine Anleitung zum systematischen Bloßstellen und Fertigmachen gibt es dank Casting-Shows und Konsorten in der TV-Abendunterhaltung frei Haus direkt ins Kinderzimmer. Hierfür ein herzliches Dankeschön an dieser Stelle an RTL, SAT.1 und Pro7.

Wohl auch deshalb müssen wir uns als erste Generation, ob wir wollen oder nicht, sehr früh und sehr intensiv mit all diesen Dingen beschäftigen. Weil wir darauf eine Antwort finden müssen. In einem Alter, in dem uns durch diese sogenannte viel zu frühe Entschlüsselung die geistige Reife dafür noch fehlt.

Die Pubertät setzt immer früher ein, mittlerweile schon etwa drei bis fünf Jahre früher als noch vor 150 Jahren. Bei manchen Mädchen beginnt dieser Entwicklungsprozess bereits mit neun Jahren. Unsere fetthaltige Ernährung, zunehmender Stress und erhöhte psychische Belastung gelten als ursächliche Faktoren. Schnell fortpflanzen, wenn das Leben anstrengend und ständig bedroht ist – manche Hormexperten vermuten, dass diese genetische Idee die eigentliche beschleunigende Kraft ist. Allerdings hält die geistige und seelische Entwicklung nicht Schritt; wir können mit dem früheren Erwachsenwerden noch nicht richtig umgehen.[3] Wir schauen uns im Internet Sex an, genauso wie unsere Eltern früher heimlich einen Blick in den *Playboy* oder vielleicht nur auf die Dr.-Sommer-Seiten in der *BRAVO* geworfen haben. Und was darüber hinausgeht – YouPorn und alles, was einem an Fleisch um die Augen gehauen wird –, das machen wir vermutlich in dem Maße mit, bis die Ekelgrenze überschritten wird. Jugendliche wollen nicht alles sehen, was man sehen könnte. Klar, ein paar Jungs haben sich schon immer getroffen, um mal gemeinsam einen Porno anzugucken, dann aber wohl eher als Mutprobe. In unserer Generation werden dank leichteren Zugangs (»Mit der Maus zur Muschi«) mehr pornographische Inhalte angeklickt, allerdings typischerweise meist nur bis zu dem Moment des ersten sexuellen Kontakts. Und natürlich stellt sich hier die Frage, wer überhaupt dafür verantwortlich ist, dass Pornoseiten über 30 Prozent des gesamten Internet-Datenverkehrs ausmachen. Da tragt Ihr Alten, auch wenn Ihr jetzt gerade ganz unschuldig dreinschaut, schon Euren erheblichen Teil bei!

Wir sind früher und sehr viel weitergehend aufgeklärt, auch im positiven Sinne. Wir verhüten so gut wie keine Generation vor uns, oft sogar doppelt. Die Jugendschwangerschaften gehen kontinuierlich zurück. Und neunzig Prozent der Jugendlichen meiner Generation werden erst sexuell aktiv, wenn sie ihren Partner sehr gut kennen (behaupten sie zumindest). Über unangenehme Dinge informieren und warnen wir uns über die Social Media. Das wird von »Erwachsenen« ja gerne unterschätzt: dass wir nicht in offenen Kreisen verkehren, wo jeder zu einer Facebook-Party eingeladen ist, sondern uns unsere Freunde und Kontakte sehr sorgfältig aussuchen. Wir sind die, die von der Generation Immigrants gewarnt wurden, sich auf gewisse Dinge nicht einzulassen. Ihr seid abgeklärt. Wir sind aufgeklärt. Aber sind wir deshalb schon erwachsen, bevor wir Teenies sind?

Nicht eine Frage des Alters – eine Frage der Haltung

Ein Beispiel, anhand dessen vielleicht am ehesten klarwird, womit unsere Generation zu hadern hat, ist der Selbstmord von Amanda Todd. »I'm stuck … what's left of me now … nothing stops. I have nobody … I need someone. My name is Amanda Todd …«, dies schreibt die junge Kanadierin verzweifelt, nachdem sie schon einmal versucht hatte, sich mit der Einnahme von Bleichmitteln umzubringen. Das Medium: YouTube. Dort hält sie nur noch einzelne Karteikarten in die Kamera, auf denen dieser Text steht.[4] Aber es ist zu spät. Viele schauen sich diese dramatischen neun Minuten an; die Protagonistin ist die ganze Zeit nicht vollständig sichtbar, und sie redet auch nicht. Aber niemand hilft ihr. Anfang Oktober 2012 nimmt sich Amanda Todd das Leben. Selbst die Ministerpräsidentin des Landes nimmt nun Anteil. Auch die Social Media funktionieren schon wieder hervorragend: Anteilnahme weltweit. Das nützt Amanda Todd wenig. Man muss sich fragen: Wo wart Ihr, als ich verzweifelt um Hilfe gerufen habe? Warum habt Ihr Euch von mir abgewandt? Was kann ich vom Leben noch erwarten, außer dass alles noch viel schlimmer wird?

Amanda Todd ist Opfer eines Erpressers, Opfer von intensivem Cybermobbing, aber auch Opfer ihrer eigenen Naivität geworden. Als Elfjährige begann sie im Internet zu chatten, einfach so zum Spaß, wie Millionen andere Teenies in ihrem Alter auch. Und wie jeder weibliche, in dem Alter sich in puncto Selbstwert und Selbstbewusstsein noch behutsam vortastende Teenager erlag sie natürlich Komplimenten. Die kamen in den Chat-Foren, auch von anonymen, offenbar wesentlich älteren Herren. Und dann beging Amanda einen Fehler, der ihr Leben ruinierte. Einem besonders charmanten Herrn tat sie nach mehrfacher Bitte einen Riesengefallen: Sie schickte ihm ein Foto, das sie barbusig zeigt, dummerweise noch mit ihrem Gesicht dazu. Nach den Boobs forderte sie der Unbekannte dazu auf, nun mit einer »Show« nachzulegen, sprich zu strippen oder noch mehr von ihrem Körper preiszugeben. Da war es für Amanda längst vorbei mit dem Kontakt. Nicht aber für ihren »Verehrer«. Er drohte ihr, das Boobs-Bild zu posten, wenn er nicht das bekäme, was er verlangt. Amanda weigerte sich, und die Dinge nahmen ihren Lauf. Er stellte das Oben-ohne-Porträt auf Facebook ein und verschickte es an ihre Schule. Nun wusste jeder »Bescheid«. Kurz darauf stand die Polizei vor der Tür und teilte den Eltern mit, dass Amandas »Porträt« überallhin verschickt wurde – vor allem auch an die Adressen vieler Bekannter in ihrem sozialen Umfeld.

Nun folgte die zweite Katastrophe. Amandas Lehrer waren empört, Mitschüler und Freunde begannen, immer hämischere Kommentare zu posten und sie zu hänseln. Ihre besten Freundinnen wandten sich von ihr ab, statt ihr beizustehen. Der Ton wurde immer aggressiver, irgendwann schien jeder nur noch auf Amanda eindreschen zu wollen. »Ich habe jede Nacht geweint und alle Freunde verloren«, schilderte Amanda ihren Zustand. Sie wechselte die Schule, doch es änderte sich nichts. Die aggressive Stimmung nahm zu, sie richtete sich nun auch immer direkter gegen sie. Ein vermeintlich gutmeinender Bekannter kreuzte mit einer Bande von Mädchen auf, um ihr mitzuteilen, dass niemand sie leiden könne – auch er wollte nur Sex und versuchte, sie zu bashen, wo immer er konnte, als sie nicht bereit war, ihm seinen Wunsch zu erfüllen.

Diese verworrene Mischung aus Erpressung, vermeintlicher sexueller Wunscherfüllung und der Wut darüber, dass Amanda Todd nun doch nicht verfügbar war, die geradezu mittelalterlich anmutende massenhafte Anprangerung und Verteufelung und die willkürliche Eskalation führten Amanda immer tiefer in die Verzweiflung. Bis sie versuchte, das gegen sie gerichtete Cybermobbing mit den Mitteln der Social Media zu bekämpfen, und jenes Video drehte, das ihre Geschichte erzählt. Das Video wiederum hat einen unglaublichen »Erfolg« zu verzeichnen. Mit einem Mal ist die Anteilnahme riesig und der sie mobbende Pöbel zahlenmäßig verschwindend gering. Aber das hilft Amanda Todd nicht mehr. Zu heftig waren ihre Panikattacken und Depressionen. Im Alter von fünfzehn Jahren nahm sie sich das Leben. Der Erpresser, der das ganze Desaster auslöste, ist nach wie vor unbekannt. Man fahndet nach ihm.

In dieser Geschichte stehen Sex, Verfügbarkeit, Jugend und Medienkompetenz in einem Zusammenhang. Und trotzdem lässt sich das Geschehene nicht auf die Möglichkeiten und bösen Fallen der Social Media einengen. Mobbing gab es schon vorher. Im Büro und in der Schule wird gemobbt, auch ohne Social Media. Die Frage ist, wie man sich dazu verhält. Warum haben die besten Freunde von Amanda Todd nicht zu ihr gehalten? Aus meiner Erfahrung heraus weiß ich, dass das analoge »Liken« oder »Disliken« von Mitschülern und Freunden sehr schnell Entwicklungen in Gang setzt. Da kann einer sofort unten durch sein, und es fragt sich nun, ob man sich mit dem Gemobbten weiter solidarisiert, sich damit gegen alle anderen stellt und Gefahr läuft, selbst ins Visier zu geraten, oder ob man zur breiten Masse überläuft, die sich ihre Meinung längst gebildet hat. In der Hinsicht hat es auch schon vor dem Aufkommen der Social Media genug böse Geschichten gegeben. Auch im Fall von Amanda Todd muss man sich fragen, wie es geschehen kann, dass die engsten Freunde plötzlich gar keine mehr sind, wenn es darauf ankommt, dass sie sich feige und opportunistisch abwenden.

Der »Cyber« verleiht dem Mobbing aber eine neue Dimension: das Phänomen der Anonymität, die Reduzierung der Wahrnehmungs-

ebene auf den reinen Text und die Beständigkeit von Niederge-
schriebenem im Gegensatz zum Gesprochenen bewirken die offenbar damit einhergehende, unkontrollierbare Eskalation. Anonym kann man die bösesten Intrigen ins Rollen bringen, wovon
man niemals Gebrauch machen würde, wenn man Farbe bekennen
müsste. Das Mobbing auf dem Pausenhof war nach der großen
Pause oder spätestens nach der Rückkehr ins Elternhaus wieder
verhallt, und ohnehin haben es nur die Umstehenden mitbekommen. Beim Cybermobbing geht es dann hinter der verschlossenen
Zimmertür erst richtig los. Theoretisch bekommt es jeder mit, und
man kann selbst auch noch schön mit draufhauen. Vielleicht um
sich vor den anderen zu profilieren. Beim Mobbing von Angesicht
zu Angesicht liegt die Hemmschwelle deutlich höher. Und wer die
Verletztheit des Gemobbten mitbekommt, der hat irgendwann sein
Ziel erreicht. Was unsere getippten Kommentare beim Adressaten
auslösen, das können wir nur ahnen. Das tun die Cybermobber
aber nicht:»Ist doch alles nur Spaß.«
Zum Mobbingopfer wird man schneller als gedacht; dazu braucht
man keine naive Jugendsünde zu begehen. Da reicht schon die
beste Freundin, die einen im Schullandheim nach dem Duschen
beim Abtrocknen heimlich filmt und das Video verbreitet. Da
reicht ein Schulranzen mit uncooler Farbe, eine unbedachte Äuße-
rung oder ein realitätsfernes Gerücht. So geschieht es, ständig, an
Tausenden von Schulen, überall in der Welt. Der Fall Amanda
Todd ist insofern einzigartig, als sie mit ihrem YouTube-Video ihr
Leid öffentlich gemacht hat.
Facebook & Co. aber handeln gerade mit dem Angebot, aus der
Anonymität hervortreten und andererseits ganz nach Wunsch auch
anonym bleiben zu können, eine andere Identität annehmen und,
wie in dem Fall des Erpressers von Amanda Todd, nicht zurückver-
folgbar sein zu können. Das löst jedoch offenbar eine ungeheure
Dynamik aus, vielleicht vergleichbar mit Soldaten, die im Krieg
Lust am Töten verspüren, weil sie im Kriegsfall nicht als Mörder

gelten und nun Menschen umbringen können, ohne juristisch belangbar zu sein. In sozialen Netzwerken besteht die Versuchung, sich selbst in ein optimales Licht zu rücken und andererseits dafür extrem gebasht zu werden. Eine kleine Dummheit, und ein Shitstorm bricht los. Eine Unachtsamkeit, und ein Kommentar jagt den anderen, bis die Anmerkungen irgendwelcher Leute in keinem Verhältnis mehr zum Sachverhalt stehen.

Kampf dem Mob!

Aber letztendlich ist es eine Angelegenheit, die mit gutem Benehmen zu tun hat. Negativ ausgedrückt: Im Fall von Amanda Todd treten im Prinzip nur die uralten Phänomene von geheuchelter Entrüstung, Feigheit, Verlogenheit und Angepasstheit ans Tageslicht. In manchen Kulturen wird eine Frau gesteinigt, weil sie mit einem anderen Mann geschlafen hat (umgekehrt seltener). Oder Frauen werden ausgestoßen, wenn sie promiskuitiv sind. Warum ansonsten ernstzunehmende Menschen – auch im Falle von Amanda – mit Wonne auf sie einprügeln, ist mir unerklärlich. Und ganz entschieden bin ich der Meinung, dass hier etwas passieren muss. »Netiquette« allein scheint da nicht auszureichen.

Die großen Online-Unternehmen, die fast alle in den USA ansässig sind, kümmert es wenig, wenn auf etwaige Rechtsverletzungen hingewiesen wird. Die Betreiber fühlen sich auch nicht bemüßigt, auf ein Fax bzw. ein Einschreiben der Kriminalpolizei zu reagieren. Im Übrigen versteht Facebook kein Deutsch und stellt sich bei solchen Angelegenheiten gerne etwas dumm; es ist also ohnehin recht sinnlos, sich an Betreiber zu wenden.

Die Social Media müssten beweisen, dass sie aus eigener Kraft, also durch die Mitwirkung aller, dazu in der Lage sind, ethisches Verhalten durchzusetzen. Durch gegenseitige Bewertung und in offener Diskussion können die User sich gegenseitig in Sachen

Medienkompetenz schulen. Und das hätte sicherlich auch eine Wirkung über die Social Media hinaus. Statt Kommentare abzugeben oder die Beiträge anderer zu kommentieren, kann man sich in gegenseitigem respektvollem Umgang üben. Insofern können die Social Media zu einer harten moralischen Reifeprüfung werden. Im Moment dominiert ganz klar das Selbstdarstellungs-, Klatsch- und Tratschmedium. Aber weil hier Kaffeeklatsch, Flurfunk und Pausengeflüster vor aller Augen und Ohren stattfindet, sollte es genug Gegenkräfte geben, die gegen perverse Einschüchterungsversuche gegenüber Einzelnen aufbegehren und lieber diejenigen offenlegen, die solche Eskalationen auslösen wie im Fall von Amanda Todd.

Fakt ist: Vor lauter Neil Postman, Porno und Intrigengefahr sind wir auch mal überfordert. Wir werden früh mit einer sehr erwachsenen Welt konfrontiert. Deshalb kann uns niemand zum Vorwurf machen, dass wir keine Kindheit gehabt hätten. Ob für uns eine »Scheißjugend« vorherbestimmt ist, hängt gutenteils vom sozialen Status ab. Andererseits sind durch die zunehmende Bedeutung der digitalen Medien die Entwicklungsmöglichkeiten wesentlich weiter gefasst; zweifellos kann jeder etwas aus sich machen. Wenn die Möglichkeit besteht, mit dreizehn Jahren eine Idee fortwährend zu verfolgen, wenn man sie weiterentwickeln kann und damit später Unternehmer wird, bevor man das Abitur absolviert hat, wenn man, bevor man volljährig geworden ist, Geld damit verdient, Erwachsenen zu zeigen, wie die »Jugend von heute« tickt, dann ist das nur ein Beispiel von vielen.

Erwachsensein und Kindheit müssen offenbar neu definiert werden. Wir sagen: Wunderbar, endlich so viele Möglichkeiten. Und was man verpasst hat, kann man ja später nachholen – später dann, im Burn-out-Zwangsurlaub.

7 Bildung – auf den Kopf gestellt

Was bringt die Schule heute noch?

Unsere Generation lässt sich also nicht altersmäßig eingrenzen. Was bedeutet eigentlich der Ausdruck »Reifeprüfung«? Sicherlich haben wir die körperliche Reife nicht in der Schule erlangt. Und die Wissensreife? Alles, was uns wirklich interessiert, konnten und haben wir im Internet erfahren. Es stellt mit Sicherheit die deutlichste Konkurrenz zum heutigen Schulsystem dar. Das ist auch nicht besonders schwer, denn das »heutige« Schulsystem ist das ewig gestrige.

Das Auswendiglernen und Wissen anwenden ist mir die vergangenen zwölf Jahre endlos gepredigt worden. Doch was hat es mir eigentlich gebracht, außer einer Abiturnote? Sicher, mir stehen nun alle erdenklichen Wege offen. »Mit dem Abitur in der Hand könnt ihr auch Straßenfeger werden. Nicht weil ihr nicht anders könnt, sondern weil ihr wollt!«, so mein Schulleiter bei seiner Motivationsrede zu unserem Eintritt in die Oberstufe. Aber in welchem Maß werde ich künftig eigentlich von dem Wissen profitieren, das mir in der Schule vermittelt wurde? Im Prinzip weist das heutige Schulwissen, auf das es ankommt, auffallende Parallelen zum Mittelalter auf: Mündlichkeit und Schriftlichkeit im Wechselspiel. Das handelsübliche »Pfuschen« und Abschreiben ist als Kulturtechnik des Copy & Paste manchen schon in Fleisch und Blut übergegangen. Es genügt, wenn wir wiedergeben, was sehr kurzzeitig, sprich: in Klausuren und mündlichen Prüfungen, an Wissen abverlangt wird. Verlangt wird hingegen nicht, selbständig zu denken, zu einem gegebenen Ansatz oder Thema eigene Gedanken zu formulieren, sie weiterzuentwickeln oder sich damit zu beschäftigen, was einen persönlich besonders interessiert. »Es kann doch nicht sein, dass genau der Ort, wo man auf das Leben vorbereitet werden soll, wo man all das lernen soll, was man im Leben später mal braucht, dass man genau an dem Ort die Lust am Lernen verliert«, stellte Hirnforscher Prof. Dr. Gerald Hüther in der ersten Ausgabe der ZDF-Sendung *Precht*[1] heraus, in der eine stimmige, wenn auch einseitige Tirade gegen das Schulsystem losgelassen wird. Egal. Ich bin damit durch, denn ich habe das Abitur in der Tasche. Und es geht nicht mehr um verschmutzte Toiletten, sondern um die Frage, ob es so weitergehen soll im digitalen Zeitalter. Und ob es so weitergehen kann: vom Kopisten zum Kurpfuscher, vom ursprünglichen Wissensstützpunkt des griechischen *idiotes* zum modernen Experten, sprich Fachidioten – oder gibt es noch etwas anderes? So etwas wie ein Betätigungsfeld, bei dem man nicht froh ist, wenn man es hinter sich hat, sondern froh, wenn man es vor sich hat. Der Begriff »Lernen« hat in klassischen Versionen gerne die Konnotation von Schmerzhaftigkeit und Trennung von Gewohntem und Erfahrungen. Man lernt, dass es sich doch nicht so verhält, wie man es gemeint hat. Man erfährt »das Neue« negativ als Trennung von guten, alten Gewohnheiten. Seltener ist die Definition von »Lernen« als Neugier, als Wissenstrieb, Interesse oder Beschäftigung mit einer sehr speziellen Angelegenheit, die mich voll und ganz einnimmt. Vielleicht ist aus diesem Grund der klassische Schulalltag in jeweils sechs bis acht Stunden Schule, Schlaf und Playstation eingeteilt.

Moderne Medien basieren auf Kindern

Der Slogan »Turning Learning Upside Down« stammt von Seymour Papert. Zusammen mit dem bereits eingangs erwähnten Visionär Nicholas Negroponte gründete er den legendären Ableger des Massachusetts Institute of Technology (MIT), das Media Lab, in dem seit 1985 die großen Ideen für die digitale Wirtschaft geboren werden. Als Pädagoge der ersten Media-Lab-Stunde überließ er die Vermittlung von Daten und Zahlen nicht dem Zufall, sondern am liebsten von vornherein den Kindern. Paperts Ansatz, dass Kinder mit Medien »spielen« und anhand dessen die spielerischen, intuitiven Zugänge zu den Medien erforscht werden, ist vermutlich die Grundlage für die Gesamtgestaltung von Laptops, Smartphones und allem, was mit »i« beginnt.

Nicht zufällig war die Firma LEGO einer der ersten Hauptsponsoren des Media Lab. Zum fünfjährigen Jubiläum dekorierten nicht Blumenkränze die Banketttische, sondern riesige chaotische Haufen mit LEGO-Bausteinen. Die Gäste – überwiegend Förderer des Media Lab – verbrachten den ganzen Abend damit, aus den LEGO-Bausteinen etwas zusammenzubasteln. Die Dame im Abendkleid einen Drachen, der Herr im Smoking einen Lastwagen. Um Mitternacht standen die prächtigsten Kreationen auf den Tischen. Die Gäste durften sie mitnehmen, und mitgenommen haben sie vermutlich auch die unvergessliche Erinnerung an den lockersten Bankettabend ihres Lebens.

Das Tüpfelchen auf dem »i«: Negropontes Aktion »One Laptop Per Child«.[2] Kindern soll der intuitive Zugang zu Computern ermöglicht werden. Schließlich können Kinder auch beherrschen, was sie letztlich mitentwickelt haben. Die Aktion ist für die ganze Welt bestimmt. Der kindgerechte Laptop OLPC XO-1 soll jedem Kind in der Welt die gleichen Entfaltungsmöglichkeiten bieten. Die Idee dahinter: Kinder sollen sich von frühester Lebenszeit an selbst orientieren können; sie sollen finden und suchen können, was sie interessiert, lernen, was sie neugierig macht, damit spielen, und sich beiläufig weiterbilden – möglichst intuitiv und direkt. Der Name ist Programm: Dieser Laptop soll genau 100 Dollar kosten und vor allem im Unterricht in Schwellenländern zum Einsatz kommen, so dass eines Tages jedes Kind einen Laptop hat und damit die gleichen Bildungsvoraussetzungen wie die Kinder in den reichen Industrieländern. Bücher sind einfach nicht mehr das zentrale Lernmedium; diese Funktion hat der Computer übernommen, auch wenn das manche nicht wahrhaben wollen – nicht zuletzt die klassischen Schulbuchverlage. Die Bücher kann man ja längst auf dem Kindle, dem iPad oder ebendem XO-1 lesen. Und neben dem Tippen und Klicken etabliert sich immer mehr das Wischen. Schon Kleinkinder beherrschen diese Technik und führen sie voller Wonne auf den Smartphones ihrer Eltern aus.

In den »Hasenohren« des Laptops XO-1 befinden sich die WLAN-Antenne und die USB-Anschlüsse, und auch sonst sieht das kleine grüne Ding unglaublich ansprechend aus. Auf diese Weise ist zumindest der Leitgedanke sichergestellt, dass der Zugang zu allem Wissen dieser Welt prinzipiell geöffnet ist. Die »digitale Kluft« zwischen den Ländern soll geschlossen werden; deshalb wird das Projekt auch von der UN unterstützt. Längst sind weltweit über 2,4 Millionen dieser Laptops im Einsatz, in Uruguay ist nahezu jedes Kind ausgestattet. Die Kinder folgen hier bestenfalls nicht einem Lehrer, sondern ihrer Neugier. Der Laptop darf sehr gerne auch im Unterricht zum Einsatz kommen. Seymour Papert nennt dieses Prinzip »konstruktivistische Didaktik«. Demnach bringen die Lehrer den Kindern nicht den Stoff bei, sondern das selbständige Lernen.

Hole In The Wall –
die »Maueröffnung« der Bildung

Das Projekt *Hole In The Wall,* das 1999 in Neu-Delhi seinen Anfang nahm und heute schon über 300 000 Kindern in den Slums von Afrika und Asien einen Schatz an Bildung beschert, zeigt, dass man sich mit Projekten wie »One Laptop Per Child« auf dem richtigen Weg befindet.[3] Die Idee ist einfach bestechend: In einer indischen, von Armut geprägten Großstadt stellt man in kinderreichen

Vierteln einfach ein paar Rechner auf, an denen sich jeder betätigen kann. Der Name des Projekts verdeutlicht den Grundgedanken, diese Rechner wetter- und vandalismusgeschützt nach dem Konzept von Bankautomaten in Wände zu integrieren – und jeder hat ein virtuelles Konto bei dieser Wissensdatenbank, ohne etwas einzahlen zu müssen.

Die Kinder des Viertels waren die Ersten, die sich den Objekten neugierig näherten. Zu Beginn klickten sie ein wenig herum, dann fanden sie zunehmend Gefallen an den Geräten und vertrieben sich die Zeit damit. Schließlich entdeckten sie, dass man damit dank des Internetanschlusses auch surfen und E-Mails schreiben kann – vorausgesetzt, man kann schreiben. Aber auch das brachte der Rechner den Kindern näher.

Innerhalb weniger Wochen beherrschten die meisten Kinder, die zuvor kein Wort in einer fremden Sprache kannten, ein passables Anfänger-Englisch – nur dank des Computers! Das Sensationelle daran ist zugleich das vermeintlich Unheimliche: Computer können Kindern Englisch beibringen, so wie sie ihnen beispielsweise auch den Satz des Pythagoras lehren können. Und das bedeutet: Der Computer im Haus ersetzt den Lehrer. Und ausgerechnet ein Pädagoge, nämlich Professor Sugata Mitra, hat die Sache verraten!

Der Rest ist eigentlich Geschichte – Kinogeschichte. Der Oscar-prämierte Film *Slumdog Millionaire* basiert auf dem Roman *Rupien! Rupien!* des indischen Schriftstellers Vikas Swarup. Dieser ließ sich durch den Erfolg der sozialen Initiative *Hole In The Wall* zu seinem Buch anregen. »Als die Wissenschaftler den Slum nach einem Monat erneut besuchten, hatten die Kinder gelernt, das World Wide Web zu nutzen – ohne jede Anleitung«, erzählt Swarup. »Das hat mich fasziniert, und ich habe begriffen, dass jeder die Fähigkeit hat, Außergewöhnliches zu tun. Vorausgesetzt, man gibt einem die Chance.«[4]

So ein Bildschirm in der Wand stimmt einen mit Blick auf unser

Schulsystem nachdenklich. Denn die harte Frage lautet: Hat sich der tägliche, in meinem Fall lange und beschwerliche, Weg zur Schule eigentlich gelohnt, oder hätte ich den Stoff in der Zeit auch locker zu Hause lernen können, die ich im Bus, in den Klassenräumen und auf dem Pausenhof verplempert habe? Kann man das alles selbst lernen? Sind Lehrer im digitalen Zeitalter überflüssig? Und was gibt es im Internet nicht, was man sich nicht beschaffen könnte – also auch Vorlesungen, Lektüre und Lektionen? Auch reale Lehrer, die mir ihren Stoff nicht nur deshalb vortragen, weil ihnen als Jugendliche nichts Besseres einfiel, als Lehramt zu studieren. Denn von solchen Lehrern kann wohl jeder Schüler ein Lied singen. Sogar Albert Einstein scheint sie schon gekannt zu haben:»Wenn man etwas nicht einfach erklären kann, hat man es nicht verstanden.« Nein, durch das Netz sind wir nicht mehr auf sie angewiesen. Wir haben Zugang zu Lehrern und Wissensvermittlern, die tatsächlich in der Welt ihres Faches leben und einen Sachverhalt richtig erklären und so vermitteln können, dass der Funke der Begeisterung überspringt. Das Ganze ohne beschwerliche Prüfungen, Stress und Leistungsdruck – und nur Stoff, der mich interessiert und im Leben wirklich weiterbringt. Statt auswendig Gelerntes wiederzukäuen, würde ich gerne zeigen, dass ich denken, eigenständig arbeiten und mehr leisten kann, als das Gebotene zu erfüllen.

Wenn man heute das Abitur absolviert und auf seine schulische Laufbahn zurückblickt, denkt man an seine Lehrer nicht nur mit purer Nostalgie. Möglicherweise hat man zu dem einen oder anderen eine persönliche Beziehung gehabt. Es gibt Lehrer, die es ablehnen, über die Wissensvermittlung hinaus mit ihren Schülern Kontakt zu haben, und es gibt Lehrer, mit denen man sich auf ein Bier verabredet und ihnen dabei nicht nur sein persönliches Leid klagt. Wir sind ja gar nicht so selbständig; wir suchen gerne den Rat von Lehrern, wenn wir ihnen vertrauen können. Aber man braucht sie im Grunde viel mehr für die »weichen Faktoren« wie

Vertrauen, Lebenserfahrung, Selbstverwirklichung. »Mentorship« oder Training würde es vielleicht am ehesten treffen, was ich meine.[5] Denn die englische Sprache oder den Satz des Pythagoras kann man sich selbst beibringen – so wie es die indischen Kinder vor dem Bildschirm in der Wand getan haben. Die erklärten Gegner der digitalen Medien lassen angesichts ihrer Drohkulissen jedoch eher den Verdacht aufkommen, dass sie bei der Erhaltung ihres altbackenen Bildungsideals im tiefsten Inneren eine furchtbare Angst haben, als Lehrer, wie sie sich verstehen, längst überflüssig zu sein.

In den Vereinigten Staaten wird gerade an einem Gesetzentwurf gearbeitet, demzufolge es jedem Menschen erlaubt sein soll, an ins Netz gestellten Universitätsvorlesungen teilzunehmen und regelrecht, wenn auch nur virtuell, mitzustudieren. Kinder, Teenies, Arbeitslose oder Senioren können dann auch ohne High-School-Abschluss oder entsprechende Qualifikationen und Aufnahmeprüfungen studieren und auch die Prüfungen ablegen. Wenn dieses Gesetz tatsächlich verabschiedet wird, sichert es das Recht auf Bildung für jeden. Es ist nicht mehr besonders wichtig, physisch an Vorlesungen teilzunehmen und Seminare zu besuchen. Die sprichwörtlich »überfüllten Hörsäle« sind dann Geschichte; ohnehin erscheinen sie absurd angesichts dessen, dass die Qualität einer online gestreamten Vorlesung sich in nichts unterscheidet von der »echten« Vorlesung, in der auch nur ein Professor vorne am Pult steht und redet.

Früher hatten sich Schüler den disziplinarischen Vorgaben der Lehrer zu fügen. Nicht ohne Grund waren die Fächer gleichzeitig »Disziplinen«. Das System Schule war noch vor zwanzig Jahren ein geschlossener Kreislauf – ein »System« im Sinne von Niklas Luhmann, das mit dem System Telekommunikation nicht in Berührung stand. Wie auch: Fernsehen, Telefon, Brief – das war's. Bis sich das Fernsehen aufmachte, mit Bildschirm- und Teletext neue Informations- und Kontaktquellen anzubieten, bis das Telefon sich entschloss, mit Computern zu flirten, und die Post seit Telefax-Zeiten nicht mehr das einzige Mittel war, Dokumente zu transportieren. Vor zwanzig Jahren waren die »Welten« zwischen den Generationen noch nicht so unterschiedlich wie heute, denn die Kommunikation und damit auch die Art der Informationsbeschaffung war die gleiche. Jetzt werden die zeitlichen Abstände der Generationen kürzer, weil die Kommunikationsinstrumente sich rasend schnell verändern.

Vielleicht ist es nur eine Frage der Übergangszeit, in der sich die Lebensrealitäten zwischen Lehrer und Schüler so stark unterscheiden. In spätestens zehn Jahren sind meine Mitschüler selbst teilweise Lehrer. Manche Lehrer versuchen mit bestem Willen, ihren Unterricht schon jetzt auf die schöne neue digitale Welt abzustimmen. Aber das sind momentan die Ausnahmen, denn wer heute vierzig Jahre alt ist und darauf keine Lust hat, ist trotzdem noch ein Vierteljahrhundert im Dienst. 27 weitere Jahre mit Lexikon, Wörterbuch und Lehrbuch-Ausleihe unterwegs …

Die Abstände zwischen den Generationen werden immer kürzer, aber die Lebenswelten immer unterschiedlicher. Das wird vermutlich so bleiben – aber es entwickelt sich ein Bewusstsein dafür. Momentan wundern sich die Älteren, warum sie junge Leute nicht mehr verstehen. Wir sind die erste Generation, die in Echtzeit große Datenmengen verschicken kann, die an jedem Ort der Welt auf jede verfügbare Information zugreifen kann und sich in fragmentierten Gruppen aufhält. Dieses Wundern wird wohl zur Normalität werden – nichts entwickelt sich so stark und schnell wie Technik und Wissen.

Auch Lehrer werden sich wohl irgendwann damit abfinden müssen, dass sie nicht mehr die unantastbaren Wissensspender sind. Sie werden einsehen müssen, dass das Wissensmonopol nicht mehr bei ihnen liegt, dass wir freien Zugang zu möglichweise kompetenteren Quellen haben – vorausgesetzt, wir sind hinreichend motiviert, uns eine Thematik zu erschließen, und in der

Lage, den Wissenspool anzuzapfen. Denn genau hierauf wird in Zukunft vermutlich die Rolle des Lehrers ausgerichtet sein.

School's out!

Die Schule ist vorbei – im doppelten Sinn. Ich habe Abitur, und das System ist mega-out. Den Sinn meines Lebens sehe zumindest ich darin, viel von der Welt zu sehen, viel Zeit mit Menschen zu verbringen, die mir wichtig sind. Weniger in einer Arbeitswelt oder Organisation tätig zu sein, wo viele Menschen jeden Tag so tun, als würden sie etwas in der Welt voranbringen. Vielleicht möchte ich auch mal für eine Hilfsorganisation nach Afrika gehen und dort eine Schule aufbauen. Das macht das Leben lebenswert: etwas vom Leben spüren. Das ist wichtiger, als sich in Bürokratie zu verzetteln oder sich in Hierarchien hochzuarbeiten. Vielleicht werde ich studieren – Medienwissenschaften, Psychologie und Maschinenbau würden mich interessieren. Oder vielleicht doch japanische Kulturlehre? Ich lege großen Wert auf ästhetische Dinge. Ich schreibe gerne Briefe und Postkarten mit der Hand. Ich gehe gerne in die Oper und ins Theater. Vielleicht fließen diese Interessen einmal in meine zukünftige Ausbildung ein. Ich will nur nicht so ein 08/15-It-Boy werden.

Doch hilft mir das Schulwissen dabei weiter? Was bedeutet denn schon »Wissen«? Das Aneinanderreihen und Verknüpfen von Fakten? Vielleicht sollte ich mich eher Dingen zuwenden, die mich seelisch berühren. Theoretisches Wissen und praktisches Wissen sollten mir helfen, mein Leben als mündiger Mensch in dieser Gesellschaft führen zu können, weil ich ohne dieses Wissen möglicherweise nicht mitreden kann. Ich will nicht nur die binomischen Formeln kennen. Ich will verstehen, was mir ein Zeitungskommentar sagen will. Ich will hinter die Kulissen des Lebens schauen können. Ich will selbst denken.

Im Bereich des faktischen Wissens kann einem die Schule bestimmt gute Anstöße mitgeben. Die Transferleistung muss man selbst erbringen, um damit auch etwas anfangen zu können. Für das praktische Leben gibt die Schule jedoch kaum etwas mit. »Wenn ihr jetzt dann aus der Schule rauskommt: könnt ihr nichts. Nichts außer Klugscheißen«, stellte einmal einer meiner Lehrer fest. Nichts, was ich für Podcasts oder Vorträge – meine ganze Leidenschaft und immerhin bereits während der Zeit als Schüler mein erster Beruf – hätte gebrauchen können. Meine Neugier für technologische Zusammenhänge und das »Rampensau-Gen« sind mir wohl angeboren. Menschliche Talente sind enorm vielfältig. Es geht nicht darum, dass jeder *Die Glocke* auswendig kann. »Es geht um Leidenschaft und um das, was unseren Geist und unsere Energie weckt.«[6] Dass man das tut, was man liebt und was man gut kann.

Nicht für die Schule lernen wir ...

Während meiner Schulzeit hatte ich den allgemeinen Lernstoff regelrecht boykottiert. So hatte ich in einem Jahr in Physik eine Fünf im Zeugnis und im nächsten wieder eine Eins. Ich fand es sinnvoller, mir Wissen anzueignen, wie ich es gerade brauchte. Ich steige lieber tiefer in eine Materie ein – und wenn ich etwas nicht verstehe, besorge ich mir den fehlenden Stoff. Ich eigne mir vieles selbst an und arbeite mich ein. Das war mir immer lieber, als nur für die nächste Klausur oder das Abitur zu arbeiten. Dieses Prinzip des »teaching for the test« ist sogar bei den Pädagogen eigentlich verschrien. Wie hieß es doch zu alten Paukerzeiten à la »Feuerzangenbowle« so schön: Non scholae, sed vitae discimus. (Für alle mit NRW-Abitur: Wir lernen nicht für die Schule, sondern fürs Leben.) Und was haben die Lehrer daraus gemacht? In der Schule lernen wir ausschließlich für die Schule, für Klausuren und das Abitur. Alles, was das Leben anbelangt, müssen wir uns selbst beibringen.

Der wahre Reichtum an Quellen, an Möglichkeiten zu selbständiger Arbeit und Neuentdeckungen ist in Wirklichkeit woanders zu finden. Ein großer Teil des Weltwissens trägt jeder in seiner Hosentasche – verborgen hinter einem Smartphone-Monitor.

Ich eigne mir Wissen recht unstrukturiert an. Zu einem bestimmten Thema schaue ich nur im Netz nach oder stelle mir noch einen Stapel Bücher ins Regal. In der Schule wird eine solch lebensnahe Lernart nicht vermittelt – auch ein paar Computer im PC-Raum ändern nichts daran, dass uns nichts an Medienkompetenz mitgegeben wurde. Dabei interessieren doch gerade »weiche« Fragestellungen wie: Warum sind wir eigentlich hier? Was und wie lässt sich etwas in der Welt voranbringen? Fragen, die zum Denken anregen und nicht starres Wissen anzapfen. Aber auch Fragen, die einen Grundstock an Wissen voraussetzen – und anhand deren wir unser Wissen spielerisch ausbauen können.

Im realen Leben zählt: Nur wenn man ein Ziel vor Augen hat, kann man auf etwas hinarbeiten und ein gutes Leben führen. Früher hat man sich einfach mal in der Uni eingeschrieben, weil Bildung zum guten Ton gehörte und bestimmte Fachgebiete besonders interessierten. Mit dem Bachelor-System wurde das Studium zusätzlich stark verschult. Wo es früher möglich, ja geboten war, sich frei zu entfalten, seine eigene Perspektive zu entwickeln und an einem selbstgewählten Thema wissenschaftlich zu arbeiten – und sich dabei Zeit zu lassen –, geht es jetzt um Anwesenheit, einen vollen Stundenplan und, husch, husch, damit durchzukommen. So schnell wie möglich. Ausnahmen außerhalb der Regelstudienzeit sind kaum noch möglich. Diese Anpassung an angloamerikanische Standards brachte jedoch nichts außer Stress im Studium.

Das Leben um mich herum wird immer facettenreicher, und es fehlen die Kriterien, damit umzugehen. Nur wenn ich den richtigen Fokus setzen kann, ergibt sich eine Linie für mein Leben. Wenn man es nicht schafft, möglichst früh seinen eigenen Standpunkt zu definieren, geht man entweder in völliger Demotivierung unter oder funktioniert einfach nur noch, um alle Erwartungen zu erfüllen, und wird eben Angestellter. Selbstverwirklichung war in der Schule lange kein Thema. Für meine Generation ist das aber nicht mehr die Kür, sondern die Pflicht. Das Bildungssystem ist noch nicht an die postmateriellen Verhältnisse angepasst. Es gibt zwar neue Methoden, etwa die Bildung von Arbeitsgruppen, aber die Inhalte stammen noch von vorgestern. Oft wird jungen Leuten unterstellt, sie würden sich für nichts mehr interessieren. Doch muss jeder immer alles mitbekommen? Ich lese gerne und manchmal auch viel. Wenn mir jemand mit leuchtenden Augen von einem Buch erzählt, kann ich es gar nicht abwarten, es mir auf meinen Reader zu laden und in die Welt des Buches einzutauchen. Ich habe in zwölf Schuljahren keine einzige Pflichtlektüre aus dem Deutschunterricht auch nur halb gelesen – wie übrigens auch ein beachtlicher Teil meiner Kameraden. Mich langweilt nichts mehr, als Wissen rein um des Wissens willen vermittelt zu bekommen, ohne zu wissen, wozu ich es brauche (außer vielleicht im Abi). Die Vermittlung scheint wohl das A und O zu sein – und ob ich es schaffe, mein Interesse wachzuküssen. Natürlich entspringt es meiner subjektiven Wahrnehmung, was ich für relevant oder wissenswert halte. Interesse kann man nicht manipulieren (auch Lehrer können das nicht), man kann es nur entfachen.

Du musst dein Leben ändern!

Falls dieses Buch in die Hände eines oder einer altklugen Lehrers / Lehrerin fallen sollte, wird er beziehungsweise sie bis zu diesem Punkt nicht nur einmal die Augenbrauen hochgezogen haben. Ihnen würde ich gerne die folgenden Verse von William Butler Yeats entgegenhalten: »Doch ich bin arm, hab nur meine Träume, / die legte ich zu deinen Füßen aus, / Tritt sanft, du trittst auf meine Träume.«[7] Alle Kinder legen ihren Lehrern jeden Tag ihre Träume zu Füßen, deshalb sollten sie endlich aufhören, darauf so schamlos herumzutrampeln!

Bildung ist inzwischen nicht mehr der exklusive Exportartikel der Lehrer. Jeder kann sich mittlerweile selbst bilden, und manchmal schneller, als Pädagogen es mitbekommen. Der von Immanuel Kant zitierte Leitsatz der Aufklärung »sapere aude!« – »Habe Mut, dich deines eigenen Verstandes zu bedienen!«[8] – ist heute so aktuell und praxistauglich wie nie zuvor. Den Anfang machten Fernsehdokumentationen wie *Terra X, National Geographic* oder *Galileo.* Diese teilweise gut gemachten Formate veranschaulichen unsere Welt aus wissenschaftlicher Perspektive, zugleich aber auch auf faszinierende, spannende und teilweise amüsante Weise. Irgendeinen Grund muss es jedenfalls haben, dass sich schon Kinder dafür begeistern können. Auf jeden Fall ertappe ich mich nach zehn Minuten von *Leschs Kosmos* dabei, wie ich selbständig Physikformeln auf Uniniveau durchrechne. An der Schule hingegen …

Und genau diese Kinder bringen ihre Lehrer in Schwierigkeiten. Mit ihrem Terra-X-Wissen kommen sie seit einem Jahrzehnt in die Schule und wissen im Unterricht schon, was die Lehrer ihnen vermitteln wollen. Seit der massenhaften Nutzung von Google, Wikipedia und anderer Wissensplattformen hat sich das globale Wissen inflationär entwickelt: Jeder kann etwas beisteuern, jeder findet alles, und trotz einiger Abstriche kann man sich auf die Daten und Fakten verlassen. Das geht in Sekundenschnelle, auch unter der Schulbank. Also: nachschauen und sich melden, und schon stimmt die mündliche Note. Handyverbote, wie etwa in Bayern, ändern daran langfristig nichts.

Es kann also nicht mehr darauf ankommen, was man im Kopf behält und zum richtigen Zeitpunkt wieder ausspuckt. Wissenschaftler sprechen in diesem Zusammenhang von »geistiger Bulimie«: Wissen wird geschluckt, bei der Prüfung oder der nächsten Klausur wieder ausgespuckt und ist anschließend vergessen. Das Problem: Wir sind darauf geeicht, immer nur etwas wissen zu sollen. Das moderne Schulsystem, das tatsächlich ein uraltes ist, beruht auf stetem Wiederkäuen. Das Prinzip Bulimie ist daher vorgegeben. Dieses System hält keinerlei Option bereit, sich in seinen besonderen Fähigkeiten zu entfalten, und damit ist nicht die Neigung zu Naturwissenschaften, Sprachen, Sport oder Sozialwissenschaften gemeint. Die Schule vermittelt natürlich einen grundlegenden Wissenskanon, der uns befähigt, die Prinzipien der Mathematik, Physik, Musik zu verstehen, die zur sogenannten »Allgemeinbildung« zählen, aber sie fordern oder fördern nicht, was digitale und soziale Medien erhoffen lassen: dass wir uns individuell bilden können. Bildungsforscher nennen die in vielen deutschen Klassenzimmern praktizierte Wissensvermittlung übrigens »Osterhasenpädagogik«. Lerninhalte werden wie Ostereier versteckt, und durch Wortmeldungen sollen sie von den Schülern selbst »gefunden« werden.

Was bedeutet also »Bildung« heute? Schauen wir zunächst mal, was Bildung früher bedeutete – zu den Zeiten, als die Aufklärung das menschliche Individuum entdeckte.

Der Philosoph Peter Sloterdijk hat im Jahr 2009 einen fantastischen Essay veröffentlicht: *Du musst dein Leben ändern*. Er bezieht sich hiermit auf den letzten Satz eines Sonetts von Rainer Maria Rilke (Archaischer Torso Apollos), den ich trotz der Einpaukversuche meines Lehrers doch noch zu lieben »gelernt« habe. Rilkes scheinbar zusammenhanglose Aussage am Ende dieses Sonetts ermahnt uns, nicht im Gewohnten zu verharren, sondern geistig beweglich zu sein und uns auf immer Neues einzustellen. So zumindest lautet meine Interpretation, wie ich es in der Schule gelernt habe.

Nach dem Abitur, nach einigen hundert Podcasts und Vorträgen fühle ich mich nun genau an dieser Schwelle: mein Leben ändern. Es war ja bisher nicht alles schlecht, aber jetzt geschieht etwas

Neues. Was will ich lernen? Was bringt die Zukunft? Was kann ich wissen? Oder, um es noch mal mit der Raiffeisenbank zu formulieren: Was treibt mich an? Ich weiß, worauf ich aufbauen kann. Aber das kann es ja nicht gewesen sein. Oder will ich etwa ewig meinen Podcast *Mein iPhone und ich* machen? Für den Philosophen Peter Sloterdijk liegt die Zukunft in der Selbstbildung alles Humanen, einer Art lebenslangem Training statt verkrampfter Bildung. Er hilft einem in diesem Zusammenhang auf die Sprünge:

Mensch sein heißt in einem operativ gekrümmten Raum existieren, in dem die Aktionen auf den Akteur, die Arbeiten auf den Arbeiter, die Kommunikation auf den Kommunizierenden, die Gedanken auf den Denkenden, die Gefühle auf den Fühlenden zurückwirken. All diese Arten des Rückwirkens haben, behaupte ich, (…) übungshaften Charakter. (…) Sie alle haben für uns in anthropologischen Fragen Autorität, gleich, ob sie Bauern, Arbeiter, Krieger, Yogi, Athleten, Rhetoren, Zirkuskünstler, Rhapsoden, Gelehrte, Instrumentalvirtuosen oder Modelle sind.[9]

Offensichtlich sind also Literatur, Oper und Kunst nicht für den »gebildeten« Menschen reservierte Biotope, sondern sie sind auch anderen zugänglich. Der Yogi und das Model haben genau die gleiche Möglichkeit, etwas aus sich zu machen. Bildung ist Ausbildung, und zwar genau in dem, was mir am meisten liegt. Sloterdijk spricht von »Training«, und in seinem Essay zeigt er anhand eines kulturhistorischen Rundblicks, wann und wo schon einmal jenseits aller Ideologien und Lehren »trainiert« wurde, sich selbst in einer Disziplin immer ein wenig zu verbessern. Trainiert wurde schon auf der biblischen Himmelsleiter, immer eine Stufe weiterzukommen, trainiert wird in buddhistischen Klöstern, trainiert wird bei Friedrich Nietzsche: »Üben, üben, üben!«, heißt es da in einem Schlüsseltext.

Eine Sache der Freiheit

Vor zweihundert Jahren wurde die Freiheit des Menschen proklamiert – und zwar in dem Sinne, dass er in seinem Dasein als »Zweck an sich« (Immanuel Kant) wahrzunehmen ist. Zweck bedeutet: Ziel. Ein Mensch ist Kant zufolge ein Wesen mit einem Ziel, das schon in ihm angelegt ist. Dieser Zweck ist aber nicht klar formuliert. Sein Leben lang hat er/sie Zeit, ihn zu entdecken und auszubilden. Je früher, desto besser natürlich.

Schiller meinte in seinen *Briefen zur ästhetischen Erziehung des Menschen* in Bezug auf Kant: »Der Mensch ist da ganz Mensch, wo er spielt.« Spielerisch sollte man sich entwickeln, denn da ist man ganz bei sich. Während meiner Grundschulzeit waren die ersten Gameboys und *Pokemon* total in. Meine Gleichaltrigen konnten zum Teil wie am Schnürchen die Namen und Fähigkeiten damals aller etwa 250 *Pokemon* auswendig aufzählen. Wow! Das könnten in der Schule genauso gut auch 250 Hormone und deren Funktion sein.

Bildung sollte Selbstbildung sein. So sah es auch Wilhelm von Humboldt, dem die Bildungsreform der Berliner Universität angetragen wurde. Er hatte anderthalb Jahre dazu Zeit, bevor er von dieser Herausforderung wieder entbunden wurde. Ein System, das nicht nur Adeligen und Reichen, sondern auch den einfachen Bauernkindern das Privileg der Bildung angedeihen lässt, war in Preußen nicht konsensfähig.

Wo war dann eigentlich dieser Anspruch an die Bildung als Selbstbildung abgeblieben? Einfache Antwort: beim Bildungsbürger. Dieser wiederum verstand Bildung als reinen Selbstzweck. Natürlich erforderten anspruchsvolle Ämter auch eine gewisse Universalbildung. Aber darüber hinaus galt Bildung in einem Beamtenstaat als Statussymbol, das zu gewissen Privilegien führte. Nur zu gern ließ man seine Bildung und sein Allgemeinwissen heraushängen. Begabtenwissen, Eliteförderung und die

Verehrung des »Genies« taten ihr Übriges, es an Idealen nicht fehlen zu lassen.

Der professionelle Augenbrauenhochzieher ist ein Relikt aus der Kultur eines vollkommen staatlich orientierten Bildungswesens. Seit seiner allmählichen Abwertung in den unterschiedlichsten Staatseinrichtungen ist der Bildungsbürger nur noch als das präsent, was Friedrich Schiller in seinen *Briefen über die ästhetische Erziehung des Menschen* schon befürchtet hatte: Er verliert sich in der »leeren Unbestimmbarkeit«, nimmt alles an, was es an Wissen gibt – es bleibt aber befremdlich, denn was der Gebildete sich da an Wissen anhäuft, hat wenig mit ihm/ihr selbst zu tun. Der Arzt, der in jede Operninszenierung rennt, der Apotheker mit seiner Kunstsammlung, die gelangweilte Unternehmergattin mit Kunstgeschichtsstudium, die in ihrer Galerie einen unbekannten Künstler vertritt: alles Hauptverdächtige. So wird Bildung zum gesellschaftlichen Relikt, über das manche ihren Status definieren. Und Wissen ist es, was mit Schule und Bildung im Allgemeinen assoziiert wird.

Wissen? Neugier!

Neugier: Dahinter verbirgt sich eine vollkommen andere Lebenshaltung, eine sehr lebendige. Diese Haltung sollte »Schule« machen. So könnte man zum Beispiel das Neugierpotenzial der Kinder entdecken und fördern, ermitteln, in welchen Situationen sie leuchtende Augen bekommen und was sie animiert, tiefer in die Materie einzusteigen. Staatliche Institutionen nehmen sich entsprechend dort zurück, wo Lehren nur infiltriert, »gepaukt« werden. Stattdessen wird gecoacht. Dort, wo Kinder Energie entwickeln, wächst kein Gras mehr. Vermutlich ist es die Angst davor, die sich in den Erziehungssystemen der letzten Jahrhunderte niedergeschlagen hat. Warum sonst sollte man das Gefühl haben, Kinder zähmen zu müssen? Neugier aber ist digital, medial, genial.

Bildung nutzt wenig, wenn man nicht dort ansetzt, wo Neugier geweckt wird. Das Geistes- und Kulturleben, das man so offiziös verteidigt, darf sich einfach nicht in staubigen Klassenräumen oder in subventionierten leeren Opernhäusern abspielen, sondern auf unseren Bühnen, unseren Plattformen, in Clubs und Cliquen! Jungen Menschen wird gar nichts zugetraut. Natürlich wissen sie manchmal noch nicht, was sie mit sich anfangen sollen. Entscheidend aber ist: Sie *dürfen* einfach noch nicht erfolgreich sein, Geld verdienen oder sich verwirklichen – nicht, weil sie es nicht könnten, sondern weil der gesellschaftliche Diskurs es so bestimmt. Interessant wäre es, einmal herauszufinden, ob die den Jugendlichen vorgehaltene Wurschtigkeit noch Bestand hätte, wenn man ihnen nahelegen würde, dass sie schon längst neben der Schule »ihr Leben ändern« könnten. Wehe, wenn sie losgelassen werden – und dank Internet so einfach und billig wie nie!

»Die Menschen suchen nicht nach dem Sinn des Lebens, sondern nach dem Gefühl, lebendig zu sein«, schrieb der amerikanische Mythenforscher und Freud-Adept Joseph Campbell, der besonders großen Einfluss auf den amerikanischen Film von Francis Ford Coppola bis George Lucas ausübt. Ist der Gedanke nicht geradezu obszön, dass man sich beim Lernen lebendig fühlen darf? So richtig in meinem Element? So wie ich, seitdem ich dreizehn Jahre alt bin? Ich bin ein Tekkie, ein Frickler, ein neugieriger Maschinenbauer, der wissen will, wie es da drin aussieht – und das mit aller Energie und Neugier. Da ist es vollkommen egal, wie lange ich an einem Projekt oder Produkt sitze, wie lange die Aufzeichnung eines Podcasts dauert – ich habe es ja vollkommen freiwillig gemacht, sogar ohne Ziel! In solchen Situationen fühle ich mich lebendig, einfach im Flow! Ja, es klingt unanständig: Aber diese Arbeit bereitet mir einfach Freude; es ist für mich keine Arbeit, sondern Erfüllung! Und dann verdient man auch noch Geld damit! Nun werden einige sagen, die Social Media bergen die Gefahr, dass man keine »Allgemeinbildung« erwirbt. Das mag sein. Ich trete ja auch nicht für die Abschaffung der Schule ein. Entscheidend ist, was man lehrt und wie man es vermittelt, um auch Aha-Erlebnisse zu produzieren. In Mathematik etwa, bei der Berechnung von Maximalwertproblemen: Mit welcher Geschwindigkeit kann man bei einer Blockabfertigung innerhalb von einer Stunde am meisten Autos durch einen Tunnel fahren lassen? Das könnte ich auch spontan nach so langer Zeit noch sofort erklären.

»Unser Bildungssystem hat unsere Köpfe genauso ausgebeutet, wie wir die Erde ausbeuten: um eines bestimmten Rohstoffs willen. Und für die Zukunft wird uns das nichts nützen«, sagt der renommierte Pädagoge Ken Robinson.[10] Während hierzulande gerade darüber gestritten wird, ob alte Kreidetafeln durch sogenannte Smartboards ersetzt werden, auf denen Lehrer dann eben digital ihren Stoff hinkritzeln, geht es doch eigentlich um viel mehr: um den Lehrstoff, die Art der Vermittlung und um Begeisterung, Interesse, Sinn.

Man muss sich davon verabschieden, dass alle nur aufgrund desselben Alters auch denselben Wissensstand haben (wollen) und deswegen miteinander gleichzeitig lernen. Der eine hat mit neun Jahren seinen Wissensstand schon nahezu auf Abiturniveau ausgebaut, der andere kann gerade seinen Namen schreiben. Es gibt nichts Aufregenderes, als wenn man sich etwas beibringen kann.

»Bildung ist ein sich selbst-organisierendes System, in dem Lernen ein beiläufig auftauchendes Phänomen ist«, sagt der eingangs bereits erwähnte Sugata Mitra.[11] Also machen wir etwas und arbeiten daran. Noch besser geht immer. Wir müssen unser Leben ändern! Wir können alles verändern.

8 Es gibt viel zu tun

Die Arbeitswelt im Wandel

Was ich bisher von der Arbeitswelt kennengelernt habe, was da vor sich geht, das finde ich teilweise ganz schön bizarr. Für viele von Euch Älteren bedeutet Arbeit offenbar, die Zähne zusammenzubeißen, morgens aufzustehen und irgendwann erschöpft oder sogar burnt-out zu sein. Immer mehr Menschen sind von ihrem Job vollkommen unter- oder überfordert. Weniger als die Hälfte der Deutschen sind zufrieden mit dem verbleibenden Zeitkontingent für Familie und Freizeit;[1] im Radio reden die Moderatoren schon ab Dienstag vom Weg ins Wochenende. Es scheint, als wäre Arbeit das notwendige, für manche sogar grausame Übel, irgendwie den Lebensunterhalt zu bestreiten. Ich kann das nicht verstehen.

Während Ihr von einem sinnlosen Montagsmeeting ins nächste trottet, jeden Tag um 08:00 Uhr auf der Matte stehen müsst und auf die nächste Gehaltserhöhung oder vielleicht eine Beförderung hinarbeitet, sind wir bereits mitten im Flow: Wir beteiligen uns mit unseren Interessen und Fähigkeiten an den unterschiedlichsten Projekten. Wir arbeiten weltweit vernetzt partnerschaftlich mit den unterschiedlichsten Personen zusammen, helfen uns gegenseitig uneingeschränkt, um »unsere« gemeinsame Sache voranzubringen. Wir teilen unser Wissen, anstatt es als Machtkapital anzusehen, und liefern uns gegenseitig Feedback für unsere Beiträge. Wir kommunizieren mit jedem und vollkommen transparent, ohne Geheimnistuerei oder konspirativen Flurfunk. Bei Bedarf bilden wir uns ständig durch Informationssuche im Netz fort – zu jeder Zeit, an jedem Ort, über Sprachbarrieren und Zeitzonen hinweg. Klingt großartig, oder? Wir nutzen die Kommunikation über die schnellen Online-Wege und die Zusammenarbeit in Wikis, Foren und Open-Source-Projekten; wir sind Austausch und Kooperation gewohnt und erachten beides als sehr sinnvoll. Es entspricht unserer Grundeinstellung, wenn wir uns mit Dingen beschäftigen (egal ob online, offline oder beruflich), die uns Spaß machen und erfüllen. Diese Arbeitsweise entspricht uns, und so können wir vieles leisten. Aber bevor wir das in Eurem Unternehmen tun, müsst Ihr uns erst mal gewinnen.

Zahllose moderne Dramen in Kino und Theater kreisen um die Geißel der westlichen Welt – das Leiden an der Arbeit. Die meisten Menschen wenden sich von vielem ab, was ihnen am Herzen liegt und sie wirklich beschäftigt, um einen »anständigen Beruf« zu ergreifen und in der Durchschnittlichkeit zu enden. Damit geben wir uns nicht mehr zufrieden. Die Ergebnisse verschiedenster Studien sind eindeutig: Während für Euch die Arbeit überwiegend eine lästige Pflicht darstellt, bedeutet Sie für uns viel mehr: Wir wollen uns selbst verwirklichen, etwas bewegen, Sinn stiften und einen relevanten gesellschaftlichen Beitrag leisten. Aber alles der Reihe nach …

Liquid versus Struktur: Ist das möglich?

Der Hollywood-Film *The Social Network* erzählt die Erfolgsgeschichte des Studenten Marc Zuckerberg und die Entstehung des Uni-Netzwerks Facebook. Der legendäre Begründer eines der populärsten Wirtschaftsprojekte der Nullerjahre wird überhaupt nicht nett dargestellt – ein typischer Nerd, der sich das Sozialportal ausgedacht hat, weil er zu verklemmt ist, Mädchen auf dem Campus anzusprechen. Darin unterscheidet er sich nicht wesentlich von den Ur-Nerds à la Bill Gates. Viel schlimmer noch: Diese Zuckerberg-Figur – und deshalb ist dieser Film auch nicht eine seifige Aufsteigerstory – will nicht nur menschliche Kontakte berechnen, sondern auch seine eigene Karriere. Das Händchen für Mädchen hat er dann zwar immer noch nicht, doch fürs Geschäft hat er es. Zuckerberg bootet seine besten Kumpels und Helfer aus, die ihn über Jahre mit Algorithmen, Geschäftskontakten und Partygirls versorgt haben. Er schart nützliche Freunde um sich und entwickelt ein ganz persönliches Netzwerk, aus dem all jene herausfallen, die ihm nicht mehr nützlich sind. Alles um ihn herum verändert sich – nur nicht sein eigener Gesichtsausdruck, der erstarrt im Laufe des Films zur Fratze.

Facebook hat nicht nur einen ungeheuren Erfolg zu verbuchen, sondern auch ein grundsätzliches Umdenken bewirkt: Das Internet der ersten Generation war ein Rechner-Netzwerk, in dem mehr oder minder das Konzept der klassischen Medien und Anbieter interaktiv auf die digitale Ebene übertragen wurde. Von den ganzen Flohmärkten, Bücherversendern und Informationsdatenbanken setzten sich einige durch und wurden marktbeherrschend – Google, eBay, amazon und ein paar andere. Das Web 2.0 und vorne mit dabei Facebook hingegen vollzogen den Aufstieg in wirklich soziale Netzwerke, in denen sich die Teilnehmer untereinander bedienen. Facebook verdient bekanntlich nicht Geld mit tatsächlichen Waren, sondern mit Werbung und Links. Geschäftsgrundlage sind die persönlichen Daten, die Facebook sammelt. Die Erfolgsgeschichte von Facebook ist bekannt.

Tatsächlich existiert das steinerne Gesicht von Marc Zuckerberg nicht. Der echte Zuckerberg lächelt. Er hat gut daran getan, das Image, das ihm in *The Social Network* verliehen wird, nicht zu dementieren, sondern wegzustrahlen. Wer aber meint, mit Facebook & Co. seien wir in der schönen neuen Arbeitswelt angelangt, hat sich in den Finger geschnitten. Wie der Film suggeriert, handelt es sich immer noch um die gleichen alten Strukturen, die alten Chefallüren und Intrigen, ohne die ein Unternehmen offenbar noch immer nicht bestehen kann. Wenn sich nicht einmal bei Facebook eine schöne neue Arbeitswelt einstellt, wo denn dann?

Mal sehen, was die Nachbarn im Silicon Valley treiben: Google hat eine interne Regelung geschaffen, der zufolge alle Mitarbeiter die Möglichkeit haben, zwanzig Prozent ihrer Arbeitszeit (ein Wochentag!) eigenen Ideen und Projekten zu widmen. Auf diese zwanzig Prozent Arbeitszeit, in denen die Mitarbeiter ihre Köpfe zusammenstecken, neue Ideen entwickeln und sich gegenseitig befruchten sollen, sind laut Aussage des Unternehmens fast alle neuen Google-Produkte und Hauptumsatzträger zurückzuführen. Der Reifenhersteller Continental gibt an, durch Mitarbeiter-Ideen 2011 etwa 120 Millionen Euro eingespart zu haben.[2] Eigene Ideen einbringen dürfen oder zumindest nicht mehr die ganze Zeit nur einem Vorgesetzten nach der Nase tanzen müssen – das klingt ja schon mal wahnsinnig revolutionär.

Willkommen in der Ideen-Industrie

Es gibt die Informations-, die Wissens- und auch die Service-Industriegesellschaft, in der wir uns bewegen und die für den Wohlstand der Nationen sorgt. Der Anteil der Beschäftigten im primären und sekundären Wirtschaftssektor umfasst zusammengenommen inzwischen nur noch knapp 25 Prozent. Zwischen 40 und 50 Prozent der Arbeitnehmer gehören mittlerweile der größten Beschäftigungsgruppe an, den sogenannten Knowledge-Workern. Die nächste Stufe dieser Entwicklung ist meines Erachtens die »Ideen-Industrie«. Damit sind nicht irgendwelche kreativen Freiberufler gemeint, die in Berliner Cafés herumhängen, »da so ein Projekt haben, aber noch nichts Konkretes«, Sponsoren dafür suchen und von Bands wie Kraftclub bereits parodiert werden,[3] sondern wirklich gute Ideen, die mit Herz umgesetzt werden und auf einen Bedarf stoßen.

Um es mit Jürgen Klinsmann zu sagen: Man kann alles noch ein bisschen besser machen. Mehr denn je leben die Industrien von neuen Impulsen, die frisch, frech, fröhlich, frei daherkommen und einfach »implementiert« werden, wenn es passt. Und wer sollte dafür besser geeignet sein als die »Jugend von heute«, die viele betriebliche Abläufe und geschäftliche Rituale einfach gar nicht mehr akzeptiert? Es muss ja nicht immer das großangelegte Start-up-Projekt sein, das neue Ideen hervorbringt.

Im Gegenteil: Durch Crowdfunding ergibt sich eine weitere Komponente in der Palette der schier endlosen Möglichkeiten. Wenn ich eine tolle Idee habe – für eine technische Innovation, einen Film, eine Musik- oder Theaterproduktion oder das Konzept für einen Bioladen in Berlin-Kreuzberg –, kann ich sie auf einer Crowdfunding-Plattform, wie beispielsweise Kickstarter.com oder Startnext.de, in einem Video vorstellen und potenzielle Kunden finden, die in das Projekt in beliebiger Höhe (ab 1 Euro aufwärts) investieren. Jeder Kunde bekommt entsprechend der Höhe seiner Investition etwas zurück: Der Produzent definiert über Preishürden, was der Kunde für seine Einzahlung bekommt. Das kann für zwei investierte Euro beispielsweise eine persönliche Dankeskarte sein oder für 25 Euro nach Fertigstellung das angepriesene Produkt. Wird das »funding goal«, also der Betrag, der zur Realisierung notwendig ist, nicht erreicht, muss auch keiner etwas zahlen. Aber immerhin: Gemäß Kickstarter.com wurden zuletzt 46 Prozent aller Projektideen erfolgreich umgesetzt. Wow!

Beispiele für diese Art des Wirtschaftens gibt es bereits viele. Hier eine besonders lustige: Der Neo-Schlagersänger Alexander Marcus hat seine Spaßkarriere Internet-basiert angelegt. In dem mehrere hunderttausendmal angeklickten Video *Papaya* sieht man Marcus, wie er mit seinem Dauergrinsen im Berliner Schlachtensee schwimmt (seine Trauminsel Papaya). Dabei zieht er merkwürdiges Getier und eine Flaschenpost aus dem Wasser, bis sich beim Erwachen aus seinem Drogenrausch herausstellt, dass das Ganze eine Vision war. Wie auch immer: Das Filmchen hat so vielen Menschen gefallen, dass Marcus sich vor Fans nicht mehr retten kann. Per Crowdfunding sammelte er bei seinen Fans Geld für ein Filmprojekt ein und bot für die Investition eine kleine Rolle im Film. Kurz darauf konnte er sich vor Statisten nicht mehr retten. Sein größtes Problem bestand darin, sie alle in dem Film mitwirken zu lassen. Geld war ausreichend vorhanden; das Projekt war also schon vor Beginn finanziert und das Resultat ein reiner Spaß, der nicht mehr verkrampft erfolgsabhängig daherkam. Nun ja, vielleicht war es etwas zu anarchisch. Ich glaube, er hat es nicht einmal in die Kinos geschafft. Aber Kino hat ja auch eher das Appeal der Neunziger …

Bei Kickstarter wurden bis Ende 2012 knapp 35 000 Projekte erfolgreich umgesetzt. Hier einige von vielen großartigen Beispielen: Es wurden verschiedene Musikfestivals (darunter auch ein Gospelfestival) initiiert; ein Kult-Kino wurde durch Investition in neue Projektionstechnik vor der Schließung gerettet; verschiedene Kurz- und Dokumentarfilmprojekte konnten realisiert werden; die Smartwatch »Pebble«[4] (im Prinzip ein Smartphone in der Armbanduhr) ging in die Massenfertigung, nachdem 68 929 Menschen insgesamt 10 266 845 US-Dollar aufgebracht hatten; ein elektrisch betriebenes Skateboard; ein diebstahlsicheres Fahrradlicht; ein einfacher Flaschenschneider, mit dem in zwei Minuten aus Glasflaschen stylische Trinkgläser gefertigt werden können; ein Kamerastativ, das die Kamera automatisch so dreht, dass die gefilmte Person, zum Beispiel bei Nahaufnahmen eines Fußballspiels, immer im Bild bleibt;[5] ein Fotoprojekt, das sich früheren Austragungsorten von Olympischen Spielen und deren heutigem Erscheinungsbild widmet;[6] ein Campingtopf, der beim Kochen, zum Beispiel auf einem Lagerfeuer oder Gaskocher, Strom erzeugt;[7] ein Opensource-Smarthome-System, das sich an die gegebene Hausinstallation anpasst;[8] ein Leuchtkörper, der in eine Standard-Glühbirnenfassung passt und sich über Smartphone farblich und in der Helligkeit verändern lässt und auf Wunsch auch als rhythmisches Partylicht fungiert;[9] ein vertikaler, sich selbst düngender Gemüsegarten zum Aufhängen in der Wohnung[10] und vieles mehr. Es ist wirklich faszinierend, welch famose Ideen dort präsentiert und realisiert werden.

Solche Projekte sind mittlerweile massentauglich in der Breite angekommen. Letztens hatte ich gemeint, ich sei im falschen Film, als mein Vater mit seinem Smartphone kam und mich bat, ihm zu helfen, ein Pop-Album runterzuladen, das er gekauft hatte und das man sofort als MP3-Datei herunterladen kann, bis es auch als CD in der Post liegt. Ich habe Bauklötze gestaunt. Mein Vater hatte sich auf einer Crowdfunding-Plattform an einem Musikprojekt beteiligt.

In der liquiden Welt kann jeder sein Publikum erreichen, ohne sein Leben zu riskieren – in dem Sinne, dass er sein Leben auf den Erfolg ausrichtet und es letztlich nicht schafft. Wenn sich die Idee als unattraktiv herausstellt, ist in der Regel kein großer Schaden entstanden. Man kann sich im Kleinen ausprobieren und sehen, was daraus wird. Solche Liquid-Programme, wie die erwähnten crowdgefundeten Projekte, gibt es mittlerweile wie Sand am Meer, und sie beweisen, dass wir keine Föhnfrisuren, Banken, großen Firmen und Venture-Capital-Geber mehr brauchen, die Abhängigkeit und Kommerzzwang schaffen. Durch Liquid-Programme können wir uns selbst organisieren; wir sind motiviert, haben Arbeit und verfügen über ein Team, das sich für die Sache begeistern kann.

Dank »Netzdenken« ist es überhaupt kein Problem mehr, etwas zu entwickeln, zu präsentieren und dafür seine Gemeinde zu finden, die das Produkt erwirbt oder die Dienstleistung in Anspruch nimmt. Dieser Weg bietet ungeahnte Chancen, verweist aber auch auf eine zunehmende Abkehr von der etablierten Wirtschaftswelt. Kein Wunder, dass man unserer Generation nachsagt, wir würden die Jobs wechseln wie die Unterwäsche. Das hat natürlich seine Gründe: Über die Hälfte der jungen Berufstätigen ist von ihrem Arbeitgeber enttäuscht.[11] Na dann los, mal sehen, wo ich mehr Freude finde. 2025 soll unsere Generation bereits 75 Prozent der

Erwerbstätigen stellen; in vielen Konzernen breitet sich bereits Panik aus, kaum noch Nachwuchs zu finden, der in Zukunft motiviert Unternehmen voranbringen wird. Diese neuen Entfaltungs- und Entwicklungsmöglichkeiten werden vermutlich viel verändern. Warum soll man sich auf einen Angestelltenalltag mit pünktlichem Erscheinen am Arbeitsplatz, endlosen Meetings, Flurfunk und Intrigen, vorsichtigem Taktieren oder brachialen Strategien einlassen? Das hat meine Generation längst verinnerlicht. Und dazu braucht man sich nicht seine überarbeiteten Eltern anzuschauen, wenn sie ausgelaugt und frustriert mit ihren Abenden nichts mehr anzufangen wissen. Auch gängige Alternativmodelle wie Home Office oder Multitasking beruhen nach wie vor auf weitgehend räumlich und zeitlich fixierten Strukturen.

Arbeit? Welche Arbeit?

Was in der Arbeitswelt – nicht nur aufgrund hierarchischen Denkens – alles zerredet und verhindert wird, geht auf keine Kuhhaut. Ein guter Bekannter von mir hatte eine Projektidee, ein Ziel, das er verfolgen wollte. Vor einiger Zeit hatte er sein duales Studium bei einem internationalen Konzern abgeschlossen und wurde übernommen. Bald darauf erfuhr er über verschiedene Ecken, dass im Konzern offenbar eine Abteilung gegründet wurde, die genau in dem Bereich Projekte entwickeln sollte, die seiner Interessenausrichtung entsprachen. Mein Bekannter war natürlich hellauf begeistert, musste aber sehr viel bürokratischen Aufwand betreiben, um bei seinem Chef, dessen Chef und wiederum dessen Chef das Einverständnis zum Abteilungswechsel einzuholen. Alles schien geregelt; dem Wechsel und der Realisierung des Traumprojekts stand kaum noch etwas im Wege, bis eine Human-Ressources-Managerin des Konzerns auf ihn zukam und den Wechsel verweigerte. Die Projekte der Abteilung seien mit einem anderen »skill level«

(Erfahrungsstand), einem höheren »minimum time of company service« (Unternehmenszugehörigkeit) und einer anderen »income group« (Einkommensgruppe) klassifiziert. Aha. Mein Bekannter war natürlich geknickt – nicht nur, weil aus der Sache nichts wurde, sondern vor allem auch, weil er sich wieder auf seinem alten Posten wiederfand und keinerlei Fortschritt gemacht hat. Aber da war ja noch die Idee. Um eine lange Geschichte kurz zu machen: Er kündigte, gründete sein eigenes kleines Unternehmen und entwickelte sein Projekt bis zur Marktreife.

Es gibt verschiedene Varianten von Stress. Die Anspannung, die sich ergibt, wenn eine Arbeit bis zu einer bestimmten Deadline erledigt sein muss, kann man sportlich nehmen oder eben darunter leiden. Schlimmer wird es, wenn sich immer mehr Projekte anhäufen und man das Gefühl hat, der Stapel wird immer höher, statt innerhalb der vorgegebenen Zeit abgebaut werden zu können. Eine weitere Steigerung ergibt sich, wenn man zusätzlich noch gemobbt wird. Dann setzt ein Teufelskreis ein, in dem Sorgen und wenig Schlaf den Abstieg der Leistung befördern. Der Gipfel ist wohl dann erreicht, wenn man weiß, dass diese ganze Plackerei letztlich sinnlos ist – dass man etwas tut, was keiner braucht, und alle ständig so tun, als sei es ganz anders. Das zermürbt.

Andererseits gibt es positiven Stress, den sogenannten Eustress: diese furchtbare Aufregung über ein Gegentor im Netz der Lieblingsmannschaft; diesen Kick, mit dem man beim Gaming den nächsten Level erreichen will, oder eben den Kick mit einem Kickstarter, wenn man versucht, für eine bestimmte Idee Fans zu sammeln. Wenn man etwas in Gang bringt, was anderen Spaß bereitet, dann wird man es über kurz oder lang schaffen, damit auch Geld zu verdienen.

Mir erscheint es als ein schweres Versäumnis unserer modernen Arbeitswelt, dass die großen Konzerne und Unternehmen ihre Mitarbeiter als Human Ressources (menschliche Rohstoffe) sehen. Gemessen an früheren Zeiten ist das natürlich schon ein Fortschritt; zu Beginn des Industriezeitalters hat man Mitarbeiter als Maschinen betrachtet, die funktionieren müssen. Loch- oder Stempelkarte dienten zur Einhaltung der Pünktlichkeit, zwischen Ein- und Ausstempeln wurde malocht, nur der Sonntag war frei. Für uns ist es eine Lust zu leben. Und auch eine Lust zu »arbeiten« – wenn man mit dem Begriff nicht die Spitzhacke assoziiert. »Arbeit« im Sinne von Regelmäßigkeit, Alltag und – Achtung, Marx! – Entfremdung muss es in der Liquid-Ära nicht mehr geben. Natürlich wird man zumindest in nächster Zeit weiterhin klassisch Angestellte finden. Der Schlüssel liegt darin, uns junge Menschen, die ihr Bestes für das Unternehmen geben sollen, anders einzubinden und anders zu führen. Die alten Paradigmen der Arbeitswelt werden dem Anspruch meiner Generation nicht mehr gerecht. Wie jede Generation vor uns treten auch wir mit dem Anspruch an, alles anders und besser zu machen als vorher. Das mag idealistisch klingen, aber wir wollen uns nicht in die Abhängigkeit von Arbeitgebern und Unternehmen begeben. Streng hierarchische Strukturen und Anpassungsrituale lehnen wir ab, ebenso die starre Unterteilung in Arbeit und Freizeit. »Erst die Arbeit, dann das Vergnügen« kommt für uns gar nicht in Betracht. Workaholic? Nicht mit uns! Etwa 60 Prozent der Berufseinsteiger geben an, dass sie nicht bereit seien, die berufliche Karriere über private Belange zu stellen.

Früher war der Nine-to-five-Job die Regel; heute setzt sich immer mehr 24/7 durch – also die ständige Bereitschaft. Dazu haben sicherlich auch die vermehrten digitalen Angebote beigetragen: Amazon und Wikipedia schließen ihre Pforten nicht um 18:00 Uhr. Das bedeutet aber bei weitem nicht, dass wir zu jeder Tages- und Nachtzeit ununterbrochen arbeiten oder gar arbeiten wollen. Vielmehr stellt sich folgende Frage: Wenn hinlänglich bekannt ist, dass man seine produktivsten Phasen frühmorgens und am späteren Nachmittag hat, wenn man weiß, dass bei Erscheinen um 8 Uhr morgens sowieso keiner vor 9 Uhr ernsthaft zu arbeiten beginnt, warum sollte man sich dann nicht mittags, wenn die Sonne scheint, mit seinen Freunden im Schwimmband treffen können? Dabei ergäbe sich unter Umständen, dass man zu Beginn der folgenden produktiven Phase mit einer genialen Idee wieder an den Arbeitsplatz zurückkehrt, um dann just-in-time, wenn die Happy-Hour in den Kneipen beginnt, wieder loszuziehen. Wieso sollte man nicht online auf der Berghütte arbeiten können, wenn man dort viel kreativer ist; wieso sollte man nicht nachmittags mit dem Kind spielen können und abends arbeiten, wenn es schläft?

Die viel beschworene Work-Life-Balance, die von einer Trennung zwischen Arbeits- und Privatleben ausgeht, hat die Harmonisierung dieser beiden Bereiche letztlich nicht bewirken können. Ausführliche Studien haben sogar gezeigt, dass Menschen, denen nach einer intensiven Arbeitsphase ein längerer Freizeitausgleich oder gar unbefristeter Urlaub gewährt wurde, diesen gar nicht in Anspruch nehmen wollten. Viele äußerten sich dahin gehend, dass sie sich in ihrem Job wesentlich wohler fühlten als dauerhaft am Swimming Pool.[12] Dieser erkennbare Drang zum Arbeitsplatz ist wohl darauf zurückzuführen, dass man in keiner anderen Lebenssituation so viel Anerkennung, soziale Spiegelung und Interaktion erlebt. Der Trend geht in manchen Branchen ohnehin in Richtung Verschmelzung von Arbeit und Freizeit. Zunehmend wird vernetzt geurlaubt. Nach der Rückkehr vom Strand werden Mails gecheckt, ein paar Dinge geklärt und Entscheidungen getroffen.

In manchen Unternehmen zeichnet sich bereits eine Änderung der Arbeitsbedingungen ab, um den Mitarbeitern neue Perspektiven zu vermitteln. Bei Facebook werden die Mitarbeiter um 17:30 Uhr nach Hause geschickt. In einer Welt, in der es um Freunde, Bekannte, Kontakte und Vernetzungen geht, sollen die Mitarbeiter gerade diese Bereiche intensiv pflegen und Zeit darauf verwenden. Sie sollen neue Eindrücke gewinnen, mit denen sie zurück in die Firma kommen. »Freiheit« hat in diesem Zusammenhang eine andere Wertigkeit. Manche werden jetzt vielleicht sagen: Elternzeit, Gleitzeit oder flexible Arbeitszeiten, Home-Office – das gibt es doch schon längst alles in deutschen Unternehmen. Klar, theoretisch zumindest. Wenn aber in der gegebenen Unternehmenskultur solche Einrichtungen weitgehend nur Angebot bleiben, weil es beispielsweise unter Kollegen verpönt ist, in Elternzeit zu gehen, und man nicht die Aussicht hat, in derselben Position wieder einzusteigen, oder wenn die Kollegen derart auf ihrer Präsenzkultur beharren, dass man mit flexiblen Zeiten keine Chance mehr hat, etwas mitzubekommen, taugt das liberalste Modell in der Praxis nichts.

Freiheit statt Freizeit – wie ist das möglich?

Oft werde ich vom mittleren und höheren Management eines Unternehmens eingeladen, um genau solche Arbeitswelten zu skizzieren. Sie möchten wissen, was ich bei ihnen beobachte und wie ich sie mir für die Zukunft vorstelle. Wenn ich dann mit den verschiedensten Leuten im Unternehmen spreche, schälen sich bei Arbeitgebern und Arbeitnehmern immer dieselben zwei Fraktionen heraus. Die einen nicken und sagen: »Ganz genau! So bin ich, und so will ich arbeiten. Ich bin überzeugt, wenn meine Leute und ich so arbeiten, dann wird das was!« Die andere Fraktion sagt, dass sie so nicht arbeiten wollen. Es könne gar nicht funktionieren, wenn man die Zügel loslässt. Die haben also offensichtlich Angst vor Kontrollverlust. Es gibt eben Menschen, die benötigen ein festes Schema, in dem sie arbeiten: feste Arbeitszeiten, klare Strukturen, klare Ansagen. Und es gibt andere, die können selbstbestimmt arbeiten: vom digitalen Bohemien bis zu Crowdfundern. Eines jedenfalls zeichnet sich klar ab: Wissensarbeiter brauchen eine Flexibilisierung der Arbeitsbedingungen; in anders ausgerichteten Unternehmen erscheinen sie hingegen wenig realistisch.

Ihr nennt es Schwäche –
wir nennen es Persönlichkeit

Es tut sich etwas: »Deutschland hat eine neue Generation von CEOs, wie die Chefs heute heißen. Sie sind offen, zugänglich und unprätentiös. Sie beantworten ihre E-Mails selbst, tragen ihren Aktenkoffer, wissen, wie man im Internet einen Flug bucht oder per Smartphone eincheckt. Sie tun Dinge, mit denen sich ihre Vorgänger nicht abgaben. Sie lassen ihre Autorität nicht raushängen. Man merkt es auch an ihrer Sprache. Sie sagen öfter ›wir‹ als ›ich‹. Sie lieben Wörter, die mit ›Team‹ beginnen. Teamgeist, Teamwork, Teamerfolg. Sie reden auch plötzlich von ihrer Familie, der angeblich das Wochenende gehört. Von ihrem Partner, der zu Hause das Sagen hat. Und den Kindern, die sie abends noch sehen wollen (…). Die neuen Chefs erzählen von einem Leben, das nicht hinter der Firmenausfahrt endet.«[13] Und das führe ich unter anderem auf smarte Technologien und digitale Entwicklung des Einzelnen zurück.

Wenn moderne Technologien wie Smartphones bewirken, dass das alte Herr-und-Knecht-Verhältnis abgeschafft wird, weil Chefs nun einiges ganz selbstverständlich selbst erledigen, dann ist das eine gute Entwicklung. Beispiele für einen solchen Verhaltenswandel bieten unter anderem die Vorstandsvorsitzenden von Henkel, der Lufthansa und der Deutschen Post. Sie haben sowohl den Spagat der Work-Life-Balance erfolgreich absolviert als auch die »Königsspielerei« hinter sich gelassen, mit Ritualen wie Besuche im Vorzimmer warten lassen, Türen schließen und sich bei Gelegenheit verstellen. Sie müssen nicht mehr den König spielen – sie sind es ja. Alles eine Frage des Respekts.

Wenn Chefs und Mitarbeiter sowie Mitarbeiter und Mitarbeiter sich gegenseitig respektieren – auch noch nach dem »Du« auf der Weihnachtsfeier –, dann sind die Grenzen geöffnet, die Mauern gefallen. Es gibt deshalb mittlerweile Unternehmen, die von ihren

Mitarbeitern gänzlich selbst auf nur einer Hierarchieebene organisiert werden.

Generation Sinn – mehr denn je

Hinter diesem Wandel in der Arbeitswelt steht vor allem ein Bedürfnis, das bei allen vorherigen Generationen regelrecht tabu war: das Bedürfnis nach Sinn. Sich einer sinnvollen Beschäftigung hinzugeben und diese als ein wichtiges zu verwirklichendes Ziel anzusehen, das galt früher schon fast als obszön. Für meine Generation allerdings ist dies aber die entscheidende Voraussetzung für ein Engagement bei einem Unternehmen. Es geht uns nicht um die strikte Trennung von Arbeit und Freizeit, sondern um Sinn und Selbstverwirklichung. Und es geht uns – wie der Werte-Index 2012 eindrucksvoll beweist[14] – um soziale Verantwortung. Purpose-driven business ist angesagt. Darum geht es – nicht mehr, nicht weniger. Sonst kommen wir nicht!

Unsere Geisteshaltung speist sich aus dem Selbstverständnis der liquiden Welt, wohl aber gleichermaßen auch aus einem gesamtgesellschaftlichen, kontinuierlichen Wertewandel seit den 1960er Jahren. Soziologen, allen voran Helmut Klages mit seiner Speyerer Wertewandelsforschung, sprechen von einer Verschiebung von Pflicht- und Akzeptanzwerten hin zu Freiheits- und Selbstentfaltungswerten. Weg von Anpassung und Gehorsam, Disziplin und Verzicht; hin zu Freiheit, Selbstbestimmung, Autonomie und Emanzipation von Autoritäten. Und noch weiter: Genuss, Erfüllung, Abwechslung.[15]

In der Liquid-Ära der Arbeit gelten neue Regeln. Prinzipiell ist es kaum nötig, dass alle Menschen zur gleichen Zeit am gleichen Ort sind, acht Stunden am Tag oder länger. Zumindest dürfte sich die Arbeit nicht darüber definieren. Umgekehrt besteht natürlich das Risiko, dass die Arbeitsdisziplin und die Resultate darunter leiden, wenn jeder förmlich mit dem iPad in der Hollywoodschaukel herumliegt und in der Endlosschleife mit den anderen hin- und hermailt. Es muss Verantwortung für das Projekt und Respekt vor den anderen Mitarbeitern vorherrschen.

Wer während seiner Lebens- und Arbeitszeit macht, was er will, braucht weder einen Chef, der auf ihn aufpasst, noch geregelte Strukturen, Arbeitszeiten oder gar Stechkarten. Diese Person verfügt über genug Selbstverantwortung, dass sich ihre Leistung trägt. In Unternehmen wiederum werden Mitarbeiter immer mehr als Mit-Unternehmer betrachtet, die nicht darauf warten, dass man ihnen Arbeit und Akten auf den Tisch legt; vielmehr haben sie ihre Situation selbst gewählt und gestalten ihre Beschäftigung »nach Gusto«. Sie arbeiten in Teams mit denjenigen Leuten, die sie dafür brauchen, und treffen sich mit diesen real oder sind mit ihnen eng vernetzt.

Der Trend zur Transparenz, zu ortsunabhängigem und vor allem auch sinnerfülltem Arbeiten ist klar erkennbar. Was uns vorschwebt, ist ein »Chef«, der nicht mehr direkt anweist, sondern die richtigen Rahmenbedingungen schafft, der nicht seine Autorität ausspielt, sondern motiviert, die Richtung weist, Feedback gibt und Optimierungsvorschläge macht. Die Dinge in die Hand nehmen tun wir selbst. Das Arbeitsverhältnis entspräche also weitgehend den Bedingungen im Sportbereich: Die Mitarbeiter sind meine Teammates, und der »Chef« ist der Mentor. Und die gute Nachricht ist: Er kann durchaus älteren Semesters sein, das sind Sporttrainer ja auch sehr oft. Denn sie bringen neben ihrer Expertise als erfahrene Meister in ihrem Bereich menschliche Qualitäten ins Spiel, mit denen sie das Beste aus ihren »Spielern« herauskitzeln, wenn sie gut sind.

So muss man sich eher die Arbeit in der Zukunft vorstellen: Der Chef ist eine Respektsperson, aber der Respekt beruht hier nicht auf Macht oder Status, sondern auf inhaltlicher Kompetenz, Erfahrung und persönlicher Hingabe, im Sinne eines teamfähigen Verhältnisses zur Belegschaft. Er kann motivieren, coachen, seine Mitarbeiter neugierig machen, was sie gemeinsam zukünftig alles leisten können. Er treibt das Projekt voran und nicht die Mitarbeiter. Er pflegt engen Kontakt zur Belegschaft, zumal er weiß, dass die Ziele jedes Einzelnen sich nicht mit den Zielen des Unternehmens decken. Das lassen die »Führungskräfte« alter Schule gerne außer Acht. Auch hier geht die alte Schere zwischen Work und Life endlich zusammen: Was persönlich und privat ist, wird nicht abgedrängt; vielmehr ist es selbstverständlich, dass jeder Einzelne nur gute Leistung bringt, wenn bei ihm oder ihr privat und persönlich alles gut läuft. Damit ein Mitarbeiter sich in seinem Job gut aufgehoben fühlt, muss ein Mentor eine starke Vertrauensbasis schaffen. Statt Jahresgesprächen oder verhaltener Kritik gibt es permanentes Feedback. Statt Ergebnisdruck gibt es Brainstorming-Foren, und es werden im möglichen Maß kreative Freiräume geschaffen. Und am Ende wird die Leistung eben nicht an Anwesenheit und Pünktlichkeit gemessen, sondern am Ergebnis.[16] Das moderne Business ist ein Spiel – ein Spiel, das nicht verloren werden kann. Was nicht plangemäß läuft, zählt als Erfahrung und Lernerfolg. Wer Fehltritte verbietet, unterbindet Innovation, Kreativität und Spaß. »Fehlerkultur« ist eines dieser Schlagwörter, die man immer wieder in der neuen Managementliteratur liest. Je besser, je gemischter ein Team ist, umso mehr hängt es sich rein. Im digitalen Zeitalter wird man am Ende des Tages ohnehin nicht mehr an geschönten Verkaufszahlen gemessen, sondern an der gnadenlosen Akzeptanz der Kunden, die sich längst untereinander darüber verständigen, was gut ist und was nicht. Besser, man stellt sich heute darauf ein als morgen.

Leben für die Arbeit?!

Ach ja: Mein weiter oben erwähnter Bekannter, der kündigte und dann seine Projektidee selbst umsetzte, erlebte übrigens beim Erreichen der Marktreife etwas Spannendes. Als sich der Erfolg seiner Entwicklung abzeichnete, machte ihm sein ehemaliger Arbeitgeber ein millionenschweres Übernahmeangebot. Wer wird also Millionär? Derjenige, der sich selbständig kreativ entfalten und zielgerichtet ein Projekt entwickeln kann, der 24/7 an »seinem Ding« tüftelt, weil er davon überzeugt ist und sich ganz dafür engagiert, sich nicht beirren lässt und vielleicht noch etwas Geschäftssinn mitbringt.

Liquid-Programme beruhen auf dem Prinzip der Trampelpfade, wie sie in den Social Media gang und gäbe sind: Vorgezeichnete Wege werden nicht unbedingt eingeschlagen, sondern die für Nutzer schnellsten und effizientesten Wege werden zu Trampelpfaden ausgebaut. Und es finden sich diejenigen, die sich aufgrund gleicher Interessen gesucht haben. Im zwanzigsten Jahrhundert musste man sich für einen solchen Lebensstil selbständig machen. Da die Unternehmen derzeit aber händeringend nach Nachwuchstalenten suchen, gibt es wohl keine andere Möglichkeit, als auf die Bedürfnisse meiner Generation einzugehen.

Arbeit, was ist das? Blind bis zur Rente vor sich hin malochen? Was ich tue, ist ein großer Spaß – und das ist doch legitim! »Arbeit« in der Liquid-Ära bedeutet reine Motivation, hundert Prozent Engagement, Sinn und Selbstverwirklichung pur.

Also: Es gibt viel zu tun. Lasst uns vordenken!

9 Let's face it

Facebook & Co. – von Selbstinszenierung bis Verschwörungstheorie

»Freunde« – der Begriff ist für viele Facebook-Gegner schon ein rotes Tuch. Wie soll denn bitte schön auf einem Bildschirm eine Freundschaft entstehen? Das ist doch alles total oberflächlich, im wahrsten Sinne des Wortes! Man muss sich schließlich »live« kennenlernen. Es muss spontan sein; da muss direkt der Funke überspringen – Augenkontakt, und der erste Eindruck kennt keine zweite Chance …

Genau. Das ist eine gute Idee. Ich stelle mich künftig nur noch in verrauchte Kneipen, in denen Musik läuft, die morgens auch im Radio kommt und mit Kopfschmerzen an die vergangene Nacht erinnert. Ich trage Jeans und eine Lederjacke, oder ich warte in einem schicken Restaurant im Sakko, Erkennungszeichen rote Rose im Knopfloch. Ich warte auf mein Blind Date, bei dem der erste Eindruck keine zweite Chance hat, und nachdem dieser verflogen ist, gilt es, in 99 von 100 Fällen den ganzen traurigen Rest des Abends höflich totzuschlagen.

Nein, war nur Spaß. Ich erzähle Euch, wie es läuft: Je nach geographischen Vorgaben trennt sich schon mal die Spreu vom Weizen, schließlich möchte man es bequem haben, dabei noch Sprit sparen und etwas für die Umwelt tun. Dann checkt man die demographischen Daten ab, um zu sehen, ob das alles überhaupt einen Sinn hat: Beruf, Bildung, Hobbys, erotische Vorlieben, Ausbildung. Engt sich der Interessenkreis langsam ein und filtern sich potenziell geeignete Partner heraus, tauscht man Bilder aus, die die Sparringspartner natürlich im besten Lichte zeigen. Und wenn wir uns treffen, wird die erste Annäherung sofort dokumentiert: Also, der erste Kuss – sofort Handy raus und geknipst. Man hat ja schließlich später im Internet was zu erzählen. Oder gleich simultan den Rest des Abends knipsen und direkt auf Facebook stellen. Ab und zu ist auch eines mit einem Gesicht dabei. Das gebietet einfach die Höflichkeit.

It's the network, stupid!

Nachdem wir schon viel darüber geredet haben, wer wir sind und wie wir so leben, möchte ich mich dem Kern der Sache zuwenden, der unsere »Generation Facebook« ausmacht: eben Facebook. Früher wurden sehr verbreitet SchülerVZ, StudiVZ, XING (Business) oder MySpace (Kunst) genutzt, morgen wird es vielleicht mit einem anderen Namen präsent. Wenn man die unzähligen Diskussionen rund um das Thema Social Media, Internet und Web 2.0 verfolgt, dann geht es – genau – fast immer rund um den heißen Brei, aber niemals um das eigentliche Phänomen Facebook selbst: Was, aus den Social Media heraus generiert, diese neue Generation ausmacht und wie wir leben. Deshalb hier ein Versuch zu erklären, dass sich aus den Social Media, wie wir sie wahrnehmen und nutzen, viele Lebensbereiche neu definieren – für immer.

Bei den Digital Immigrants kann man immer wieder beobachten, dass sie Informationen anders behandeln und deshalb auch mit Medien grundsätzlich anders umgehen als wir. Und da ist noch nicht einmal Manfred Spitzer gemeint. Immer wieder fällt es auf, dass sich die Generation unserer Eltern über den kargen Gehalt an wirklich relevanten Informationen beschweren. Das rührt daher, dass diese Generation mit Massenmedien aufgewachsen ist und sich seit etwa fünfzehn Jahren selbst in der Rolle des Publishers wiederfindet. »Desktop Publishing« hieß es tatsächlich in den frühen Tagen der Verbindung zwischen Computer und Telefonsteckdose. Damit verband sich automatisch der Anspruch, nur das zu »publizieren«, was für alle, aber wirklich alle relevant sein könnte. Das ist Journalismus. So kennt man das von den Massenmedien – der Zeitung, dem Radio und dem Fernsehen. Es wird geschrieben und gesendet, was potenziell alle betreffen oder interessieren könnte, bis hin zu regelrecht absurden Konstrukten wie dem allgemeinen Kulturdiskurs, der durch die Auswahl seiner Themen nahezu vorgibt, über was man zu reden hat und was nicht – täglich nachzulesen im Feuilleton der überregionalen Tageszeitungen. Gelegentlich kann man sich dort herauspicken, was für einen wirklich interessant ist.

Generell gilt aber, was für das Neueste vom Tage auch gilt: Die Schlagzeile auf dem Titel geht alle etwas an. Die Massenmedien kennen keine Nischen. Fachmagazine sehr wohl, sie *sind* die Nische. Sie sind natürlich vergleichbar mit Blogs oder Foren, die sich einem speziellen Thema widmen. Aber auch in gedruckten Blättern über Fliegenfischerei oder kreolische Kochkunst wird selektiert, was potenziell alle angeht, bis hin zu den Leserbriefen. Undenkbar, dass dort jemand mal kurz und anonym seinen Senf hinschmiert, wie es in Foren gang und gäbe ist. Warum? Weil es im Politikteil einer Tageszeitung eben nicht wie am Stammtisch zugeht. Weil dort auch nicht jeder mitreden kann. Dafür sind die Redaktionen mit ausgesuchten, intellektuellen und wort- wie weltgewandten Menschen besetzt, die tagtäglich in ihren Beiträgen die Summe aller Meinungen zu einem Kondensat zusammenführen – zumindest bei den intellektuellen Blättern.

Generationen, die diese Kultur des Publizierens aufgesaugt haben wie ihre Muttermilch, sind als Publisher deshalb eher bemüht, das allgemeine Interesse zu wecken. Das erklärt auch, warum sich viele mit Facebook schwertun. Wenn ein Nutzer, dem eine Blume gut gefällt, sie fotografiert und postet, wird das der Digital Immigrant in der Regel als komplette Idiotie auffassen. Facebook ist aber kein

Massenmedium. Wie die Welt weiß, hat Mark Zuckerberg Facebook erfunden, um als verklemmter Student Kontakte zu Mädchen zu knüpfen. Aber auch diese Variante der sozialen Plattform wird von der älteren Generation oft missverstanden. Oder sagen wir mal so: Es handelt sich um die gleiche Argumentation, wegen deren ich selten Gast bei XING bin.

Digital Immigrants haben verstanden, dass man auf sozialen Plattformen Kontakte knüpfen kann. Das geschieht aber dort ähnlich platt wie auf dem Golfplatz oder einer Business-Party, wo Männer mit Krawatten respektive Karohosen so tun, als ginge es um etwas anderes als ums Geschäft, wenn es ihnen in Wirklichkeit *nur* ums Geschäft geht. Das ist anstrengend.

Bei sozialen Gefügen im Netz generiert man die Kontakte auf der Grundlage der eigenen Interessen; das macht Kinder froh und Erwachsene ebenso. Statt mich als mega-erfolgreichen Hengst mit unbeschreiblich hohem Potenzial zu verkaufen, stelle ich Facetten meiner Persönlichkeit dar, durch die man erkennen kann, ob man auf einer Wellenlänge liegt oder nicht. Ebenso zählen hier aus technischen Gründen weder der Armani-Anzug, der Aston Martin vor der Tür noch die Rolex am Handgelenk, sondern der Inhalt. Content is king – auch, wenn es nicht einfach ist, damit umzugehen, und wenn es sich beim Content nicht unbedingt um massentaugliche, redaktionell relevante Informationen handelt.

Soziale Plattformen dienen eben sozialen Angelegenheiten. Hier können sich durchaus Freundschaften entwickeln, vielleicht sogar mehr. Entsprechend entwickeln sich auch hier mögliche geschäftliche Kontakte, aber weder mit dem Presslufthammer noch mit Leuten, die nicht zusammenpassen – es sei denn, ein Geschäftspartner möchte sich über Golfspielen oder Business Dinner hinaus in die Privatwelt des anderen vordrängen. Das ist auf Facebook genau so unangenehm (und möglicherweise nicht vorgesehen) wie im richtigen Leben. So ist es auf Facebook eher ungewöhnlich, wenn Unternehmen, Institutionen oder sogar Produkte mit eigener

Facebook-Seite auftauchen und, wie geschehen, ein deutscher Joghurt binnen kürzester Zeit dort tausend »Likes« vorweist, die eine indische Adresse haben …

Wo Kontakte entstehen, ist Betrug meist nicht fern. XING aber ist Business. Und es werden mir ständig Leute als Kontaktpersonen vorgeschlagen, die ich nicht kenne und die mit mir nur eine Branche oder affine Namen gemeinsam haben. So werde ich auch die nächsten Jahre wohl nicht mit Hans Schmitz in Kontakt treten, weil dieser im amerikanischen Militärwesen tätig ist und mit meinem Günzburger Kumpel nichts zu tun hat. Umgekehrt ist es mir zu doof, auf Plattformen wie XING auf Kontaktanfragen zu reagieren, in denen lediglich offenbar verzweifelte Freiberufler um »Synergien« buhlen. Geschäftliche Kontakte ergeben sich wiederum eigentlich eher aus dem, was den Kavalieren alter Schule bei Flirtportalen fehlt: die gute alte Bekanntschaft an der Theke, durch Kollegen, Freunde oder sogar aus dem Telefonbuch.

Nicht einfach da, sondern präsent

Als John Huston einmal einen Western in der Wüste drehte, zog eine Regenfront auf. Hustons Kameramann fragte, was sie denn nun machen sollten, an einen Dreh war nicht zu denken; weder sah das Script Regenwetter vor, noch konnte man aus technischen Gründen überhaupt drehen – das Equipment war nicht wetterfest. Huston antwortete mit einem Satz, der Filmgeschichte schrieb: »Heute drehen wir das Aufregendste, was es überhaupt gibt: ein menschliches Gesicht.«

Der Name »Facebook« ist möglicherweise ein Zufallsprodukt, und es muss auch nicht unbedingt dauerhaft bei der Omnipräsenz und Marktdominanz dieses einen Unternehmens bleiben. Und trotzdem hat dieser Begriff eine nahezu magische Funktion: Als »Buch der Gesichter« ist das Phänomen Facebook eigentlich schon treffend beschrieben. Alles beginnt damit, dass wir unser Gesicht zeigen, Farbe bekennen, uns mit unserem eigenen Gesichts- oder sonstigem Ausdruck in die Waagschale der Sympathie werfen. Und selbst wenn wir es verbergen oder maskieren, ist auch das nur Teil einer Inszenierung – ein Zeichen, dass wir nicht erkannt werden wollen.

Ansonsten ist schon das Zeigen unseres Gesichtes, das Porträt, das wir von uns anfertigen und zur Schau stellen, etwas vollkommen Neues. In welcher Generation vor uns gab es so etwas, dass jeder eine Plattform für sich hat, seinen eigenen Spielplatz, auf dem er oder sie sich austoben darf, wie es ihm oder ihr gefällt? Vom Hochzeitsfoto und von der Porträtfotografie aus Kaisers Zeiten bis zu der namentlichen und bildlichen Erwähnung einer Person hat sich die Zurschaustellung eines menschlichen Gesichts gerade einmal so weit entwickelt, dass ein Mensch, dessen Bild in einem öffentlichen Medium erscheint, es sich aus irgendeinem Grund verdient hat, erwähnt zu werden. Das Foto in der Zeitung oder gar auf dem TV-Bildschirm impliziert immer, dass es einen Grund gibt, weswegen eine Person öffentlich relevant geworden ist; und da ist es ganz egal, ob man in der Abiturzeitung mit Konterfei erscheint oder Bundeskanzler ist. Vielleicht spricht man deshalb auch von einem »Motiv«.

Das ist eines der Hauptmerkmale, wodurch sich Facebook (und andere soziale Plattformen) von herkömmlichen öffentlichen Medien unterscheiden. Wobei die Abi-Zeitung schon in die Richtung geht. Dort sind Menschen abgebildet, die eigentlich nichts öffentlich Relevantes geleistet haben. Gut, sie haben das Abitur absolviert. Aber vor allem geht es darum, mit Porträts und einigen Daten eine Gemeinschaft vorzustellen, die einmal eine war. Und vielleicht löst man dabei das Gefühl aus, dass man einen Platz in dieser Welt hat, und schafft eine Erinnerung, die Bestand haben wird.

Die Abi-Zeitung flüssig

Nun hat sich mit Facebook das »Prinzip Abi-Zeitung« verflüssigt. Jeder Mensch, zu dem man eine mehr oder weniger intensive Beziehung hat, ist mit Porträt und Daten präsent (wenn er oder sie es wünscht) und kann sich gleichzeitig mit anderen verbinden (mit denen er oder sie es wünscht). Es gibt also keine mit starren Bildern auf Papier fixierte Gemeinschaft, sondern einen beständig fließenden Kontakt. Man bleibt up to date und kann über Kontakte in deren Bekanntenkreis einsteigen, so dass sich die Kreise ständig erweitern. Manchmal stellt man sogar überrascht fest, gemeinsame Bekannte zu haben, ohne dass man es je hätte vermuten können.

Dass die Welt vernetzter ist, als man gemeinhin dachte, offenbarte sich vor einiger Zeit anhand des berühmten Kevin-Bacon-Prinzips. Der deutsche Comedian Mario Barth etwa steht durch seine beruflichen Kontakte über vier Ecken mit Kevin Bacon in Verbindung – es wäre also ein Leichtes für ihn – Kevin Bacons Einwilligung vorausgesetzt –, sich mit diesem über Facebook zu befreunden. Denn Kontakte schaffen Vertrauen. Vor allem Kontakte über Kontakte. Das Kevin-Bacon-Prinzip besagt: In »Wirklichkeit« ist man potenziell um bis zu sechs Ecken mit jedermann bekannt – auch mit Menschen, von denen man es nicht gedacht hätte. Ein Beispiel aus der analogen Welt: Da Mario Barth einst in dem Film *7 Zwerge – Der Wald ist nicht genug* mitgewirkt hatte, kennt er Cosma Shiva Hagen, die wiederum bei den Dreharbeiten für *Speed Racer* mit Emile Hirsch gearbeitet hat, und dieser kennt wiederum Kevin Bacon von den Dreharbeiten für *The Air I Breathe*.[1]

An diesem Beispiel sieht man: Die Welt ist klein. Genau diese Tatsache manifestiert sich in sozialen Netzen. Jeder Freund im Freundeskreis hat seine eigenen Freunde, mit denen eine Schnittmenge existiert, und ich kann mich jederzeit mit allen anderen befreunden, wenn diese zusagen. Nicht selten geschieht es, dass man im Freundeskreis anderer Menschen verwundert feststellt, dass auch diese jenen Bekannten kennen. Es tauchen verschollen geglaubte Menschen auf, oder ein Bekannter kennt tatsächlich diesen oder jenen Schauspieler oder Künstler – sind ja auch nur Menschen. Auf diese Weise wird die Distanz zu anderen Menschen aufgehoben. Man muss nicht durch irgendetwas medial auffallen, sondern tritt von allein hervor, um sich sein Publikum selbst zusammenzusuchen: Statt Massenkommunikation ist es Mund-zu-Mund-Propaganda, statt Massenmedien eben Word of Mouth, statt Gießkanne ein System von dünnen und dicken Adern, die sich weit verzweigen. Das Beispiel von Mario Barth ist dabei skurril, da ausgerechnet er darauf setzt, allein mit einem T-Shirt, einem Mikrophon und einem losen Mundwerk ein Massenpublikum zu generieren, das sogar das Berliner Olympiastadion füllt.

Damit sind zwei fundamentale Dinge zum Ausdruck gekommen, die das Zeitalter der Social Media prägen: Präsenz und Vernetzung. Dabei handelt es sich keineswegs um eine schöne, heile Medienwelt, in der alles neu und besser ist. Es beginnt schon mit dem Begriff. Wir sind nicht einfach nur da. Wir sind präsent. Mit dem fast notwendigen eigenen »Auftritt« im Internet wird uns die Aufgabe zugeteilt, aus der Anonymität hervorzutreten und uns zu zeigen. Damit ist gleichzeitig verbunden, dass wir uns »irgendwie« zeigen müssen.

Andererseits können wir uns verbinden, wie wir wollen. Wir können mit Harry Hirsch und mit Barack Obama »befreundet« sein (wobei »friends«, wie bereits erwähnt, »Bekannte« sind) und bekommen von ihnen regelmäßig Mitteilungen, was sie so treiben und denken. Umgekehrt gilt genau das Gleiche, ganz nach Belieben und freier Gestaltung.

So etwas gab es noch nie zuvor: meiner Welt mitzuteilen, wie meine Welt aussieht. Um in dieser Welt etwas zu gelten, bedarf es also eigentlich nicht mehr des Star-Prinzips; niemand in der Generation Facebook hat, wie Andy Warhol einmal prophezeite, im Leben seine »15 minutes of fame«. Wir sind dauerpräsent. Wir haben vielleicht ein kleineres Publikum, dafür aber ein relativ konstantes, das sich offenbar für unsere Belange interessiert und an uns »dran« ist. Obwohl ich ganz ehrlich zugebe, dass ich meine Kontakte regelmäßig bereinige. So wie man nach dem Abitur nur noch mit wenigen den Kontakt aufrechterhält, werde auch ich danach die eine oder andere Verbindung löschen, weil sich unser Leben ständig weiterentwickelt und ich es mit manchem dann einfach nicht mehr »teilen« möchte.

Digitaler Pausenhof

Das »Teilen« (oder neudeutsch: Sharing) meiner digitalen Erscheinung und meiner Interessen ist der andere Aspekt der Generation Facebook. Um es noch mal zu betonen: Wir haben kaum eine andere Möglichkeit. In meinem gesamten Freundes- und Bekanntenkreis gibt es, wie bereits angemerkt, nur einen Freund, der ganz bewusst aus dem digitalen Schaltkreis ausgestiegen ist und Smartphone, Facebook, Twitter et cetera abgeschaltet hat. Selbst das ist eine Haltung, mit der er bei Digital Natives Präsenz zeigt, denn er gibt damit zum Ausdruck, dass er nur Wert auf jene legt, die über Facebook hinaus mit ihm Kontakt halten wollen, und zwingt sie, sich mit ihm zu verabreden oder ihn zu suchen. Wenn man so will, ist es derjenige, der nie den Schulhof betritt und damit natürlich nur zeigt, dass er es nicht nötig hat, dort zu »socialisen«. Facebook ist der digitale Pausenhof: Da müssen alle ab und zu mal hin und befinden sich nicht nur irgendwo, sondern in einem sozialen Magnetfeld, in dem es darauf ankommt, wer mit wem herumsteht, wie sich Gruppen finden und verteilen, wer allein in der Ecke steht, wer sich groß hervortut und andere mit seinem Gehabe anzieht und abstößt, wer zu dieser oder jener Gruppe gehören will, wer seine Peers hat und wer sich wiederum von anderen abgrenzen will. Hinzu kommen jene, die die komplette Pause am liebsten auf dem Klo oder im Klassenzimmer verbringen, die herumknutschen, sich verabreden oder beschließen blauzumachen und die nächsten Stunden um die Häuser ziehen. Dann gibt es die Intellektuellen, die immer im gleichen Grüppchen herumstehen, über Tagespolitik reden und es genießen, wenn andere zuhören wollen, oder saisonabhängig Tauschgruppen von Panini-Bildchen, die je nach Sportereignis kommen und gehen. Und dann wird natürlich gebaggert, geflirtet und stille Post gespielt: »Hast du schon von der gehört, die soll jetzt hinter dem her sein …«

Auf dem Pausenhof ist man nicht nur da, sondern präsent. Man steht zwar herum, aber vor den Augen anderer. Man wirkt – irgendwie. Im Idealfall genau so, wie wir uns selbst sehen. Es gibt auf Facebook noch andere Möglichkeiten. Man schart nur jene um sich, die man haben will. Man kann sich und seine Freunde vor anderen verschließen. Man kann sogar die Mitteilungen von Dauerschwätzern blocken, ihnen also nach dem Prinzip Pausenhof mitteilen, dass sie mal zwischendurch die Klappe halten sollen. Man kann »Freunde« rauswerfen und andere einladen. Und es öffnet sich nur dort der Kreis der Umstehenden, wo man auch eingeladen ist.

Insofern passt die Vision mit dem implantierten Chip im Körper ganz gut, und sie ist nur bedingt eine Horrorvision: Mit den ersten Bildern nach unserer Geburt wachsen wir als vernetzte Menschen auf und steuern ganze Teile unseres Lebens über Tablet und Smartphone. Und längst sind diese Teile unser Leben und nicht mehr Ableitungen aus unserer Arbeit (siehe Kapitel 5). Wir sind online. Als Social-Media-Mitglied sind wir aber nicht einfach »da«; wir sind präsent. Und damit müssen wir uns irgendwie in Szene setzen, ob wir wollen oder nicht. Wir publizieren, aber nicht an alle.

Als »Flucht nach vorne« können wir sozusagen ohne Gesichtsverlust eine andere Identität wählen, den Namen oder das Gesicht ändern, in fremde Rollen schlüpfen und uns selbst zum Star machen.

Meistens sind wir auf Facebook als der- oder diejenige präsent, der oder die wir sein wollen – im Unterschied zu dem- oder derjenigen, die wir wirklich sind. Das bedeutet: Facebook ist unser verfremdetes oder nahezu authentisches Selbstbild und hat nichts damit zu tun, wie andere uns sehen. Bei unserem medialen Auftritt handelt es sich also immer um eine Selbstinszenierung, ob wir wollen oder nicht: »Man kann sich nicht nicht inszenieren«, hat der Experte für strategische Inszenierung Cristián Gálvez dieses Phänomen – in bewusster Abwandlung von Paul Watzlawicks Bonmot »Man kann nicht nicht kommunizieren« – charakterisiert. Das ist Gelegenheit und Aufgabe zugleich, für den einen eine Last, für den anderen ein willkommener Anlass zur Steigerung des Ego in Text und Bild bis hin zur Unglaubwürdigkeit. Denn bei Facebook bekommt jeder sofort einen Eindruck von jedem, der dort erscheint. Für eine zweite Chance lässt sich der Eindruck jederzeit revidieren. Auf diese Weise trifft man auf Facebook jeden erdenklichen »Typen« an und empfindet auch sehr schnell Sympathie oder Antipathie.

Dies führt zum zweiten Aspekt: zur Vernetzung. Wie war es früher? Man scharte Freunde um sich herum, die zu einem passten, grenzte andere aus oder stellte sich gegen sie. Ja, man lernte sich gezielt in Kneipen, auf Partys oder in der Disco kennen, aber auch über Bekannte oder deren Empfehlung. Dabei steht allerdings zunächst der physische, authentische Eindruck im Vordergrund. Anschließend hat man jedoch redlich Mühe, sich mittels Worten, Gestus und Habitus so richtig in Szene zu setzen. Selten gelingt es jemandem, wirklich den Eindruck zu hinterlassen, den man wirklich erzeugen will. Nun gut, selbst das spielt zur Erfüllung gemeinsamer kurz- oder mittelfristiger Interessen manchmal keine Rolle. Wenn man aber nicht nur die Nacht miteinander verbringen, sondern eine Beziehung führen will, stellen sich dann doch die Facetten eines jeden Einzelnen heraus, inklusive der negativen, die man auf Facebook so herrlich vertuschen kann.

Um es noch einmal zu rekapitulieren: Die Älteren unter den Digital Immigrants stellen sich Kontakte über die Social Media und auch über die Dating- und Flirtportale immer so vor, dass man statt Köperflüssigkeiten Daten austauscht und dann die Schnittmengen abgleicht, um sich anschließend mit denjenigen im realen Leben zu verabreden, die aus der gleichen Stadt stammen und sich neben Justin Bieber noch für Schmetterlinge interessieren; und wenn alles passt, geht man eben noch miteinander ins Bett. Psychologen aus dieser Generation warnen gerne davor, dass sich die Paradigmen umgekehrt haben: erst die Daten, dann die Gefühle, erst die Gemeinsamkeiten, dann die Sympathie. Schlimm, schlimm. So unpersönlich und kalt. Andererseits kann man auf sozialen Portalen meist recht einfach den Namen von jemandem herausbekommen, den man am Abend vorher vielleicht zum ersten Mal gesehen hat – sich aber nicht getraut hat, ihn oder sie anzusprechen …

Die Digital Ignorants der »Generation Ibiza«, die noch kein Facebook kannten, haben meist erst einmal Körperflüssigkeiten ausgetauscht, um sich anschließend nach dem Namen des Partners zu erkundigen. Oder es kam im Fall einer eindeutigen Annäherung mit erotischen Interessen der spitze Aufschrei »Ich kenne dich doch gar nicht!«. Solche Überraschungen sind bei der Generation Facebook also absolut hinfällig geworden. Und ebenso wenig gehen wir nun miteinander ins Bett, weil wir mit einer hohen Datenschnittmenge der Einsamkeit entfliehen können – für Bedürfnisse wie schnellen Sex gibt es schließlich auch die einschlägigen Portale.

Flirten und Daten sind gute Beispiele für die Unterschiede, die man bei den verschiedenen Generationen von Social-Media-Nutzern beobachten kann. Wer online schreibt, mailt und dann vielleicht irgendwann videotelefoniert, spricht oft mehr mit anderen Menschen als so manch anderer der »Älteren« – mit allen Vor- und Nachteilen. Fakt ist: Es werden frühzeitig Interessen und Ansichten ausgetauscht. Beim ersten Treffen weiß man dann bereits, wie der andere ungefähr »tickt« – was früher sehr viel Mühe und zahlreiche abendliche Gespräche beim Rotwein gekostet und meist auch teure Klamotten erfordert hat.

Der erste Eindruck, der bekanntlich keine zweite Chance hat, ist bei einem Live-Treffen dann die einzige Sensation und Neuigkeit. Die jeweiligen Interessen werden weiter abgetastet, aber die Neigungen und Facetten des anderen sind schon vertraut, und man kennt diverse Anknüpfungspunkte und Stoff für Gespräche. Man tauscht sich beim Kennenlernen übers Internet sogar sehr intensiv und sehr privat aus, über Dinge, die man selbst mit besten Freunden nicht bespricht – zum einen, weil es sich eher selten ergibt, aber auch, weil die Distanz diese Nähe erst möglich macht. Dazu kommt: Der Aspekt der Selbstdarstellung in den Social Media kann beim ersten Kontakt den Eindruck erwecken, dass man das Gegenüber schon besser kenne als den eigenen Nachbarn – und das ist für den ersten Eindruck doch gar nicht so schlecht. »Identität« ist aber auch hier ein unerreichbares Ziel – umso mehr, wenn der Zampano von der Dating-Plattform als Treffpunkt Rosi's Futterkrippe vorschlägt und sich an Ort und Stelle als Würstchen entpuppt.

In der Internet Single Börse,
sind sie alle reich und schön.
Da wird man höchstens neunundzwanzig,
das ist ein Online-Phänomen.
Sie haben tausend geile Hobbys,
sind alle sportlich und auf Diät.
Die Blase platzt – beim ersten Date.

Roger Cicero
Internet Single Börse

Im realen Leben ist jedoch die nachhaltige Vertiefung des ersten virtuellen Eindrucks das A und O. Deshalb erziehen uns die Social Media regelrecht zur Authentizität. Die virtuelle Identität muss weitgehend zu unserem tatsächlichen Wesen passen, denn wir kontaktieren über die Social Media nicht unbedingt völlig Fremde, sondern – siehe Kevin Bacon – mit einer gewissen Wahrscheinlichkeit jemanden aus dem erweiterten Bekanntenkreis.

Identitätsfindung ist in meinem Alter ein großes Thema. Ist es die Summe der Dinge, die ich mache oder die mir gefallen? Kenne ich mich eigentlich selbst? Die Social Media können ein Forum sein, um sich selbst kennenzulernen und auszuprobieren, aber da man sich selbst inszeniert, ist man nicht der, der man ist, sondern der, der man sein will. Das gehört zu den Spielregeln. Wer aktiv mitten im Leben steht, seinen hieb- und stichfesten Platz in seiner Clique oder sich längst selbst gefunden hat und sich somit um seine Rolle weniger Gedanken macht, ist erkennbar weniger auf sich selbst fokussiert in sozialen Netzwerken unterwegs.

Das ist die gute Nachricht an Euch Erwachsene. Wenn Ihr Euch darüber aufregt, dass wir uns in Bus und Bahn ständig in Demut über diese Dinge beugen, anstatt unsere Umwelt wahrzunehmen, die Blumen zu riechen, die Musik zu hören, die dort herüberweht, oder sonst etwas, dann lasst Euch gesagt sein: Wir arbeiten gerade daran, unsere Identität zu finden, indem wir uns über Meinungen, Gedanken, Werte und Ideen austauschen, so wie Ihr es auch gemacht habt. Wir baggern daran, dass wir möglichst bald das süße Mädchen aus der Zehn auf einer Party kennenlernen, wenn wir dann endlich mal über Freunde von Freunden herausbekommen haben, wo es hingeht. Der erste Kuss. Das erste Mal. Die erste Liebe. All das hat Euch in dem Alter natürlich nie beschäftigt. Nur Blumen riechen, die Zeitung lesen, sich weiterbilden und fleißig Umwelt wahrnehmen – klar.

Hallo, wir sind noch in der Pubertät. Und das kann man sehen und mitverfolgen: Wer sich noch eine Identität schaffen muss, lädt

100 000 verschiedene Fotos vor dem Spiegel hoch und versucht sich in den tollsten Posen darzustellen. Wie eben zu Hause vor dem Spiegel. Mal mit Schminke, mal mit zu viel Rouge, mal mit Mamas High Heels. Oder in den falschen Klamotten. Auf Facebook kann man diesen Eindruck sofort revidieren, das ist ja das Schöne: »XY hat sein Profilbild geändert«, diese Woche schon zum dritten Mal. Wenn Ihr also wissen wollt, was mit uns gerade los ist, dann klopft nicht an die Zimmertür; geht doch mal auf Facebook. Wer weiß, vielleicht bestätigen wir ja sogar Euern Freundschaftsantrag.

Du bist, wer du sein willst

Tatsächlich ist die Kommunikation wichtiger als die Selbstdarstellung, denn das Facebook-Selbst *entwickelt* sich in der Kommunikation. Ich versuche nicht, mich anders darzustellen, mache keine Unterscheidung zwischen beruflich und privat. Ich unterscheide einzig zwischen halböffentlich und öffentlich. Halböffentlich sind meine Facebook-Freunde. Aber bei denen unterscheide ich nicht mehr zwischen engen Freunden aus dem tatsächlichen Leben. Oder jenen, mit denen ich mal eine Woche auf einem Austausch verbracht habe. Oder denen, die ich mal im Urlaub kennengelernt habe. Oder Menschen, die ich vielleicht im Rahmen meiner Arbeit mal irgendwann getroffen habe. Ich habe auch kein Problem, wenn die meine Dinge bei Facebook sehen können.
Die Unterscheidung zwischen Berufs- und Privatleben macht heute nicht mehr viel Sinn. Wir sind alle Menschen, und das Menschliche in der Berufswelt bewusst außen vor zu lassen passt nicht mehr in die Zeit. Wir sind heute selbst unser größtes Kapital in der Berufswelt. Wissen ist ersetzbar, Persönlichkeit und Ausprägung nicht. Was früher als Schwäche galt, ist heute eine Stärke. Und wer Schwächen zeigen kann, zeigt einen starken Willen.
Seit meinen ersten Vorträgen im Jahr 2009 war dies eine der am

häufigsten an mich gerichteten Fragen: Wenn ihr so viel in die sozialen Netzwerke einstellt, habt ihr keine Angst, dass ihr bei Bewerbungsgesprächen nicht mehr genommen werdet? Zunächst hatte ich die Frage gar nicht verstanden. Doch dann wurde mir klar, dass es offenbar als hochproblematisch für die berufliche Karriere empfunden wurde, wenn man sich im Internet »entblößt« und womöglich von allen gefunden werden kann, wenn man dort »Mensch ist« und es sein will.

Darauf antworte ich immer: Als Personaler muss man sich von dem Gedanken verabschieden, im Internet nach kompromittierenden Bildern zu suchen, weil man sonst eigentlich niemanden mehr einstellen kann. Wir sind eben alle nur Menschen, und das ist gut so. Vielmehr bin ich davon überzeugt, dass Personaler in Zukunft bewusst darauf schauen werden, dass sich Bewerber selbstsicher in sozialen Netzwerken bewegen, dass sie ein intaktes Sozialleben haben, dass sie menschlich gut vernetzt sind und mit Menschen umgehen können, denn das beweist ihre soziale Kompetenz. Dazu gehört auch die eine oder andere Exzess-Party. Man wird dazu stehen können, dass Leben nun mal Leben ist. Wenn man sich denn überhaupt noch bewirbt …

Mit dem Bewerben verhält es sich wie mit dem Business allgemein: Man muss nicht mehr so tun, als interessiere man sich für Golf oder habe sein Schäfchen schon im Trockenen. Im Gegenteil: Prinzipiell ist unsere Social-Media-Gesellschaft offen. Das Standesdenken hat sich verflüssigt. Im Internet sind wir alle gleich, auch wenn wir uns unterschiedlich in Szene setzen. Facebook ist der große Gleichmacher und der Jahrmarkt der Eitelkeiten zugleich. Der Mensch wird an seinen Äußerungen gemessen, Alter und Status sind unerheblich. Es geht nicht mehr darum, wer du bist und was du verdienst, sondern: Was interessiert dich? Wer willst du sein? Wie möchtest du dich profilieren? Was gibst du inhaltlich von dir? Das erhöht die Wahlmöglichkeiten hinsichtlich des Soziotops.

Von manch einem vermeintlich vertrauten Mitmenschen lernen wir plötzlich Dinge kennen, die wir bei ihm oder ihr nie vermutet hätten. Durch die Social Media leben wir alle konsistenter und offener, weil wir uns nicht mehr verstecken und verstellen müssen. Man kann seiner wahren Persönlichkeit entsprechend leben und wird respektiert. Wenn man verfolgt, wie sich die Arbeitswelt umstellt, dann wird klar, dass man sich von den beruflichen Rollenspielen langsam verabschieden kann.

Sind wir so offen, weil wir es wirklich wollen oder weil es viel zu viel Arbeit wäre, sich anders zu verhalten? Teilweise blendet man das Publikum sogar aus – weil man gerade bei Facebook nicht erfährt, wer auf unseren Seiten herumsurft. Manche haben nur ein oder zwei Menschen bewusst vor Augen, wenn sie etwas schreiben, und die anderen können es ruhig auch mitbekommen. Wir denken vermutlich an die, die uns ein warmes Gefühl geben, und denen teilen wir sogar Eindrücke und Befindlichkeiten mit: die gereiften Tomaten im eigenen Garten, ein altes Pop-Video, ein Link. Es ist wieder das Spiel mit den Spaghetti: Ich werfe sie, und ein paar bleiben hängen. Aber statt an eine Wand, also ein unbestimmtes Publikum, werfen wir die Nudeln lieber direkt in den Topf – in unseren ausgewählten Bekanntenkreis, zum Beispiel unsere Facebook-Freunde. Vielleicht erreiche ich jemanden, von dem ich schon lange nichts mehr gehört habe. Und schon macht es Pling. Neue Nachricht. »Lust, mal wieder einen Kaffee trinken zu gehen?«

Deshalb sage ich: Löst Euch von dem Anspruch, dass Eure Daten die ganze Welt interessieren. Ihr seid keine Journalisten. Ihr seid Menschen unter Menschen, die hier viel gewinnen können – Menschen mit Eigenschaften, Interessen, kleinen und großen Schwächen. Entlarven kann man sich immer noch selbst, freiwillig oder unfreiwillig. Auf diese Weise verändern digitale Medien unser Leben; sie greifen in Lebensweisen, Rituale und Werte so tief ein, dass man sie mit den Social Media gar nicht mehr unbedingt in

Verbindung bringt. Ich hätte es mir leichter machen können, aber so soll dieses Kapitel damit beschlossen werden, dass bereits jede vierte dauerhafte Liebesbeziehung mittlerweile nicht an einem Tisch oder einer Theke beginnt, sondern auf einem Portal. Und dass Menschen – jawohl, liebe Facebook-Hasser – inzwischen mehr echte Freunde haben und intensivere Beziehungen als in allen Zeiten vor den Social Media.

Ich habe vor zwei Jahren jemand Besonderen über Facebook kennengelernt: Merel wohnt momentan in Indien, kommt aber ursprünglich aus Holland und hat sogar einmal in meiner Heimatstadt Günzburg gelebt. Nachdem sie ein halbes Jahr in Indien war, habe ich ihr eine Freundschaftsanfrage geschickt, weil ich mir eingebildet hatte, sie zu kennen – um festzustellen, dass ich sie doch nicht kannte. Dann haben wir uns kennengelernt. Wir haben uns erst geschrieben, dann geskyped. Gegen Weihnachten war sie in Deutschland zu Besuch, und wir sind uns zum ersten Mal begegnet. Es war nett. Als sie sich erneut in Deutschland aufhielt, erzählte ich ihr von einem Kundentermin. Daraus entstand die Idee, dass sie mich spontan begleitet. Das war auch nett. Wir verbrachten die nächsten vier Tage miteinander, als wären wir schon lange vorher gute Freunde gewesen. Und das sind wir nach wie vor. Ob es nun die ungeheuer große Schnittmenge an gemeinsamen Interessen war, die sie zur Mitreise nach Kopenhagen verleitete? Das verrate ich nicht.

10 Ruhe, Rausch und Rebellion

Jungsein, Leben, Konsum und andere Dinge, die sich von Erwachsenen unterscheiden

Wir sind die Jugend von heute. Wir, das sind die Netten, die ein bisschen Doofen – diejenigen, bei denen man heute schon das Gefühl hat, dass einige von ihnen mal ganz groß herauskommen und andere wiederum grandios abstürzen werden. Es gibt welche, die nächtelang *World of Warcraft* spielen, und andere, die die Nacht durchtanzen. Ich kenne welche, die sich vegan ernähren und viel Sport treiben, und andere, die man schon mal als Wodkaleiche auf einer Parkbank gefunden hat. Einer aus meiner Stufe hat sogar einmal die ersten zwanzig Strophen des Nibelungenlieds auswendig gelernt, einfach so. Es soll noch immer ein paar Freiwillige geben, die in die Theater-AG gehen. Und eine aus der Parallelklasse, die soll schon mit zehn Jahren mit Jungs in die Kiste gesprungen sein. Ich würde mal behaupten, alles wie gehabt. Fast alles. Etwas ist neu – nämlich dass wir natürlich durch die Reihe weg digital dement sind und Manfred Spitzer für »unsere Kinder« nur das Beste will, sie aber besser nicht selbst fragt. Ansonsten würde ich sagen: Wir sind ganz normale Jugendliche, ein bisschen durch den Wind, auf der Suche nach Orientierung, verknallt und ab und zu mal besoffen. Dank Hochschulreform und Bologna haben wir für den Schulstoff nun zwölf Jahre – eins weniger als die Generationen vor uns – und landen dann in der Universität, wo es seit neuestem mit Leistungsdruck und Bewerbungen, im Unterschied zur Schule sogar mit bitterer Konkurrenz untereinander weitergeht. An dieser Stelle noch mal herzlichen Dank an diejenigen, die das für uns geschafft haben, aufopfernd für uns da sind, wenn wir sie brauchen, und die uns wohl auch als »digital dement« bezeichnen. Kein Wunder, dass wir hinter Eurem Rücken respektive vor unseren Monitoren Dinge machen, von denen Ihr nichts wissen sollt.

Aber egal. Ich frage mich, wo sich die »Generation Spitzer« eigentlich ausgetobt hat. Der Mann ist Psychiater. Er müsste eigentlich am besten wissen, dass gute Jungs und Mädchen in den Himmel kommen und böse überallhin. Manfred Spitzer war zehn Jahre alt, als die Achtundsechziger-Revolution im Gange war, und Mitte zwanzig, als der deutsche Terrorismus langsam sein Ende fand. Mitte der siebziger Jahre war er also im besten Hippie-Alter. Wer verschwendet hier eigentlich seine Jugend?

Die Autorin Sibylle Berg ist nur vier Jahre jünger als Manfred Spitzer und offenbar trotzdem unsere Anwältin. »Warum sollten sie sich nicht empören und es im nächsten Moment vergessen und nach Kleidern suchen oder in sozialen Netzwerken abhängen?«, schreibt sie. »Warum sollten sie nicht zu viel trinken und Drogen nehmen und sich ihr Gehirn bei Online-Games braten lassen.« Selbst unser vielgescholtenes Medien- und Konsumverhalten ordnet sie richtig ein:

Die Jugend heute ist meinem Empfinden nach politischer als früher, weil sie sich schnell informieren und verabreden können. Weil es leichter ist, an Fakten zu gelangen als in der Zeit vor dem Internet, als alle das nacherzählten, was in den Medien vorgekaut wurde, und es wirklich anstrengend war, in Bibliotheken nach Gegenmeinungen zu suchen. Vielleicht sind die jungen Menschen heute mehr am Konsumieren interessiert als vor 50 Jahren, aber wer bitte ist das nicht. (…) Die Jugendlichen heute müssen so schnell sein, so parat in ihren Entscheidungen, denn es ist enger geworden auf der Welt, die wir Älteren ihnen wieder ein Stückchen verdorbener hinterlassen. Seien wir doch einfach ruhig und betrachten die jungen Menschen als einen Teil von uns. Als einen Teil, den wir

lieben und beschützen müssen, aber nicht vor dem bösen
Internet, sondern vor Erwachsenen. Wie uns.[1]

Eine kurze Geschichte unseres Lebens

Ich möchte diese konträren Auffassungen zweier Menschen der
gleichen Generation zunächst so stehenlassen, um nunmehr scho-
nungslos und offen darzustellen, wie sich das Leben der Generation Y (oder Z – wie auch immer …) gestaltet, vor allem bei den
angesprochenen Dingen: Was wir denken, womit wir uns beschäftigen, wie wir konsumieren und was wir von Euch Erwachsenen
halten. Dies am Beispiel meines Schulalltags, der bei Erscheinen
dieses Buchs glücklicherweise bereits Vergangenheit ist.

Morgens checkte ich als Erstes auf dem iPhone, was ich an Welt-
bewegendem während meiner Nachtruhe verpasst hatte. Mails,
SMS, Facebook – alles flatterte noch vor dem Aufstehen unter meine Bettdecke. Und ich stellte Musik an. Dann stand ich auf, ging
unter die Dusche und hetzte zum Schulbus nach Günzburg. Im Bus
kam ich dann auch zum Frühstücken. Dabei hörte ich Podcasts
oder Musik oder die gesprochenen Artikel aus der ZEIT. In Günzburg lief ich noch mal zehn Minuten zur Schule. Nachmittags kam
ich meistens zwischen drei und fünf Uhr nach Hause, da blieb
nicht mehr viel Zeit, um eigenen Interessen nachzugehen. Das
Abendessen beendete meine Tätigkeiten – die einzige Mahlzeit,
die wir in der Familie unter der Woche gemeinsam eingenom-
men haben. Ich wartete schon immer auf die laute Stimme meiner
Eltern, die durchs Haus tönt und verkündet, dass das Essen fertig
ist. Abends wurden dann noch die restlichen Aufgaben erledigt –
dann ab ins Bett. Am Wochenende ab und zu Party, hin und wieder
einen kleinen Aussetzer, das war's. Freundinnen gab's auch. Und
regelmäßig Beratungs- und Vortragstermine, mittlerweile über
achtzig pro Jahr, und natürlich die Podcast-Produktion.

Ist diese Kurzbeschreibung nicht herrlich langweilig, mal abgesehen von den »digitalen« Elementen? Ich möchte mal ganz vorsichtig vermuten, was die Generation Spitzer in ihrer Jugend so getrieben hat, außer natürlich brav sein, lernen, sich bilden und irgendwann dem Frollein von den Müllers die Aufwartung machen: sich langweilen, mit dem Rad um den Block fahren, sich mit Freunden verabreden und – wenn sie auf dem Land aufgewachsen ist wie ich – an der Bushaltestelle herumhängen und am Wochenende im Dorfgasthaus eine Schlägerei anzetteln oder zumindest beobachten.

Ich weiß, das ist nicht fair. Es ist eine Argumentation ad hominem, dabei ist mir Herr Spitzer persönlich recht egal. Es nervt nur kolossal, dass die Erwachsenen Jugendlichen gegenüber immer so tun, als hätten sie eine brave, emsig zielorientierte Jugend verbracht, mit der sie so weit gekommen sind – und ihren Kindern so gerne Ziele aufdrängen, die sie in unserem Alter auch nicht hatten. Wir haben Ziele. Aber da sitzen wir erst einmal zwölf Jahre in der Schule, die vom Lehrstoff her in Wirklichkeit dreizehn sind, mit der Aussicht auf eine noch stressigere, verschulte Uni mit Regelstudienzeit, halbseidenen Bachelor-Abschlüssen und jeder Menge Stress. Und das, wo wir auch noch so doof sind wie keiner vor uns. Die Generation PISA freut sich auf die Ausbildung à la Bologna, sozusagen. Aber wir sind auch noch selbst dran schuld: Weil wir unsere Jugend vor dem Bildschirm verschwendet haben. Ich sag's Euch schon mal jetzt: Wir werden uns rächen. Und wir werden furchtbar sein. Ungefähr so wie in dem Horrorfilm, in dem die Kinder eines ganzen Dorfes nach einem nuklearen Unfall plötzlich die Gedanken der Erwachsenen lesen können …

Die Biographie von Herrn Spitzer auf Wikipedia beginnt mit seinem Studium in Freiburg. Meine Biographie endet zwangsläufig im gleichen Alter. Hätte diese Generation die gleichen Mittel und Möglichkeiten gehabt wie wir, hätte ihr Leben dann großartig anders ausgesehen als unseres? Vermutlich. In Wirklichkeit sind es nämlich skurrilerweise wir, die viel zielorientierter, erwachsener und sogar spießiger sind. Bitte glaubt uns.

Die Neunundachtziger und wir

Was soll's. Manfred Spitzer könnte mein Großvater sein. Viel interessanter geht es bei der Generation meiner Eltern zu, also den U50ern, der 1989er-Generation, die also ungefähr in den achtziger Jahren ihre große Zeit hatten. Es sind die Digital Immigrants, die ohnehin ein Leben vor dem Aufkommen der digitalen Medien hatten, da sie naturgemäß erst Ende der neunziger Jahre in die Thematik eingestiegen sind. Meine Eltern sind in dieser Hinsicht viel eher Wesensverwandte als die noch Älteren. Nie haben meine Eltern mich von irgendetwas abgehalten, was ich mit dem iPhone oder meinem Podcast und Ähnlichem vorhatte. Mein Großvater und mein Vater hatten mir das Basteln nahegebracht, und das habe ich auf die digitalen Medien übertragen. Sie haben das früh erkannt und unterstützt. Und sie mischen sich nicht einmal in meine berufliche und private Entwicklung ein. Meine Eltern vertrauen mir, egal was ich tue und treibe.

Vielleicht ist das so, weil die Generation meiner Eltern die erste war, die schon viel früher Möglichkeiten umsetzen konnte – wenn auch vielleicht nicht vor dem Abitur. Es war die Yuppie-Ära. In Filmen wie *Wall Street* avancierten geldgeile Figuren wie Gordon Gekko zu Helden, und sein Motto »Gier ist gut« prägte eine ganze Dekade. Der Zeitgeist suggerierte, dass man sich nicht sein Leben lang krumm und buckelig schuften muss, um am Ende mit Hüft- und Bandscheibenschäden die Rente zu beziehen. Stattdessen genügte schon eine profunde Halbbildung, um in der Werbebranche oder in den Medien sehr schnell erfolgreich zu werden – vor allem dann in den »Neuen Medien« (wie die Älteren sie immer noch nennen), die ungeahnte Perspektiven eröffneten und den »Neuen

Markt« beflügelten – bis zur Dotcom-Blase Ende der neunziger Jahre. Als hätte es einen Erlass gegeben, dass Erfolg nicht eine Sache des Alters ist, konnte man eigentlich in allen Geschäftsbereichen erfolgreich sein, wenn man ein wenig kreativ vorging und die Dinge etwas anders machte. Es war auch die erste Generation, die sich im Prinzip selbständig machte, statt eine vorgezeichnete Lebensbahn einzuschlagen, Angesteller zu werden und für die Rente zu arbeiten. Für mich war es vollkommen normal, eine erfolgreiche Idee zur Wirtschaftlichkeit weiterzuentwickeln. Bereits als Kind gab es keine Minute, in der ich mich davon abgehalten gesehen habe, etwas zu unternehmen – und noch mit Spaß dabei. Und dann irgendwann halt auch noch für Geld.

Hier sind wir an dem Punkt, wo unsere Generation die Neunundachtziger schon wieder provoziert. Die haben in den achtziger Jahren ja noch auf den Putz gehauen, rebelliert und Drogen genommen, sind auf Partys gegangen und haben Konzerte besucht, die Nächte durchgemacht, als gäb's kein Gestern. Es war die »Generation Volkszählung«: Riesenprotest gegen eine Neuauflage der Ermittlung von Daten der Bundesbürger – im iPhone- und Facebook-Zeitalter, wo sich jeder öffentlich preisgibt, bis es nicht mehr auszuhalten ist, eine vollkommen absurde Vorstellung. Nein, wir provozieren anders. Wir sind offenbar langweilig. Nehmen, solange wir jung sind. Kriegen den Hals nicht voll – und gehen schon mit vierzehn Jahren shoppen. Und das ist keine Ironie.

Was kommt nach dem Überfluss?

Die Neunundachtziger erzählen gerne davon, dass wir in einer »schnelllebigen Zeit« leben. Dass alles um uns herum sich immer mehr beschleunigt und keiner mehr hinterherkommt mit Entwicklungen und Trends. Das muss vor allem jene nerven, die sich gerne von anderen abheben wollen. Aber auch in dieser Hinsicht kommt es ganz dicke: Wenn es früheren Generationen wichtig war, Individualität zu betonen, ja sogar eventuell »gegen den Strom zu schwimmen«, dann sind wir einfach Masse. Wir sind nicht Avantgarde. Wir sind der Strom. Wir sind Mainstream. Wir machen alles mit, was daherkommt. Wir kennen ja keine Bewegungen mehr, keine Gruppierungen, die sich ganz bewusst voneinander abgrenzen. Teds und Rocker, Punks und Popper, Yuppies und Ökos: Darüber lesen wir in den Geschichtsbüchern oder sehen es unseren Eltern noch vage an. Es gibt ja noch nicht einmal bestimmte Modetrends, höchstens Street Style; es ist einfach alles möglich. Weshalb es heute solche Strömungen kaum noch gibt, mögen die Soziologen erklären. Wir machen einfach jeden Mist mit. Und wenn etwas gut ist, liken und posten wir es – ohne Überbau und Hinterfragen. Meistens schöne Dinge zum Wegkonsumieren. Denn es gibt einfach nichts Neues mehr. Aber es gibt alles: keine Moderne, keine neue Revolution, aber alles, was es je an Strömungen gab – als Retro- oder Vintage-Trend. Aus der Rockmusik, mit der frühere Generationen ihre Eltern zum Wahnsinn treiben konnten, ist Popkultur geworden; Cannabis ist legalisiert, Sex ab zwölf kein Thema, Alkohol in rauhen Mengen verfügbar. Womit sollen wir bitte schön noch provozieren? Genau: mit Langeweile, Herumhängen und »Will-ich-Haben«.

Früher war gerne die Rede von der »Überfluss-« oder »Konsumgesellschaft« – wir haben sie nie anders kennengelernt. Im Gegenteil: Jeglicher Fortschritt ist auf ökonomische Steigerung ausgerichtet; wir treiben ihn immerhin mit ökologischem Bewusstsein voran, schließlich sind wir Kinder der Grünen-Generation. Aber der CO_2-Ausstoß hält uns noch lange nicht davon ab, übers Wochenende mal eben billig nach New York zu jetten und mit der App die Hollister- und Abercrombie & Fitch-Läden aufzuspüren. Wer sich noch nicht bis zur Weißglut provoziert fühlt, bitte melden.

Nach dem alten Konsumschema sind die klassischen Marketingstrategien auf die Menschen zwischen 14 und 49 Jahren ausgerichtet. Wir sind die »Generation Flatrate«: konsumieren, mobil telefonieren, ja sogar frei saufen auf Grundgebühr. Wir treffen alles im Überfluss an, haben schon die ersten Urlaubsreisen im Flieger absolviert – und kennen das nicht anders. Einer unserer Lieblingssprüche lautet: »Will ich haben«, ob Produkte oder auch Menschen. Die Wirklichkeit sieht aber ganz anders aus: Statt alles haben zu wollen, wählen wir genauer aus, was für uns Sinn macht. Wenn es Sinn macht, lasse ich Unternehmen und Marken gerne in mein Leben blicken. Ich lasse sie sogar in meine Facebook-Chronik, zu der nur meine engsten Freunde Zugang haben, wenn ich ein Fan von ihnen bin.

Ich behaupte mal, dass ein großer Teil von uns nicht der »Endverbraucher« ist, nicht die »Zielgruppe«, für die immer so schön Werbung gemacht wird, damit ich unbewusst im Supermarktregal nach den Süßigkeiten greife, die mir aus Film, Funk und Fernsehen bekannt sind. Ich kann mich noch an eine Erzählung erinnern, als der Großvater eines Bekannten meiner Eltern aus der DDR ausreisen durfte und zum ersten Mal Westfernsehen sah; da lief eine Mars-Werbung, in der zum Kauf aufgefordert wurde – »Kauf dir …!!« Der Opa wollte sofort los, weil er es als Befehl aufgefasst hatte. Seitdem ist Werbung etwas raffinierter geworden. Bei meiner Generation wirkt die klassische Programmwerbung aber viel zu vordergründig, weil wir im Hintergrund schon längst über Qualität, Herkunft, Umweltverträglichkeit und Nutzen eines Produkts informiert sind. Eigentlich verlangen wir solchen Content auch von der Werbung. Das ist weniger kreativ und eher spießig, aber wenn schon so viel Geld für Werbung hinausgeballert wird, verstehe ich nicht, warum man nicht einfach wirklich gute Dinge herstellt und dann darüber redet – und sich sicher sein kann, dass sich die wirklich guten Dinge von alleine verbreiten. Denn wenn ich shoppe (und damit sei nicht nur der »Konsumrausch«, sondern auch Alltägliches wie Lebensmittel gemeint), achte ich darauf, was ich da kaufe. Es wird nicht angegeben, ob meine Jacke oder mein Rucksack möglichst umweltverträglich hergestellt wurde oder wie viele Schweine auf wie viel Quadratmetern für das Lebensmittel gestapelt wurden. Aber ich weiß, wo ich das nachprüfen kann. Smartphone raus, Barcode gescannt und pling – schneller, als die Verkäuferin auf eine solche Frage hätte antworten können.

Nehmen wir das Stichwort »Mode« – hier ist das Markenbewusstsein bei Jugendlichen extrem ausgeprägt. Für mich persönlich spielt es keine Rolle, ob es der Markenpullover ist oder ob er aus Fair-Trade-Wolle von meiner Oma gestrickt wurde. Beides hat seine Qualitäten. Im Zweifel aber dann doch lieber den Oma-Pulli – Hauptsache, ich fühle mich drin wohl. Und ob ich das tatsächlich kann, wenn ich weiß, dass die Wolle von afrikanischen Kindern gepflückt worden ist? Wie es sich bei Gleichaltrigen verhält, die mitunter vielleicht nicht so bewusst leben, weiß ich nicht. Ich bin jedenfalls davon überzeugt, dass beim Thema Aussehen und Schönheit nicht so virulent ist, was man trägt oder wie man sich inszeniert. Es kommt wohl eher auf das Selbstwertgefühl an, auf Zufriedenheit und innere Ausgeglichenheit – das sorgt für entspannte Haut, einen schlanken Fuß und die berühmte Schönheit von innen. Oder um es anders zu sagen: Die Drei-Wetter-Taft-Frau bräuchte sich nicht ständig Chemikalien ins Haar spritzen, wenn ihr dämliches Grinsen von innen heraus käme.

Alles mitmachen statt sich abheben

Wir führen ein User-generated Life, ob wir wollen oder nicht: Gab es früher als einzige Option, sich selbständig zu machen, um nicht Angestellter zu werden, muss man heute sein Leben sehr viel weiter gehend selbst gestalten; es gibt keine vorgezeichneten Bahnen. Es ist eben nicht nur das Mitmach-Web, es ist das »Mitmach-Leben«. Um sich ein soziales Umfeld zu schaffen, muss man ein paar Dinge einfach mitmachen. Selbst die materielle Schwelle zwingt nicht mehr dazu, aus dem Konsumrad auszusteigen, wenn man einen Flug nach Stockholm schon für 20 Euro buchen kann.

Aber das Web macht die Vorgänge anonymer. Wir sehen nicht, bei wem wir etwas kaufen und dass wir gar nicht bei einem waschechten Händler kaufen, sondern bei jemandem, der sich auf Suchmaschinenmarketing versteht. Und weil er weiß, in welcher Region ich wohne, bekomme ich unterschiedliche Preise angeboten. Das machen Einzelhändler stationär schon immer, aber das wird inzwischen an manchen Stellen sogar im Netz betrieben. Mittlerweile sind Öko-Produkte ansehnlich und avancieren zu Trendartikeln. Wir haben ja förmlich frei laufende Hühner, Solartechnik und Bio mit der ökologisch voll korrekten, verpackungsfreien Muttermilch aufgesogen. Die interessantere Frage lautet eigentlich: Kann unsere Generation noch etwas zubereiten – oder gehen sie schon für jeden Latte macchiato zu Starbuck's?

Ach ja, wir rennen ja alle wie die Lemminge zu Starbuck's. Anfangs sprangen alle zu McDonald's, zwischenzeitlich chillen alle bei Starbuck's, und inzwischen stehen alle bei Vapiano wie in der Mensa eine Viertelstunde an, um das Essen selbst mit an den Platz zu nehmen. Ich finde Starbuck's furchtbar anstrengend. Es hat nur einen guten Nebeneffekt: überall in der Welt schnell online sein und sich stundenlang herumlümmeln zu können, ohne zum Nachbestellen genötigt zu werden (Tipp am Rande: Braucht man unterwegs dringend Wi-Fi, ist Starbuck's eine dankbare Adresse, sogar außerhalb der Ladenzeiten – einfach davor parken und bei Starbuck's einloggen). Ansonsten muss man sich elend lange anstellen, damit man seinen Kaffee in einem Pappbecher bekommt, für das Geld eines Kinotickets. Aber ich kann mir immer sicher sein: Der Kaffee wurde fair gehandelt. Sonst würde ich ein schönes, altes, plüschiges Vintage-Café immer vorziehen. Aber wir machen eben alles mit.

Nun sind Anbieter ja auch nicht dumm und suchen immer nach Mitteln und Wegen, diese Mitmach-Lebensgemeinschaft, die sich meine Generation nennt, irgendwie einzufangen. Und es gelingt. Es gibt Shops – online und offline –, die als cool gelten, weil man dort einchecken muss, weil man als Mitglied einer Gemeinschaft behandelt wird, obwohl es total Mainstream ist. »Member« im Apple-Store oder bei Hollister zu sein hat was von einem Coldplay-Konzert: Coldplay-Fan zu sein ist angesichts der Fanmassen nichts, womit man sich wirklich abhebt. Aber es geht um das unbeschreibliche Gefühl, das alle im gleichen Moment durchzuckt, wenn die ersten Akkorde der Lieder erklingen, die jeder kennt. Klar, Ihr kennt das nicht. Ihr seid ja, wenn es gut läuft, die Generation Popkultur, habt ja nie Michael Jackson oder Prince angehimmelt. Oder für die Älteren: Ihr wart ja immerhin in Beatles- und Stones-Fans aufgespalten. Das bedeutet im übertragenen Sinne: Was für Euch die Popgruppen, sind für uns die Marken. Apple oder Samsung, Ben Sherman oder Carhartt, das ist hier die Frage.

Dann gibt es Phänomene wie die Eventisierung des Alkohols in Form von Spring Breaks, Sauftouren im wahrsten Sinne: Mit dem Bus nach Istrien und dabei saufen, knutschen, poppen, was das Zeug hält. Der Name des Knutschpartners ist meist nicht so wichtig, auf jeden Fall aber die Inszenierung und Dokumentation. Her mit dem Event und ab damit auf Facebook – damit ihr alle seht, wie gut ich drauf sein kann. Hoch die Tassen, Foto und abgepostet. Das Alltagsventil als Darstellungsplattform. Interessant dabei ist vor allem, dass die Teilnehmer oft als genau jene Figuren auftreten, als die sie sich auf Facebook abbilden. Alle sollen die gleiche Fassade sehen, niemand soll dahinter schauen. Romantikurlaub im Süden, ein Kuss im Abendrot? Vergesst es. Los, rein mit dem Zeug. Alter, hab ich einen sitzen. Los, schnell den komatösen Kameraden mit Edding vollmalen, ablichten, auf Facebook stellen. Denn wichtiger als der Vollrausch ist die Botschaft, die alle sehen sollen: Mann, sind wir gut drauf, hatten wir einen Spaß, von der »höheren Tochter« bis zum Problemkind sozial benachteiligter Eltern.[2]

Aber zur Ernüchterung: Der Alkoholkonsum geht bei der Generation Alkohol trotz ihrer Flatrate-Partys, harten Getränke und Alkoholvergiftungen tendenziell zurück – mittlerweile wird unter Jugendlichen oftmals ein munteres Trinkgelage à la Spring Break betrieben, aber durchschnittlich weniger »gesoffen«.[3] In der Raucherecke der Schule ist es immer leerer geworden. Tatsächlich interessieren wir uns immer weniger fürs Rauchen; eigentlich ist Rauchen ziemlich out, denn es ist uncool, abhängig zu sein, aus den Klamotten zu stinken und die Luft um sich herum zu verpesten. Im Zuge der Anti-Lobby-Arbeit hat die Tabakindustrie, die auf die frühe Abhängigkeit jugendlicher Raucher recht versessen war, schwere Verluste hinnehmen müssen: Die Anzahl der Raucher nimmt seit Jahren ab. Während vor zehn Jahren jeder dritte bis vierte Siebzehnjährige rauchte, raucht heute nur noch knapp jeder zehnte.[4] Also, was soll aus dieser Jugend bloß noch werden? Am Ende trinken alle Kamillen- und Hagebuttenmischungen, wenn das so weitergeht. Man muss sich wirklich Sorgen machen.

Wenn sich die Generation vor mir doch noch stark über Rauchen und Alkoholkonsum definierte, Kneipenschwoof und Party sogar als Statussymbol erhob, was soll dann aus uns werden? Nichts als Surfen, SMSen und Mailen im Kopf. Wenn das jeder machen würde. Wo soll das noch hinführen. Die Jugend von heute: Ich hab's ja gleich gesagt. Aber auf mich hört ja keiner. Und wie die Eltern heutzutage ihre Kinder erziehen, ts, ts. Bis 2006 trug das Magazin *NEON* den Untertitel »Eigentlich sollten wir erwachsen werden«. Die Werbung hat mit dem Spruch »Tu nicht so erwachsen« (Renault Kangoo) kokettiert. Berufsjugendlichen kann man ihre Mentalität sogar an der Kleidung ansehen.

Der Unterschied besteht darin, dass wir unsere Jugend, von Einzelevents abgesehen, nicht ausleben müssen und tatsächlich auch nicht ausleben. Die Prophezeiung Neil Postmans, dass wir keine Kindheit hätten, ist zwar noch nicht ganz eingetroffen, aber wir mutieren fast im Durchmarsch vom Kind zum Erwachsenen, was die schnelle Aufklärung und der Trend zum frühen Sex, zu Rausch und Konsum bestätigt. Die formale Schwelle des Erwachsenseins – die Vollendung des achtzehnten Lebensjahres – ist heutzutage überholt. Wenn Erwachsensein als Aufgeklärtheit definiert wird, dann wären wir definitiv ab zwölf Jahren – tja, ich fürchte sogar schon viel früher – »erwachsen«, wenn auch längst nicht reif. Das verwirrt. Immerhin bekommt man formale Rechte, die man vorher nicht hatte. Es stellt sich die Frage, ob diese Schwelle überhaupt noch der Zeit entspricht. Wir können heute sowieso schon alles Mögliche realisieren; nur die Rechte, die wir erst mit der Volljährigkeit eingeräumt bekommen, können wir nicht ausschöpfen. Ohne dass ich die formale Grenze überschritten hatte, war ich irgendwann auf dem geistigen Stand, dass ich in unserer Familie das meiste selbst entscheiden konnte – wann und wie viel Schokolade ich esse, wann ich zu Hause bin und wann nicht.

Erwachsen sein für Jüngere

Jugendliche werden schnell mit einer sehr erwachsenen Welt konfrontiert. Sex, Gewalt, Geld, Konsumentscheidungen stehen schon an, wenn man etwa vierzehn Jahre alt ist. In diesem Alter, oder sogar früher, sehen die meisten mittlerweile zum ersten Mal einen Porno. Selbst bei meinem jüngeren Bruder kann ich beobachten, dass sich durch das Web seine Interessen der Kontrolle der Eltern entziehen. Übrigens auch durch das Fernsehen, da es immer selbstverständlicher wird. Oft läuft das Fernsehprogramm beiläufig im Hintergrund wie vorher das Radio, immer weniger wird hingeschaut, immer seltener versammelt man sich zu einer bestimmten Sendung vor der Glotze – und die Eltern filtern auch nicht mehr, was die Kleinen sehen sollen. Im Internet häufen sich die Inhalte exponentiell. Mein kleiner Bruder schaltet vom Kinderkanal um 18 Uhr um, und wir sehen eine leichtbekleidete Frau, die vor einem

Mann kniet. Das Angebot wird immer expliziter und komplexer, wenn man zu einer Zeit, in der auf KiKA die *Sesamstraße* läuft, nur ein Programm weiter am helllichten Nachmittag halbe Vergewaltigungsszenen sehen kann. Entsprechend kann er sich, wenn niemand einschreitet, im Internet auch viele andere explizite Inhalte als Video anschauen. Mein kleiner Bruder wird deshalb noch früher erwachsen als ich. Er muss sich als Kind mit Dingen auseinandersetzen, die in meiner Kindheit noch ein Erwachsenenthema waren. Durch die Medien ist er mit Dingen konfrontiert, mit denen er im realen Leben erst zehn Jahre später Kontakt haben wird – oder haben sollte.

Das Thema Sex ist prägend. Und zwar so prägend, dass sich unser Sexualverhalten durch die digitalen Medien offenbar fundamental von dem älterer Generationen unterscheidet. Das wird besonders deutlich, wenn eine Mittvierzigerin mit einem Mann über zwanzig ins Bett geht – wie es die amerikanische PR-Beraterin Cindy Gallop gerne tut. Und sie stellt dabei regelmäßig fest: Die jungen Herren der Schöpfung orientieren sich an Pornos. Nun ist es kein Geheimnis mehr, dass sich bereits Kinder in pornographischen Gefilden bewegen, auf Seiten herumsurfen, auf denen sie Sachen sehen, die sie eigentlich nicht sehen sollten. Andererseits ist diese Neugier ja gar nicht neu: In Eurer Kindheit war es eben die Unterwäsche-Seite des Quelle-Katalogs, der *Playboy* oder Super-8-Pornofilmchen aus Papis vermeintlichem Geheimarchiv. Aber wir sind nun nicht mehr ganz orientierungslos, und Pornos scheinen uns auf den Weg zur sexuellen Erfüllung zu führen. Was wir da tun, wie wir uns anstellen und wie wir uns sexuell verhalten, macht uns offenbar die Pornokultur vor.

Cindy Gallop hat aufgrund dessen eine eigene Aufklärungsseite ins Netz gestellt, die kurz, klipp und klar gegenüberstellt, was in Pornofilmen die Regel ist und was in der Realität (www.makelovenotporn.com). Es wird beispielsweise klargestellt, dass Frauen nicht unbedingt in jeder erdenklichen Position erregbar sind oder dass viele Vorlieben auf den einen oder die andere zutreffen mögen, aber nicht sexueller Standard sind. Diese Diskrepanz zwischen Porno-Anspruch und sexueller Wirklichkeit dürfte in unserer Generation neu sein. Wir sind abgeklärt – aber möglicherweise falsch programmiert. Ich beobachte, dass Jugendliche sich manchmal schwerer tun, Gefühle zu zeigen, als in der Disco mal einem Studenten die Zunge hineinzuschieben, um zu sehen, wie sich das so anfühlt. Oder sich gleich mal von zwei Typen auf einer Party einen wegstecken zu lassen, um Vergleichsmöglichkeiten zu haben. Denn das kennen sie aus Bildern und von Filmchen. Gefühle werden nicht so leicht vermittelt.

In Wirklichkeit, aber vielleicht ohne es zu wissen, sehnen wir uns im tiefsten Inneren nach einer romantischen Beziehung, nach der großen, ewigen, erfüllten Liebe. Zumindest geben Fachleute Entwarnung, was Internetkonsum bezüglich Sex angeht, und empfehlen, möglichst eigene Erfahrungen zu machen, bevor man sich Schmuddelsites im Internet anschaut. Dann nämlich ist man aus seiner eigenen Perspektive heraus medienkompetent und kann das, was man dort zu sehen bekommt, besser einordnen. Und ein bisschen Porno darf im sexuellen Mix sicher bei Mann und Frau auch mal dabei sein. Ausgerechnet eine Pionierarbeit aus dem digitalen Zeitalter stellt so eine, sagen wir, zwischenmenschliche Lösung dar, wie sie, digital sei Dank, auch möglich ist: die *Digital Diaries* von Natasha Merritt. Die Künstlerin zog sich mit ein paar Freundinnen und Liebhabern in Hotelzimmer zurück, sie hatten Sex – und immer die Kamera dabei. Das war Ende der neunziger Jahre noch vollkommen ungewöhnlich; Digitalkameras waren erst ganz neu auf den Markt gekommen. Natasha Merritt hat aber als eine der Ersten deren Vorzüge erkannt und quasi mit einer Hand dokumentiert, während der Rest des Körpers sich einfach hingab. Auch das ist Porno – war aber als Kontrast zur stilisierten *Playboy*-Welt gedacht, wo posende, mit Photoshop aufbereitete Mädchen die sexuelle Ästhetik bestimmten. Denn bei Natasha Merritt kommt pu-

rer Sex heraus, wie er ist, wie man ihn mit seinem Partner erfährt, inklusive komischer Stellungen und Pickel auf der Haut – eine neue Definition von »hautnah«.[5]
Auch in Sachen Gewaltdarstellung ist meine Generation abgehärtet. Damals in der fünften Klasse kursierte das Video von der Exekution Saddam Husseins. Nicht die offizielle TV-Version, sondern die heimlich gefilmte, unzensierte. Alle haben sich das aus Neugier angeschaut. Als ich noch jünger war, haben meine Eltern sehr strikt darauf geachtet, womit ich mich beschäftige. Natürlich war es cool, Dinge zu sehen, die für mein Alter nicht freigegeben waren. Aber heute lässt sich immer weniger verhindern, dass junge Menschen schlicht an alles herankommen können, was »Unterhaltung« bietet. Wenn – wie an bayerische Schulen – zeitweise ein Handyverbot ausgesprochen wird, tauschen sich die Schüler fiese Dateien eben per Stick aus. Merkwürdigerweise ging es in diesem Zusammenhang vor allem um selbstgefilmte Videos, auf denen zu sehen war, wie Menschen zusammengeschlagen werden.

Unser Ziel: nach Hause!

Wir sehnen uns nach Geborgenheit. Tim Bendzko will »nur noch kurz die Welt retten«, Philipp Poisel »will nur, dass du weißt, ich hab dich immer noch lieb«, und die freundlichen Hip-Hopper von den Orsons »verlangen doch nur nach fünf Minuten Himmel«. *ZEIT Online* nennt das »The Sound of Orientierungslosigkeit«,[6] ich nenne das einfach einmal Romantik, was die *ZEIT* wiederum als das »letzte Funkensprühen der Transzendenz« bezeichnet. Das Verlangen nach Ruhe, Geborgenheit und einem Zuhause ist unser eigentliches Bedürfnis, denn was fehlt uns mobilen Menschen in einer komplexen Welt? Wahrscheinlich etwas wie ein fester Halt, eine verlässliche Konstante. Eine Heimat. Natürlich müssen wir alles Mögliche ausprobieren, uns in der Fremde beweisen, uns gegenüber anderen behaupten, vielleicht sogar mit dem noch etwas härteren Filmchen. Aber in Wirklichkeit fühlen wir uns in dieser virtuellen Realität nicht nur heimisch, sondern zugleich auch ausgesetzt. Wir wurden nicht auf sie vorbereitet, wir haben sie nicht ausgesucht. Aber sie ist gar nicht mehr virtuell; die Virtualität ist real.

Und was nun? »Der Druck steigt, Atem blockiert. Wir scheitern immer schöner, sind Versager mit Stil!« Das sind die ersten Zeilen auf dem Album *XOXO* von Casper. Das Album stieg beim Erscheinen 2011 von null auf Platz eins der Charts.[7]

Ja, der Druck steigt. Keiner weiß, wohin es geht, aber wir müssen in der vernetzten Welt Anschluss halten. Wir haben viele Möglichkeiten, aber wenig Zeit. Wir suchen nach Sinn und Vertrautem, und wir wollen dazugehören. Wir wollen ein Zuhause. Gemäß der 16. Shell Jugendstudie (2010) brauchen 77 Prozent der Jugendlichen eine Familie für ein glückliches Leben[8] – mehr als je zuvor. Das Wort »Druck« beherrscht die Untersuchungen bezüglich der Ausbildung eigentlich durchgehend. Durchschnittliche Jugendliche sind demzufolge relativ optimistisch: 59 Prozent blicken zuversichtlich in die Zukunft (doppelt so viel wie noch vor ein paar Jahren) … und träumen von Haus mit Garten und Hund![9] Hilfe, wir sind Bausparer!

Generation Bausparer – mal im Ernst

Macht uns dieses Bedürfnis nach Geborgenheit wirklich schon zur »Generation Gartenzwerg«,[10] wie ein Online-Portal abschätzig geschrieben hat? Noch vor ein paar Jahren hat die Bausparkasse LBS ein kleines Mädchen in einem legendären Werbespot sagen lassen: »Papa, wenn ich groß bin, will ich auch mal Spießer werden.« Der Vater war schockiert. Viele Erwachsene vor dem Fernseher hat das amüsiert. Aber Achtung, meine Damen und Herren – Trommelwirbel, Tusch –, wir kommen zum Höhepunkt dieses Werks: Wir, die Digital Natives, wir sind das Mädchen aus dem Werbespot. Wir wollen Spießer sein. Mit Ansage. Wir wollen nicht Tag und Nacht der Welt mit ihren Kontakten, ihren Pornos, ihren Facebooks, ihrem Guck-mal-hier-guck-mal-da, mit der Entlarvung der noch letzten Geheimnisse der Menschheit (inklusive Innenaufnahmen) ausgeliefert sein. Wir wollen zumindest abends nach Hause kommen, unsere Ruhe haben und Geborgenheit finden. Ja, wir sind die, vor denen uns unsere Eltern immer gewarnt haben: Bausparer. Wir wollen ein Haus, einen Garten und einen Hund. Abends noch eine Runde spazieren gehen, zu Hause gemeinsam um eine dampfende Schüssel sitzen, danach vielleicht noch am Kamin oder meinetwegen vor dem Fernseher. Noch mal: Wir haben es uns nicht ausgesucht, dass wir nahezu mit einem Chip im Arm aufwachsen und vor Eintreten der Pubertät zum ersten Mal mit Sexualität und Gewalt konfrontiert werden. Kein schlechter Zufall, dass ausgerechnet ein Spot dieser Branche unsere Generation auf den Punkt bringt: angesichts des ganzen Drucks einfach ein gewaltiger Spießer sein, klasse.

Und auch die Konkurrenz schläft nicht. Die Bausparkasse Schwäbisch Hall lieferte 2012 einen Ansatz, der zeigt, dass man ganz allmählich versteht, was wir wollen. In deren Spot geht es nicht um Sicherheit, nicht um günstige Konditionen und auch nicht um Komfort oder ökologisches Bauen – es geht um alles. Es ist ein schnell geschnittener Film, der in seiner Optik und Machart an professionelle Klickhits bei YouTube erinnert, und die Botschaft lautet: »Du kaufst keinen Bausparvertrag. Du kaufst den wichtigsten Ort der Welt.«[11] Das finden wir brillant. Aber wie kommt's? Jugendforscher Klaus Hurrelmann sagt, das Haus mit Garten sei uns wichtig, weil wir in einer unsicheren Welt den Wohlstand unserer Eltern halten wollen.[12] Das ist nachvollziehbar. Wir sind Wohlstand gewohnt, es gab immer alles zu kaufen – die DDR kenne ich nur aus dem Geschichtsunterricht. Außerdem hören wir seit

Jahren, wie schlimm bald alles werden wird. Wir kennen keinen Aufschwung und fürchten den Absturz. Ich bin zwar kein Forscher, aber ich glaube, es geht um noch mehr als nur um Geld. Wir wollen einen festen Ort. Einen Ort, der nicht nur uns gehört, sondern einen Ort, zu dem wir gehören. Unser Platz in der Welt ist keine E-Mail-Adresse und kein Facebook-Account, sondern ein Häuschen mit Gartenzaun.

Heimat ist langweilig? Von wegen. Noch vor einigen Jahren war der Begriff »Heimat« verpönt. Man dachte an kitschige Bergkulissen, fettes Essen und die unselige Vergangenheit. Jetzt ist es plötzlich ein großes Thema. *Der Spiegel* hebt den Begriff auf den Titel, auf dem Buchmarkt boomen Regionalkrimis.[13] Und die Auflage des Magazins *Landlust* schießt durch die Decke, knackt die Millionenmarke und hat 2012 sogar den *Spiegel* abgehängt.[14] Und wie war noch mal der Name der Werbeagentur der »Was uns antreibt«-Kampagne? Genau, Heimat.

Je weiter wir surfen, so möchte man meinen, desto mehr wollen wir geerdet sein und einen engen Bezug zu unserer unmittelbaren Umgebung herstellen.

Ein weiteres Indiz für die Sehnsucht nach Vertrautem ist der Retro-Trend. Statt zukunftsorientiert in die Avantgarde zu vertrauen, finden wir uns doch trotz allem Hightech und Techno bei Michael Jackson, *Star Wars* und eher in gemütlichen Altstadtgassen statt inmitten moderner Trabantenstadt-Architektur wieder. Zum Einkaufen müssen wir ohnehin ins Gewerbegebiet, aber der Tante-Emma-Laden ist ja im Internet schon wieder schwer angesagt; meine Oliven bestelle ich beim ligurischen Bauern, den ich im Urlaub kennengelernt habe. Wir rennen doch zehnmal lieber in Omas alte Apotheke mit den Holzregalen und braunen Flaschen mit alter Schrift, statt die Konkurrenz mit ihrem blinkenden Neonlicht im Schaufenster und oberflächlichem Plastik-Layout zu unterstützen. Und Apple hin oder her, Bauhaus- und Braun-Design im Zeitalter von Dieter Rams ist uns doch viel vertrauter als so modernes, aufgehübschtes Design in bewährten Formen. Alles, was noch halbwegs antik ist, wird aufgebeizt, angestrichen, um den Geschmack der guten alten Zeit zu vermitteln. Die Frequenz der Revivals ist mittlerweile so dynamisch, dass bald die Gegenwart retro ist – und Molekularküche der Käseigel von morgen. Vermutlich wird die Zukunft, wie wir sie wollen, ohne Witz so rosig aussehen wie in der *Truman Show*. Denn die Unwirklichkeiten da draußen, von Pädophilie im Internet bis zu Grausamkeiten in Darfur, können wir nur so ertragen.

Sollten unsre Kinder irgendwann mal meckern
»Früher war alles viel besser!«
dann mein' sie es damit jetzt.

Die Orsons – *Jetzt*

We are Family

Die natürlich wie immer »verwöhnte Jugend« will selbstverständlich mehr als ein Dach über dem Kopf. Sie will ein Gefühl von Sicherheit. Und das kommt nicht nur zwischen ein paar Wänden und vielleicht in einem eigenen Zimmer, in dem man die Musik aufdrehen kann. Wir wollen Menschen um uns herum, die wir kennen, mögen und schätzen. Auch in der digitalen Welt geht es nicht ohne Familie und Freunde. Ich sage sogar: gerade dort. Ich verbringe viel Zeit mit meinen Eltern, meinen Brüdern, meinem Opa, meinen Freunden. Ich finde das toll. Man kann sein, wie man ist; man kann sich zurückziehen und wiederkommen.

Mein Leben verläuft so rasant und stürmisch, dass ich froh bin, Familie und Freunde zu haben, die mich auffangen und mir Freiraum geben und zu denen ich jederzeit zurückkommen kann. Durch meine Parallelbeschäftigung als Jungunternehmer seit meinem dreizehnten Lebensjahr bin ich vermutlich ein Extremfall oder vielleicht auch im Spitzenbereich des Eisbergs: ein Prototyp des Digital Native, der auf Gemeinschaften setzt. Wir können die Welt durch die Social Media besser verstehen und uns einordnen, aber wir erfahren sie gleichzeitig als fragil. Freunde und Familie verleihen Sicherheit. Sie geben mir Orientierung in einer unübersichtlichen Zeit. Sie sind eine beruhigende und ausgleichende Konstante, wenn der Rest des Lebens noch so abgedreht und hektisch erscheint.

An allen Ecken des Lebens öffnen neue Eindrücke den Geist, und neue Gedanken verbinden sich mit vorhandenen. Gleichzeitig trudeln im Minutentakt Mails ein; es gibt Angebote zum Konsum, Information und was weiß ich nicht alles. Ständig muss ich mich entscheiden. Das ist schön, aber anstrengend. Ich möchte nur zur Ruhe kommen, zumindest ab und zu. Und genau darum will ich meine Freunde sehen. Ich will mich mit Menschen umgeben, die mir vertraut sind. Die so drauf sind wie ich, bei denen ich nicht groß nachdenken muss, bei denen ich sein kann, wie ich bin, ohne mich irgendwie verstellen, profilieren oder inszenieren zu müssen. Unsere Welt ist grenzenlos. Mit dem Internet fallen die Grenzen der Kommunikation. In Europa sind die Grenzen zu unsern Nachbarn gefallen, und mit der Globalisierung fallen die Grenzen der Überzeugung, wir wären alleine auf der Welt. Wir reisen ohne Pass und Währungswechsel quer durch Europa, fliegen für wenig Geld in andere Kontinente. Je weiter man hinausfährt, desto größer sollte der Leuchtturm sein, der einem zeigt, wo man steht. Deswegen mag ich »Frau Sibylle« von *Spiegel Online*. Sie hat uns verstanden, mit allen Ängsten, Nöten und pubertären Auswüchsen.

Und wie sagte Helge Schneider? »Die schlimmste Zeit im Leben eines Menschen ist die Pubertät. Aber die allerschlimmste ist die ganze Zeit danach.«

11 Wie wir leben

Haltungen und Verhaltungen

Eine Heimat ist uns also wichtig. Wir wollen ein Hauptquartier, eine Basis, von der aus wir jederzeit in die Welt hinaus können. Aber warum brauchen wir das eigentlich, wenn es doch heißt, unser Lebensraum sei das Internet? Das Leben, das wir mit Handy und Computer organisieren, ist so real wie Kaffeekränzchen und Garagenpartys. Schließlich tun wir im Kern nichts anderes als jede »Jugend von heute« – uns treffen, daten, Party machen. Nur eben das Drumherum wird organisiert und gestaltet mit und in den Social Media. Wir sprechen mit unseren Freunden, verabreden uns für den Nachmittag, klären Fragen zu unserer Arbeit und chatten über unsere Befindlichkeiten. Die Generationen vor uns unterscheiden sich nur dadurch, dass sie stundenlang telefoniert oder an der Bushaltestelle abgehangen haben. Wir langweilen uns sicher genauso oft, verbringen dann aber viel Zeit im Internet – mit unseren Freunden und zufällig entdeckten, manchmal mehr oder manchmal weniger geistreichen Inhalten.

Nun aber der Schock: Wer denkt, wenn Jugendliche mal wieder vollkommen weggetreten auf Monitore starren, da wird nur dumm herumgedaddelt, liegt wiederum falsch. Der Verband Bitkom hat in einer Studie über Jugendliche zwischen zwölf und achtzehn Jahren ermittelt, dass Online-Spiele auf Platz sechs der beliebtesten Beschäftigungen liegen. An erster Stelle steht mit 76 Prozent eine Antwort, die wohl kaum einer jenseits der dreißig vermutet hätte: »Informationen suchen für Schule/Ausbildung«. Es folgen »Filme und Videos schauen« mit 73 Prozent und »Mit Freunden/Verwandten chatten« mit 65 Prozent.[1]

Erwachsene kommen aus einer anderen Zeit mit anderen Spielregeln. Und jede Generation hat ihre eigenen Rituale. Sie haben die Gewohnheiten ihrer Eltern ebenso über Bord geworfen wie jene die der Großeltern. Unsere besorgte Elterngeneration hat jedoch noch nicht verstanden, dass wir unser komplettes soziales Leben online organisieren und dass wir vermutlich mit mehr Freunden und Bekannten in ständigem Austausch stehen, als sie je in ihrem ganzen Leben gehabt haben. Unsere Medien haben zwei Richtungen. Es ist das Mitmach-Web 2.0. Wir können interagieren, wenn wir wollen. Ich betone das, weil Erwachsene oft meinen, wir wollten Interaktion um jeden Preis. Mit den Anwendungen im Web 2.0 tauschen wir uns aus und teilen uns mit. Nicht weil es geht, sondern weil es Spaß bereitet und Sinn macht. Die Anfangszeit des »Surfens«, in der die Kommunikation im Internet eher Selbstzweck und eine Reise ins Ungewisse war, ist vorbei. Wir wollen auch nicht ständig einen ausführlichen Dialog führen. Manchmal geht es einfach nur darum, ein Lebenszeichen zu geben. Sei es ein positiver Kommentar oder der Daumen nach oben. Wir wollen zeigen, dass es uns gibt, und wissen, ob es den anderen noch gibt – so wie wir aus dem Fenster schauen, um zu sehen, ob bei unserem Nachbarn das Licht noch brennt.

Bezeichnend für diese neue Qualität des Kontakts sind auch die Frequenz und das Nutzungsverhalten. Während unsere Eltern als Jugendliche noch stundenlang »an der Strippe« hingen und die gesamte Kommunikation blockierten – wurde man langsam mit dem Mobiltelefon beweglich. Für uns wiederum ist das Telefonieren eher zweitrangig. Es wird gesimst, gemailt und gepostet, was das Zeug hält, per Flatrate vergleichsweise gratis, im Unterschied etwa zu Mobilfunkgebühren bei Telefongesprächen. Aber das ist es nicht: Wir können mit der »schriftlichen« Digitalkommunikation einfach mehrere Kontakte gleichzeitig halten – und haben unsere Ruhe dabei. Im Unterschied zum Echtzeit-Medium Telefon müssen wir nicht ständig per Schnappatmung kommunizieren, sondern

halten es wie mit der guten alten Post: ab und zu mal in den Briefkasten schauen, ob etwas Neues drin liegt, und dann antworten,
wenn es uns angemessen erscheint. Niemand erwartet eine soforti-
ge Rückmeldung. Abgesehen vom SMS-Hin-und-Her, das auch
ziemlich nerven kann, sind wir in Outlook oder Facebook im Prinzip ganz gemächlich unterwegs, was die Abstände des Datenaus-
tauschs angeht. Natürlich können wir auch schnell sein, aber jedem
Nutzer ist vollkommen klar, dass man kaum mit einer rascheren
Antwort oder Rückmeldung rechnen kann. Zu Hause und unterwegs haben wir also immer Zugriff auf unseren Briefkasten und
unsere Mailbox.

Mit unserem digitalen Informationszugang können wir auch
selbstbestimmter darüber entscheiden, was uns interessiert. Wir
stellen uns unsere Zeitung selbst zusammen, speisen sie aus unterschiedlichen Quellen. Wir stellen Feeds zusammen, die neben
staatstragenden Inhalten aus der großen Politik und Begebenhei-
ten aus dem Alltag unserer Freunde auch Wissen aus allen möglichen Nischen enthalten – von Ergebnissen des örtlichen Fuß-
ballvereins über Wirtschaftsanalysen bis zur Quantenphysik. Wir
machen uns zu Experten, noch bevor andere bis drei zählen können. Wir entdecken ständig Inhalte, die für uns relevant sind, die
uns und die Menschen, die uns wichtig sind, berühren. Selbst
wenn wir blaumachen, bedeutet das nicht, dass wir uns nicht
weiterbilden. Der ursprünglich aus Bangladesch stammende
amerikanische Pädagoge Salman Khan hat sogar eine virtuelle
Schule eröffnet, die mittlerweile in den Vereinigten Staaten einen ungeheuren Beitrag zur Bildung leistet – weil sie vor allem
Defizite aufholt und Lücken schließen lässt.[2] Die Kinder sind regelrecht süchtig nach den Lektionen, die ihnen dort erteilt werden. Und statt in der Klasse das schwächste Glied in der Kette zu
sein und Wissenslücken nicht mehr aufholen zu können, haben
Kinder, Jugendliche und natürlich auch Erwachsene dort die Gelegenheit, ihre Bildungslücken zu schließen – und sogar Spaß

dabei zu haben! Klingt obszön, aber Lernen 2.0 ist offenbar nicht mehr harte Arbeit.

Wir kommunizieren öffentlich – aber nicht für alle

Unsere Art, mit Texten auf Twitter, in einer SMS und in E-Mails umzugehen, ist für die digitalen Immigranten neu. Sie glauben, dass alles Geschriebene wichtig und durchdacht sei. Wenn etwas in der Zeitung steht, dann muss es ja gut und richtig sein. Das ist im Internet nicht immer so. Im Netz gibt es zwar eine Fülle an qualitativ herausragenden Inhalten. Wir äußern dort aber auch spontan unsere Gedanken und stehen dazu. Wir führen normale Alltagsgespräche, manchmal auch direkt unter einem richtig guten Zeitungstext. Wir stellen die Autoren in Frage, diskutieren mit Freunden, sprechen mit Verkäufern und streiten uns. Darum ist aber nicht alles, was im Internet steht, Quatsch. Ich bezog einen beachtlichen Teil meines Wissens aus dem Studium teils schon Jahre alter Konversation in Foren zu bestimmtem Themen.

Vor einiger Zeit sorgte ein Notruf für Schlagzeilen, der über Twitter abgesetzt wurde. »Liebe @db_bahn, im IC2372 von Gö nach Hannover ist in der vordersten Toilette kein Klopapier mehr. Könnten Sie mir welches organisieren?«[3] Das war natürlich nur Spaß. Doch so abwegig ist das gar nicht. Schließlich wenden sich viele junge Kunden für jeden öffentlich nachvollziehbar über Twitter oder Facebook an den Service großer Unternehmen. Früher musste ein Unternehmen nur reagieren, wenn der Fall es zu »*BILD* hilft« in die Öffentlichkeit geschafft hat. Jetzt wird eine solche Problemlösung und die Zufriedenheit der Kunden mal eben von mehreren Tausenden (potenziellen) Kunden akribisch in Internetforen verfolgt: Sie schreiben von kaputten SIM-Karten, fragen nach Rabatten oder erkundigen sich nach Tarifen. Wir posten ganz alltägliche

Dinge ins Netz, und dort werden sie gespeichert. Ein Kommentar unter einem Artikel oder eine Anfrage an den Support sind keine Literatur für die Ewigkeit, sondern Ausdruck eines momentanen Bedürfnisses. Dass all das der Nachwelt erhalten bleibt, ist uns ziemlich egal – wenn wir nicht gerade wie unter dem Hashtag #bedofshame – nackt schlafend als Trophäe unseres One-Night-Stands fotografiert oder markiert werden.

Das Internet ist wie eine Kleinstadt. Dort trägt man auch keine Papiertüte auf dem Kopf, wenn man einen Laden betritt. Die Leute wissen, wer man ist. Bei mir zu Hause muss der Bäcker gar nicht mehr fragen, welche Brötchen ich will. Manchen mag es überraschen: Wenn man nicht will, muss man nicht viel preisgeben – in der Kleinstadt nicht und im Netz auch nicht. Zumindest dann nicht, wenn man etwas schreibt. Die Sache mit den Datenspuren ist noch mal ein anderes Problem. Aber genauso, wie man auch in der Kleinstadt nicht alles nach außen trägt, an der Kasse erzählt oder liegenlässt, sollte man auch im Internet darauf achten, was man wo ablegt. Denn tatsächlich kann jeder mit frei zugänglichen Mitteln darin recherchieren, kann meine Einträge von verschiedenen Netzwerken miteinander kombinieren und daraus ein detailliertes Profil ableiten. Die französische Zeitung *Le Tigre* hat das gemacht und anonymisierte Porträts ihnen unbekannter Internetnutzer veröffentlicht – Beruf, Wohnort, Partnerschaften, alles war sichtbar und stand nun im Blatt.[4] Im Gegensatz zu anderen Datenschutzproblemen sitzt hier – wie so oft – das größte Risiko *vor* dem Computer. Ob das schlimm ist, muss jeder selbst wissen. Für mich überwiegen die Vorteile. Mit wirklich entscheidenden Informationen gehe ich sparsam um. Man muss für sich nur die tragenden Wände finden, die einen selbst abgrenzen. Jeder hat es selbst in der Hand.

Viele Probleme und Reibungsflächen rund um das Internet sind dem Übergang geschuldet. So wie wir ein Gespür dafür entwickelt haben, wann und unter welchen Umständen ein Telefonanruf angebracht ist, werden wir auch das bald im Blut haben. Wir werden irgendwann gar nicht mehr darüber nachdenken müssen, wann und wem wir die Tür einen Spalt aufmachen können und wann sie geschlossen bleiben sollte.

Jugendliche steuern ihre Präsenz

Jede Party muss man irgendwann mal verlassen. Wir brauchen eine Tür, die wir hinter uns schließen können. Es gibt diese Türen: die Privatsphäre-Einstellungen. Lasse ich auf mein Profil nur die Freunde blicken, die ich mir selbst einlade oder auf deren Einladungen ich eingehe? Wie eine Party ausgeht, zu der mit der falschen »Privacy-Option« Facebook-Teilnehmer eingeladen werden, hat sich mittlerweile herumgesprochen. Als mich Erwin Pelzig im September 2012 zu seiner Sendung eingeladen hatte, stülpte er mir und meiner Generation das sattsam bekannte Klischee über, dass wir uns im Web alle völlig selbstverständlich öffentlich ausbreiten würden und offenbar keine Schamschwellen hätten. Das verstehe er nicht, auf der Toilette wolle ich doch wohl auch eine Tür haben, die ich hinter mir abschließen kann. Und: »Die Menschen werden net blöder, die Blödheit wird bloß besser sichtbar.« Wir sind nicht völlig unbewusst öffentlich. Ich bin genauso öffentlich, wie ich es will. Ich kann mich sogar mit mehreren »Identitäten« unterschiedlichen »Zielgruppen« präsentieren. Indem ich meine Facebook-Kontakte in Gruppen wie zum Beispiel Familie, Freunde, Beruf einsortiere und dann steuere, wer was von mir zu sehen bekommt. Eine von der Landesmedienanstalt Nordrhein-Westfalen in Auftrag gegebene Studie zeigt dann auch sehr deutlich, dass Digital Actives, vor allem der jüngeren Generation, recht kompetent mit dem Medium umgehen. Im Zuge der konstatierten Vorherrschaft von Facebook haben die Wissenschaftler festgestellt, dass besonders die Preisgabe persönlicher Daten sehr vorsichtig behandelt wird. Die Angabe von Vor- und Nachname ist nahezu hundertprozentig abgedeckt, wobei natürlich auch die Option besteht, Pseudonyme zu wählen. Dann aber geht es los: Seit Facebook gegen den unrühmlichen Ruf ankämpfen musste, ein Datenfänger zu sein, der seinen Schatz an Konzerne und andere unbekannte Größen verscherbelt, haben die Nutzer für einen Tag ihre Bilder massenhaft gegen beliebige Comic-Figuren ausgetauscht. Eine urheberrechtliche Diskussion machte dem Spuk ein Ende, aber weiterhin zeigen manche Nutzer auf Facebook nicht ihr Gesicht – die Freunde wissen ja, um wen es sich handelt. Gar nicht schlau ist es, Adresse oder Telefonnummern anzugeben. Sich über die eigenen Hobbys und den Beziehungsstatus auszubreiten, das ist wohl Geschmackssache, das betreiben zwischen 60 und 80 Prozent. Und zwischen 10 und 20 Prozent publizieren intime Daten wie religiöse Ansichten, sexuelle Orientierung oder politische Einstellungen. Die gute Nachricht: Etwa zwischen 70 und 80 Prozent der Heranwachsenden haben ihre Privatsphäreneinstellungen im Griff.[5]

Möglicherweise können jüngere Menschen sogar besser mit SMS oder E-Mails umgehen als ältere. Als Medium schwankt eine elektronische Botschaft irgendwo zwischen Brief und CB-Funk. Wählt man jedoch im guten alten Brief die Worte sehr gut aus und versucht, ihn so zu schreiben, wie der Leser ihn empfangen soll, dann ist bei der E-Mail (und auch bei der SMS) der Draht sehr kurz, die Message schnell dahingeschmiert – und oft eine Quelle für Missverständnisse, die zäh und langsam richtiggestellt werden müssen. E-Mail-Texte sind entweder politisch vollkommen korrekt und positiv, oder man versteht sie nicht so, wie sie vom Absender gemeint wurden. Das Nachfragen und Fehlinterpretieren hat schon so manche Freundschaft gekostet – nicht nur Facebook-Freundschaften. Publiziert man dann noch eine vielleicht nicht so gemeinte Nachricht auf einer sozialen Plattform, erntet man schnell den berühmten Shitstorm, der weniger auf der falschen Ansage beruht als auf der epidemischen Verbreitung von Kommentaren, die weitere Kommentare nach sich ziehen.

Seitdem auch Facebook nicht nur Sympathien erntet, sinkt sowohl der anfängliche Aktienwert des Portals als auch die Nutzerfrequenz. Wie bei jedem Hype hat sich auch hier eine Marktsättigung eingestellt – im Fall der Social Media kann man auch sagen: Ernüchterung. Enttäuschung, Frustration. Denn machen wir uns nichts vor: Facebook ist der ganz große Jahrmarkt der Eitelkeiten. Jedes »Pling« eines Kommentars oder einer neuen Nachricht ist ein mentales Rotamint, jedes Mal flackert unsere kleine Hoffnung auf, bestätigt und anerkannt zu werden. Ein paar Versuche meinerseits, die Präsenz meiner Mitmenschen einmal zur Wohnungssuche oder zum ganz spontanen Kinoabend zu nutzen, blieben erfolglos: Es meldete sich keiner, niemand reagierte auf die Anfrage nach einer Wohnung – es kamen höchstens Kommentare über das Posting selbst. Ein alter Bekannter berichtete mir, einer seiner besten Freunde habe ihm gemailt (!), sein Onkel sei gestorben. Er antwortete mit einem spontanen kurzen Text und versuchte, Allerweltsfloskeln à la »Herzliches Beileid« zu vermeiden.

Der Jahrmarkt der Eitelkeiten

Primär ist es sicher unsere Eitelkeit, die Facebook zur erfolgreichsten Social-Media-Plattform der Welt gemacht hat. Es ist die reine Eitelkeit, die uns dazu treibt, Bilder und Daten von uns preiszugeben. Wir verspüren den Drang, dazuzugehören, ein Teil der Community zu sein; wir wollen den Kontakt zu alten Bekannten wieder aufnehmen und neue Freunde finden. Ein Nebenaspekt ist sicher auch, zu einigen Themen, die uns beschäftigen, unseren Kommentar abgeben zu wollen – womit sich der Kreis dann eigentlich wieder geschlossen hat – Eitelkeit!
All die Daten und Biographien, die Facebook von uns sammelt, werden dafür genutzt, um uns mit zielgerichteten Werbeeinblendungen zu überfluten. Das ist das erklärte Geschäftsmodell, des-

halb werden Facebook-Aktien gekauft. Und das alles basiert auf Eitelkeit. »Eitel« war in früheren Zeiten auch ein Synonym für »sinnlos«. Und auch das gehört zur Facebook-Kalkulation: Weil wir nie ins Ziel gelangen, weil wir niemals die uns für immer und ewig zufriedenstellende E-Mail erhalten oder den Daseinsberechtigungsausweis auf die Social Media ausgestellt bekommen, machen wir immer weiter und rollen den Stein den Berg hinauf, um zu beobachten, wie er wieder herunterrollt. Die digitalen Medien sind sicher nicht der Weisheit letzter Schluss; sie verändern die Welt, aber als Nutzer finden wir die Erfüllung nur bedingt. Was in hohem Maß befriedigt wird, das ist unsere Eitelkeit. Wo auch immer wir sind, an welchem Ereignis wir auch immer teilnehmen – es kann gar nicht schnell genug gehen, die gerade eben geknipsten Fotos hochzuladen, zu posten, als Hintergrundbild zu verwenden und allen die frohe Botschaft zu senden:»Hallo, ich war dabei!« Und alle, alle antworten, wie toll das doch ist, dass du kleine Wurst bei diesem Ereignis Zeuge warst. Nein? Na ja, zumindest hofft man, dass ein paar»Gefällt mir« dabei abfallen – bis zum nächsten Post. Dabei sollte man sich fragen, ob man überhaupt noch etwas produzieren kann, was Bestand haben wird. Stattdessen wird Bestandslosigkeit kultiviert. Der dauerknipsende Tourist gibt sich ein Stelldichein mit dem Partygänger, der ständig auf seinem Smartphone checkt, ob es auf der anderen Party nicht noch wilder und cooler zugeht. Immer voll dabei, aber nie wirklich bei der Sache.

Das Schlimmste an den Social Media ist eigentlich die Kommentarfunktion. Michel Foucault hat bereits davor gewarnt, dass ganze Kulturen vor dem Kommentar kapitulieren müssen. Der Kommentar ist kein direkter Befehl oder eine klare Aussage, aber er sickert ins kollektive Bewusstsein ein, weil er seinerseits kommentiert wird. Das eine folgt aufs andere, und so manifestieren sich teilweise bizarre kollektive Ansichten, oder es kommt zu Shit- oder Candystorms. Enge Freundschaften können an unüberlegten Äußerungen zerbrechen. In den Social Media sind es die Kommentare, die das Gesamtbild zu einem Sachverhalt prägen. Meinung gesellt sich zu Meinung; durch die Kommentar-Kommentierung wird die Kommunikation inflationär und ist kaum noch im Rahmen zu halten. Meinungen kursieren unkontrolliert durch Blogs und Foren und richten jede Menge Unheil an.

Das Gespräch:
Nie war es so wertvoll wie heute

Eine medientheoretische Untersuchung über die E-Mail- und SMS-Kommunikation steht noch aus. Was passiert eigentlich, wenn man statt einer Aussage am Telefon eine kleine Textbotschaft bekommt? Ganz offensichtlich kommt es weit eher zu Missverständnissen. In einem Dialog – und das kann natürlich auch ein Telefongespräch sein – kann man seine Aussage schnell wieder korrigieren, selbst der Tonfall (im direkten Gespräch auch Gestik und Mimik) ist ausschlaggebend dafür, wie das Gesagte interpretiert wird, ob es richtig verstanden wird. Das ist ja schon schwierig genug. Weit schwieriger ist dementsprechend die Kommunikation per SMS, Twitter und E-Mail. Ein falsch verstandener Satz, eine kleine Portion Zynismus oder Süffisanz kann eine riesige Lawine auslösen. Es hat sich eine rege Streitkultur etabliert, da es immer jemanden gibt, der plötzlich empört reagiert. Und falls das Ganze dann nicht eins zu eins per SMS passiert, sondern noch in der Timeline, fallen andere dann kollektiv über den Absender her. Wenn dieser es dann auch noch wagt, aus der Deckung hervorzukommen und zurückzuschießen, ist der Shitstorm perfekt.
Die Lösung ist einfach: Wir müssen zum persönlichen Gespräch zurückfinden. Viele Menschen sind mittlerweile dazu übergegangen, eher unangenehme Dinge, aber auch Anfragen oder sogar die Kundengewinnung per E-Mail zu organisieren. Möge der Erfolg mit ihnen sein. Was wir über die Social Media sinnvoll erledigen

können, das tun wir dort – Bilder oder Filme posten, uns verabreden, organisieren und so weiter. Wenn wir allerdings Missverständnissen oder Frustrationen vorbeugen wollen, sollten wir das direkte (oder zumindest telefonische) Gespräch suchen.

Der lässige Electronic-Musikproduzent Paul Kalkbrenner gibt uns den Rat, die Kirche im Dorf zu lassen und nicht bei der »Reply-Kultur« mitzumachen: »Per E-Mail oder SMS kann man sofort antworten. Früher war das umständlicher: Wenn da beispielsweise ein Autor von einem anderen Literaten beleidigt wurde, musste er erst mal das Briefpapier herauskramen. Bis er sein Antwortschreiben eingetütet hatte, war der Ärger meist schon verflogen und die Welt um 'ne Doofheit ärmer. Heute wird sich hingegen zu oft unbedacht geäußert.«[6]

Verhalten sich die Digital Natives in dieser Hinsicht nun anders als andere Generationen? Ich meine, ja. Wir sind kommunikativer, aber gehen in aller Regel vorsichtiger miteinander um. Die Ereignisse an deutschen und amerikanischen Schulen und Colleges in den vergangenen zehn Jahren haben uns achtsam werden lassen. Es wäre eine sehr steile These zu behaupten, dass junge Männer aufgrund ihrer virtuellen Isolierung zu Schulattentätern oder Selbstmördern werden. Isolierung aufzubrechen ist sicher nicht leicht; es lässt sich aber durchaus verhindern, dass Menschen in die Isolation getrieben werden. Wenn sich Schüler oder Studenten in den kuscheligen, schützenden Räumen der Social-Media-Plattformen über Kameraden oder Kommilitonen auslassen, lernen wir mittlerweile, uns virtuell-sozial zu engagieren und Leute in Schutz zu nehmen, über die massiv hergefallen wird.

Die meisten, die schon länger die Social Media nutzen, kommunizieren inzwischen »braver«, denn jeder will im virtuellen Raum sympathisch rüberkommen. Also setzt man alles daran, diese Wirkung zu erzielen, und ätzt und grätzt nicht herum, schon gar nicht über Dritte. Wir passen besser aufeinander auf. Denn wir haben gelernt, dass schon eine Bemerkung über die Haarfarbe einer Mitschülerin eine Welle der Aggression gegen das Mädchen auslösen kann, und später weiß dann niemand mehr, wie das geschehen konnte. Die Social Media ermöglichen alle Formen des Cybermobbings, sind aber zugleich auch ein Korrektiv, denn jeder erhält sofort ein Echo auf seine Kommunikationsweise. Das Medium lehrt uns, Verantwortung zu übernehmen, denn wir sind alle Publisher. Wir veröffentlichen ständig und stehen in der Öffentlichkeit. Und da sollte jeder wirklich zu seiner Botschaft stehen können. Uns ist das inzwischen klar. Euch auch?

Back to the moment

Bei so viel Hin und Her, so viel Sucht- und Streitpozenzial ist er schon da: der Traum vom Offline-Dasein. Aber auch das stellt sich als Hype heraus. Offline ist Vintage. Davon träumen ältere Leute und stellen sich dabei vor, ausgedehnte Waldspaziergänge zu unternehmen. Offline sei die Realität, heißt es dann. Vor diesem Hintergrund unternehmen regelmäßig hippe Kulturredakteure analoge Selbstversuche; sie machen sich mal für ein paar Tage oder gar Wochen digital locker und kehren zum »analogen« Leben zurück – also mal Holz hacken statt Mails tippen, die Wohnung streichen statt auf dem Tablet herumwischen, mal den Nachbarn besuchen, einfach bei ihm klingeln, statt eine Freundschaftsanfrage zu senden. Diese Geschichten klingen eigentlich immer gleich, denn sie handeln von einer Entziehungskur. Das Internet ist aber realer, und man ist bedeutend schneller online, als dass man sich auf eine Bergwanderung begibt. Und jede Flucht aus dem Alltag ist eben dies – eine Flucht. Es scheint nicht allein darum zu gehen, mal von etwas abzulassen, sondern ganz offensichtlich wird eine schmerzhafte Trennung vollzogen, getrieben von der Panik, wichtige Kontakte und Termine zu verpassen.
Diese Leute sehnen sich nach dem einfachen Leben, das sie (im

Gegensatz zu mir) noch von früher kennen: mit einem alten VW-Bus durch die Gegend fahren oder trampen, mal ein bisschen kiffen, den lieben Gott einen guten Mann sein lassen oder mal einen netten Abend mit Freunden verbringen, mit denen man mittlerweile nur noch auf Facebook Kontakt pflegt.

Aber auch wenn Freizeit und Unabhängigkeit von digitalen Medien die totale Sorglosigkeit suggerieren: Es ist nicht so. Dann käme die Mahnung eben wieder mit der Post, geklatscht und getratscht wird wieder »an der Strippe«. Ein wenig Medienkompetenz tut da gut. Statt alles auf sich einprasseln zu lassen, muss man sein Medienverhalten steuern. Checke ich bewusst meine Mails – oder reagiere ich auf jedes Tonsignal einer eingehenden Nachricht? Verliere ich mich regelmäßig im World Wide Web, gehe ich auf jedes Angebot ein, antworte ich immer direkt auf eine Mail – oder sammle und beantworte ich sie regelmäßig in einem Aufwasch? Bleibe ich sachlich, oder werde ich emotional? Fühle ich mich oft beleidigt und reagiere darauf mit einer ebenso beleidigenden Mail? Es sind diese kleinen Unterschiede, die einen entweder entspannt mit dem Medium umgehen lassen oder einem viele Probleme bereiten.

Natürlich sind digitale Inhalte immer gegenwärtig, verfügbar und drängen nach Aufmerksamkeit. Man muss trotz der Informationsflut gelassen bleiben, sie und die eigene Aufmerksamkeit aktiver steuern. Dabei ist auch wieder ein faszinierender Unterschied zwischen den Immigrants und den Natives zu beobachten. Uns ist das Setzen der Grenzen zwischen Sozial- und richtigem Leben in Fleisch und Blut übergegangen. Erwachsene vermischen das gerne. Ich hätte zumindest bis vor kurzem nicht gedacht, dass ich meine Mutter beim Abendessen mal ermahnen würde, sie möge doch bitte ihr Smartphone weglegen – ihrer Freundin könne sie schließlich später auch noch schreiben.

Ende 2011 hat der Autokonzern Volkswagen 1100 Mitarbeiten untersagt, nach Feierabend noch E-Mails auf ihre Blackberrys weiterzuleiten. »Die Kollegen sollen nach getaner Arbeit auch ihre Ruhezeit als solche nutzen können«,[7] hat der Betriebsrat gesagt. Gut gemeint. Mehr aber auch nicht, denn man hat den Mitarbeitern förmlich den Schlüssel für ihr Büro abgenommen. Sie sollten in die Lage versetzt werden, selbst zu bemerken, wann es Zeit ist, nach Hause zu gehen. Und sie sollten ermutigt werden, es dann auch wirklich zu tun. Weil sich aber keiner traut, als Erster keine Mails mehr zu lesen, sieht man nur den Rückschritt, die Wiederherstellung der alten Zustände als Lösung für das Problem. Es geht aber um die Kultur und nicht um die Technik! Es gibt eine Schieflage. Die herkömmlichen Strategien, die Welt zu begreifen, entsprechen immer weniger den Gegebenheiten – der Welt, wie sie mittlerweile wirklich ist: teilweise digital. Und so werden die Mails trotzdem bei Mondschein verfasst und am nächsten Morgen erst versendet.

Der alte »Schraubenkönig« Reinhold Würth machte diesen Unterschied auch noch mal unfreiwillig deutlich: Er schickte einen Brandbrief an seine Außendienstmitarbeiter, in dem er sie rüffelte, dass »Morgenstund' Gold im Mund« habe und sie ihre Arbeitszeit nicht optimal ausschöpfen würden, um Kundenkontakte zu generieren.[8] Das kam zum einen nicht besonders gut an; zum anderen könnte man die Überlegung anstellen, ob nicht viel mehr gewonnen wäre, wenn die Vertreter mit ihren Kunden ein soziales Netzwerk aufziehen oder sich per Mail mit ihnen austauschen würden. Denn was bringt ein Termin morgens um halb acht? In vielen Fällen empfinden Kunden Unternehmensvertreter als Zeitdiebe. Ihnen wäre vielleicht viel mehr daran gelegen, sich einmal im Jahr gegenseitig auf die Schulter zu klopfen und den Rest mit dem Smartphone oder dem Laptop zu erledigen. Deshalb sind viele Dinge sogar eine Erleichterung geworden, seit es diese schönen Geräte gibt. Ich würde gerne wissen, wie viel weniger Streit es um das Telefon gibt, weil nun eben jeder eines hat und gleichzeitig weniger telefoniert wird als früher. Überlegt also, wie viel einfacher, besser und bequemer, ja sogar umweltfreundlicher das Leben und die Welt geworden ist, seit digitale Medien sie prägen. Und was da wohl noch alles möglich ist.

Achtsamkeit –
Bewusstsein mit Verstärker

Einer der aktuellen Megatrends geht vermutlich unter dem Stichwort »Achtsamkeit« in die Mentalitätsgeschichte ein. Um gleich den Unterschied zur vorherigen, tendenziell entschleunigungswilligen Generation deutlich herauszustellen: Wir leben mittlerweile nicht mehr in einer schnelllebigen Zeit, in der alles immer noch schneller wird, in der die Trends und Maßstäbe gewechselt werden wie die Hemden, in der man kaum noch mitkommt und zusehen muss, dass man den – anlogen wie digitalen – Anschluss nicht verliert. Wir rennen nicht mehr atemlos hinterher, sondern befinden uns in der Gleichzeitigkeit. Wenn heute Abend ein New Yorker Polizist einem Bettler auf der Straße ein Paar Schuhe kauft und eine Passantin von der Übergabe des unverhofften Geschenks ein Foto macht, dann dauert es unter Umständen nur ein paar Sekunden, bis dieses Bild um die Welt geht.[9] Es ist nicht entscheidend, wer schneller ist, es geht um die Bedeutung – dass dieses Foto bei jedem Betrachter ein Gefühl auslösen wird.

Wenn wir unentwegt twittern, simsen, posten und mailen, dann ist das nur eine Seite der Medaille. Denn gerade der Umgang mit Medien schult uns in Hinblick darauf, was die Medien nicht hergeben – Authentizität, tatsächliches Erleben. Und bei aller Facebook-»Freundschaft«, das ist wohl der Grund, warum fassbare – und anfassbare – Freundschaften für uns mehr Bedeutung denn je haben. Unsere Beziehungen sind intensiver und langlebiger als früher!

Gerade weil wir alles in Echtzeit erhalten, was man an Informationen, Übermittlungen und Daten überhaupt empfangen kann, wollen wir umso mehr alles sehr bewusst, am besten auch noch möglichst real wahrnehmen, was um uns herum geschieht. Wir wollen Hunger spüren, neugierig sein, in der Wüste aufwachen, mit einem Segelschiff in ein Unwetter geraten, unseren amerikanischen Verwandten treffen – einfach alles hautnah erleben. Kein Video, kein Fernsehauftritt und kein YouTube-Mitschnitt ist mit einem Liveact meiner Lieblings-Popgruppe vergleichbar. Kein Synthie-Gepoppe kann eine virtuose Live-Gitarre ersetzen, kein noch so lustiger Film eine echte Lachnummer auf der Bühne toppen.

Also: Einen Comedy-Auftritt, ein Konzert oder eine Kneipe liken und posten, sich zu diesem Event verabreden – und dann beginnt erst das wahre Kribbeln. Das ist bei uns nicht anders als bei allen vorhergehenden Generationen, allenfalls noch etwas intensiver. Regelmäßig vom virtuellen Podest herunterzusteigen und sich in Partys und anderes hochlebendige Getöse zu stürzen – so soll es sein!

Digital Natives go analogue

Jetzt kommt es aber noch dicker: Inmitten unserer technoiden, datenbesetzten Zeit haben wir Digital Natives das Analoge entdeckt, natürlich nicht nostalgiegetrieben, sondern aus purer Neugier und Abenteuerlust. Weil wir es nicht anders kennen, als vernetzt zu sein, wollen wir erfahren, wie es einmal gewesen sein muss, in Eurer heilen Welt. Schließlich ist es für uns kaum vorstellbar, wie manche Dinge in der Vergangenheit funktioniert haben sollen. Wie hat man sich beispielsweise an einem bestimmten Ort zu einem bestimmten Zeitpunkt verabreden können ohne Mobiltelefon? Wie hat man vor fünfzehn Jahren in der Industrie Arbeitsabläufe organisiert, bei denen man auf die Post oder das Faxgerät angewiesen war? Das erinnert mich an schöne Filme aus Eurer guten alten Zeit, in denen das Drama unweigerlich einsetzt, weil ein sehr wichtiges Fax von allen unbemerkt unter das Gerät gefallen ist. Wir wollen spüren, wie sich das anfühlt, wenn man, sagen wir, mit dem Auto liegenbleibt und nicht direkt den ADAC anrufen kann. Das ist vielleicht eine Herausforderung, aber im Kern geht es sogar um das gleiche tollkühne Gefühl, das Ihr so nostalgisch beschwört, wenn Ihr wieder die kleinen Altstadtgässchen aufsucht, Kreuzfahrten durch norwegische Fjorde bucht oder am Arbeitsplatz Mitarbeiter-Incentives veranstaltet, bei denen man in Zelten übernachtet und die Handys ausschalten muss – damit man wieder mal weiß, was purer Nervenkitzel ist.

Natürlich wissen wir, wie sich ein Abenteuer anfühlt. Dafür habt Ihr uns oft genug in Zeltlager gesteckt, und wir haben oft genug in improvisierten Bettenlagern gepennt, zum Besuch bei Verwandten oder Bekannten. Wir haben mit Euch oft genug im Stau gestanden, um zu wissen, was Langeweile ist. Wir haben oft genug gefroren, geschwitzt, geheult oder gelacht – nur noch nicht oft genug etwas »erlebt«, denn das kann man gar nicht oft genug!

Auch wenn ich mir in meinem zarten Alter anmaße, aus der Warte des hohen Alters zu schreiben – was bleibt denn von all dem, auf das wir am Ende unserer Tage gerne zurückblicken? Was gibt es an bedeutsamen Ereignissen, die wir nie vergessen werden … Eine E-Mail? Eine PowerPoint-Präsentation? Ein »Gefällt mir«? Mein erstes Smartphone? Diese Dinge sind nur Mittel zum Zweck, und der Zweck heißt zum Beispiel: jemanden zum ersten Mal kontakten, den man neulich auf einer Party kennengelernt hat (Name reicht in der Regel), sich mit ihm oder ihr zu verabreden, schöne Dinge zu unternehmen, Wolke sieben, Schmetterlinge im Bauch, der erste Kuss, ein schöner Sommernachmittag, ein Urlaub am Meer … das bleibt bei uns hängen. Genauso wie bei Euch. Das macht unser Leben aus!

Jeder weiß, dass es ein gutes Maß an Ausgeglichenheit braucht, um auf Dauer mit der nötigen Energie gut, erfolgreich und gesund durch den Alltag zu kommen. In Internetforen geben sich Schüler mittlerweile gegenseitig Tipps, wie sie mit dem Lerndruck umgehen. Sie erzählen von Beziehungen, die durch die Arbeitsbelastung kaputtgehen.[10] Sie sagen einander:»Schalt mal ab und nimm dir eine Auszeit.« So unterhalten sich sonst nur ausgebrannte Projektmanager nach zwanzig Jahren Leben auf der Überholspur. Auch die psychologischen Beratungsstellen der Studentenwerke schlagen Alarm: In einer Umfrage berichten 83 Prozent der befragten Stellen von einer Tendenz zu einer allgemeinen Überlastung und psychischen Erschöpfung.[11] Meine Generation fängt verdammt früh damit an. Auch darum sind die Menschen um uns herum so wichtig.

Playstation – schöner Ausgleich?

Wir kennen dafür allerdings auch einen schönen Ausgleich, nur ist er bei den Erwachsenen vollkommen verpönt. Wir spielen. Jetzt gebe ich es doch endlich zu. Ihr habt den hartnäckigen Eindruck, dass wir dauernd in unserem Zimmer sitzen und die Zeit mit Videogames verschwenden. Uns mit unseren Freunden oder irgendwelchen Kontrahenten oder Kombattanten auf der Welt messen. Gerade Cäsar besiegen, Rom erobern. Die Welt vor Angreifern aus dem All verteidigen. Eine Flugstunde über den Bayerischen Alpen absolvieren. Die Formel 1 gewinnen. Als Super Mario die Prinzessin Peach vor der Schildkröte Bowser verteidigen. Als Feuerwehrmann Menschenleben retten. Eine eigene Stadt aufbauen. Als James Bond die Schurken besiegen und die Schönen herumkriegen. Nun, wir nehmen die Ermittlungen lieber selbst in die Hand, statt sonntagabends um 20:17 schon zu wissen, wer der Mörder war.

Ein Teil meiner Generation scheint vollkommen süchtig nach Spielen zu sein. In der Tat können sie seit der frühesten Kindheit den Hals gar nicht vollbekommen mit immer neuen Games. Es gibt sogar ein Spiele-Mekka, zu dem wir in Massen ziehen, um die neuesten Entwicklungen zu testen: Die internationale Spielemesse *gamescom* verzeichnet Jahr für Jahr knapp 300 000 Besucher. Der Sender RTL hatte offenbar eine klare Typologie der Messebesucher im Auge und sendete einen Bericht, der die vornehmlich jungen Messebesucher als verschwitzte, stinkende, dunkel gekleidete Nerds oder »Freaks« darstellte, die vermutlich nur zu Hause hinter ihren Konsolen hängen, wenn sie nicht ausnahmsweise auf dem Kölner Messegelände dasselbe tun. Ein paar Tage später brachen Server unter der Last des Shitstorms zusammen, der sich auf den Beitrag bezog. Ist das nicht wunderbar? Schließlich wusste doch schon Friedrich Schiller: »Der Mensch ist nur da ganz Mensch, wo er spielt.« Hm. Vermutlich hat er dabei nicht an interaktive Online-Games gedacht.

Das macht aber nichts. Die modernen Spiele sind nicht mehr unbedingt Spiele im alten Sinne, es sind große Geschichten. Man kennt vielleicht jene groß angesagten Mythen und Storys, die angekündigt werden wie riesige Hollywoodschinken – mit Kriegern und Kämpfern, Königen und großen Reichen, die es zu verteidigen gilt. Diese Spiele haben ihre Story, in die wir uns hineinsteigern und mit jedem Level aufregender finden. Der Pianist Benyamin Nuss, Mitte zwanzig und schon ein gefeierter Tastengott, hat sich bei seinen CDs nicht lange mit Wunderkind-üblichen Einspielungen von Bach-, Brahms- oder Beethoven-Werken begnügt. Auf seiner Debüt-CD spielt er Playstation-Themen, die der Komponist Nobuo Uematsu für *Final Fantasy* geschrieben hat. Da die Themen dem Spielverlauf entsprechend Level für Level immer dramatischer klingen müssen, ergibt sich ein spannender Reigen, der bis zum Schluss keine Spur von Langeweile aufkommen lässt. Um es noch mal zu betonen: Benyamin Nuss, geboren 1989, ist ein hochbegabter Klassik- und Jazzpianist.

Solche Dinge sind für die »Alten« natürlich tabu. Dienst ist Dienst,

Spiel ist Spiel. Genau. Arbeit muss weh tun. Lernen ist Schmerz. Man muss auf den »Ernst des Lebens« vorbereitet sein. So soll es sein. Nur nicht mit uns.

Dass Spiel so viel mehr ist als nur Spaß und sinnloser Zeitvertreib, ist ein Grundpfeiler unserer Arbeitsethik. Konsum und Leistung sollen immer hübsch getrennt bleiben, das eine muss mit dem anderen verdient werden. »Spielen« ist definiert als ein zweckfreies Zusammenkommen mehrerer Teilnehmer unter bestimmten Regeln. Das »Spiel« kommt aus dem Althochdeutschen und bedeutete ursprünglich »Tanzen«. Es ist ein Zusammenwirken verschiedener Kräfte und Bewegungen, die nicht vorhersagbar sind, sondern sich unter der Mitwirkung des Spielenden ergeben und kein präzise vorhersagbares Ergebnis haben. In der Hinsicht unterscheidet sich das Pokerspiel nicht vom Schauspiel oder Geigenspiel. Man kann ahnen, wie es ausgeht (zum Beispiel, ob es einen Gewinner oder Verlierer gibt), aber nicht, welchen Verlauf es nehmen wird. Spielen bedeutet zudem, eine andere, höher stehende Identität annehmen zu können: Michael Schumacher steht morgens auf, macht sich für die Arbeit fertig, steht an der Bushaltestelle im Regen, bekommt stapelweise Akten auf seinen Schreibtisch geworfen, lebt das Leben eines Beamten – während derjenige, der hier porträtiert wird, in dem Werbespot im Cockpit von Michael Schumacher sitzt und Rennen fährt.

Spielen ist aber noch mehr: Es unterscheidet sich von der Wirklichkeit, weil es eine »Wirklichkeit der Möglichkeiten« generiert. In diesem Sinne ist der Alltag von Jugendlichen vermutlich zu achtzig Prozent ein Spiel mit den Möglichkeiten. Bei Playstation und Co. schieße ich Tore als Lionel Messi, führe einen Feldzug oder trainiere mich in Geschicklichkeit, ganz wie es beliebt. Je größer der Erfolg, umso höher die Begeisterung, umso intensiver die Adrenalin- und Endorphinausschüttung.

Die Chancen und Risiken der Videospiele verbergen sich schon direkt hinter dem Wort: Spielen ist toll. Das wusste Schiller, das hat jedes Kind beim Spielen von »Räuber und Gendarm« im Wald erfahren und jeder Alte, der hin und wieder Schach oder eine Runde Schafkopf spielt. Der gefährliche Faktor, Ihr ahnt es, ist das Video. Während wir vor dem Rechner sitzen und daddeln, hocken wir eben da, bewegen uns nicht und sprechen mit niemandem. Früher hieß es auch noch: »Kind, du machst deine Augen kaputt.« Dass es Menschen gibt, die das immer wieder sagen, ist wohl richtig und wichtig. Wobei sich hier die Frage stellt: Lesen diese Menschen keine Romane oder schauen sie nicht bei einem Glas Wein den ZDF-Samstagskrimi? Genau die gleichen Kritiken und Argumentationen kamen vor ein paar Jahrhunderten auf, als der Roman populär wurde oder als Mitte des letzten Jahrhunderts das Fernsehen in die Wohnzimmer einzog. Was ist nun das schlimmere Übel? Sich nur mit einer Person zu identifizieren, während man beim Lesen oder Fernsehen auf dem Sofa lümmelt, oder interaktiv Einfluss zu nehmen auf die Handlung?

Durch Spielen wird die Welt besser. Wetten? Zur Stützung dieser These nehme ich mir einen Anwalt: Die Game-Designerin Jane McGonigal (*World without Oil, Last Call Poker* etc.) hat in einem berühmten Vortrag auf einer TED-Konferenz eine ganz andere Nuance des Spielens vorgestellt, die über das Moment der Ablenkung und den bloßen Zeitvertreib weit hinausgeht.[12] Oberflächlich betrachtet, lenkt Spielen vom »Ernst des Lebens« ab, es ist genau das Gegenteil – nutzlos, überflüssig. Dagegen sprechen allerdings die freudestrahlenden Gesichter der Spieler. Geradezu verzückt wirken sie, wenn man ihre Mimik mit der Laptop-Kamera festhält. Solch einen Ausdruck sieht man sonst selten. Spielen ist eben eine Haltung, in der man in andere Dimensionen vorstößt – weg von der Wirklichkeit, hin zu den Möglichkeiten.

Erstaunlich ist, was Jane McGonigal zu der Erkenntnis treibt, dass wir durch Spielen die Welt verbessern werden. Als sie einmal lange Zeit krank im Bett lag, machte sie sich Gedanken darüber, was sie in ihrem Leben rückwirkend lieber anders gemacht hätte. Was

Menschen anders machen würden, wenn sie noch einmal die Chance dazu hätten, wurde bei einer Befragung von alten, auf ihr Leben zurückblickenden Menschen erhoben. Dabei ergaben sich diese fünf Punkte:

1 Ich wünschte, ich hätte nicht so hart gearbeitet.
2 Ich wünschte, ich hätte mehr Zeit mit meinen Freunden verbracht.
3 Ich wünschte, ich wäre öfter glücklich gewesen.
4 Ich wünschte, ich hätte öfter mein wahres Selbst, meine Persönlichkeit gezeigt.
5 Ich wünschte, ich hätte meine Träume intensiver ausgelebt.

Nun denn: Gaming generiert wöchentlich drei Milliarden Dollar, und das ist nur die Zahl, die Jane McGonigal im Jahr 2010 genannt hat. Und wenn es nicht die Spielbranche sein soll: Es wäre vielleicht an der Zeit, mit unseren Beschäftigungen und Jobs spielerischer umzugehen. Beim Spielen ist man selten allein, man ist immer mit Freunden und Mitspielern vernetzt – so wie wir. Spiele, bei denen es um die Rettung der Welt geht, generieren den sogenannten epic win – das Glücksgefühl, die Welt wirklich vor dem Untergang bewahren zu können. Im Spiel bringt man seine Persönlichkeit ein und gewinnt neue Freunde. Gamer sind Optimisten, die stets daran glauben, dass sie gewinnen können. Sie befinden sich immer in einem sozialen Netzwerk, in dem sie ihre Freude teilen. Sie kennen Glücksgefühle wie auch das Scheitern und lernen, damit umzugehen. Sie trainieren, sich selbst zu motivieren; sie fordern sich und andere.

Im James-Bond-Film *Skyfall* lernt Bond den neuen Kontaktmann Q kennen, einen jungen, leicht nerdigen Typen, der mit dem alten Q nicht mehr viel gemein hat. Das gilt auch für die technischen Weltrettungs-Requisiten. Und da sagt Q diesen markanten Satz: »Ich kann morgens im Pyjama noch vor dem ersten Earl Grey mehr kaputt machen als Sie in einem ganzen Jahr Außendienst.«

Jane McGonigals Vision kennt auch klare Worte:»Ich habe das Ziel, es in den nächsten zehn Jahren so leicht zu machen, die Welt zu retten, wie in einem entsprechenden Videogame.«[13] Hier also die »analoge« Message für Erwachsene: Pauschal betrachtet, bewirken Videospiele weder die Verblödung der Menschheit noch den Verlust der Lebensrealität. Videospiele können toll sein! Zumindest wenn wir von einem gewissen geistigen Entwicklungsstand, vielleicht dem Erreichen der Jugendlichkeit, ausgehen. Doch jetzt das wichtige und große ABER (bitte Textmarker rausholen und fett hervorheben): Schickt uns bitte, bevor Ihr uns das erste Mal auf Videospiele, Fernsehen, Internet oder überhaupt Bildschirme loslasst, regelmäßig zum Räuber-und-Gendarm-Spielen in den Wald. Oder zum Schneemann-Bauen. Oder zum Fußball oder Ballett. Denn erst, wenn die wichtigen kindlichen Lern-, Sinnes- und Lebenserfahrungen gemacht worden sind, und erst, wenn sich die Abstraktionsleistung zur Unterscheidung von Wirklichkeit und Fiktion entwickelt hat, können Videospiele ein schadenfreies Unterhaltungsmedium sein – ein Unterhaltungsmedium und nicht mehr, wohlgemerkt. Nur wer weiß, was er in der realen Welt verpasst und so zwar den speziellen Spaßfaktor von Computerspielen schätzen kann, aber trotzdem die Realerfahrung vorziehen würde, kann als medienkompetent gelten. Denn »Medienkompetenz« setzt nach meinem Verständnis die Fähigkeit voraus, einschätzen zu können, wann die Beschäftigung mit Medien sinnvoll ist und wann sie sich verbietet – zum Beispiel, wenn die Nachbarjungs klingeln und mit einem eine Runde kicken gehen wollen.

Spiele fördern auch den kompetenten Umgang mit der Wirklichkeit. Von Kindesbeinen an sind Spiele ein Teil unserer Realität, in der wir Gewinnen, Verlieren, Abwägen und Entscheiden zu beherrschen lernen – was für spätere berufliche Optionen nicht schaden kann. Ganz im Gegenteil. Und ist modernes Business, unter diesem Blickwinkel, nicht auch ein Spiel, das derjenige gewinnt, der die Regeln am besten einsetzt? Die »Generation Gaming«, sagt die Unternehmensberaterin Nora Stampfl, »ist optimistischer und entschlossener, Probleme – welcher Art auch immer – zu lösen, denn Spiele lehren, dass es immer eine bestimmte Kombination von Zügen gibt, die letztlich zum Erfolg führt«.[14]

Mit Romanen, Fernsehen und Computerspielen verhält es sich wohl wie mit fetthaltigem Essen, koffeinhaltigen Getränken und der Großstadtluft: Die Dosis macht das Gift. Was früher Wickie in der BR-Kinderstunde war, ist eben nun Wickie zum Selbststeuern. Aber bitte in Maßen! Unterscheidet einfach zwischen analoger und digitaler Zeit, ohne eines davon zu vernachlässigen. Ach so, und Mama, leg das Handy weg, wir essen!

12 So geht Politik digital

Moderne Politik zwischen demokratischem Wahlkampf und arabischer Revolution

Wir Digital Natives vertreten unsere politischen Auffassungen meist recht impulsiv: noch ein paar E-Mails checken und dann »die Welt retten« oder zumindest zu einem »besseren Ort« machen. Einige überlegen sicher auch, ob sie nach dem Abitur gleich »hartzen« werden. Wer aber das Bedürfnis und die Energie hat, sich um öffentliche Belange zu kümmern, also gleich den Marsch durch die Institutionen von der Universität bis zum Arbeitsamt anzutreten, dem bieten die digitalen Medien erstaunliche Möglichkeiten. Aber: Machen Smartphones, soziale Netze und freier Austausch die Welt besser? Verändern die zunehmende Mobilität und die Möglichkeit, jedes Ereignis sofort in die Welt hinauszutragen und Filme per Smartphone zu verbreiten, wenn gerade etwas Entscheidendes oder Furchtbares geschieht, das Weltgeschehen zum Positiven? Zwingen digitale Medien zur Transparenz – und Schurken in die Knie? Zwischen dem deutschen Politalltag und der Arabischen Revolution ist das Spektrum breit.

Als sich die SPD schon im September 2012 für die Bundestagswahl 2013 auf den Kanzlerkandidaten Peer Steinbrück festlegte, erregte dies große mediale Aufmerksamkeit. Am Tag darauf wurde als Nachklapp auf diese Sensation in allen Medien gemeldet: Der Kanzlerkandidat twittert nicht. Daraufhin entbrannte, noch bevor Steinbrück wegen seiner Nebeneinkünfte unter Beschuss geriet, eine breite Diskussion, ob jemand unter diesen Umständen wirklich je eine Chance hat, Bundeskanzler zu werden. Erreicht er denn dann überhaupt die Jugend? Verweigert er sich der Moderne? Ist so jemand in der Lage, die Staatsgeschäfte zu lenken? Nachdem einige Parteikollegen wie Sigmar Gabriel und Olaf Scholz sich als Twitterer nicht gerade mit Ruhm, sondern die Empfänger mit Nichtigkeiten bekleckert hatten, erschien es dem Norddeutschen selbst als klügere Wahl, weiterhin besser mit klaren Ansagen in die Mikrophone Wähler zu überzeugen als mit 140 Zeichen auf Twitter oder auf Facebook. Lieber offline als nicht authentisch wollte Steinbrück rüberkommen. Schließlich hatte er das vor der Kandidatur auch nicht praktiziert.

»We open governments«, ist das Motto von WikiLeaks: »Wir machen Regierungen transparent«. Die Organisation bietet eine Internetseite, über die sogenannte Whistleblower geheime Akten und Daten an die Öffentlichkeit bringen können. WikiLeaks verspricht ihnen dabei dank verschlüsselter Kommunikation und nicht abhörbarer Server Anonymität. Gleichzeitig veröffentlicht WikiLeaks das Material auf seiner Seite und macht es damit für jeden zugänglich. Die Organisation folgt dabei dem Grundsatz, Dokumente nur zu veröffentlichen, wenn sie zuvor auf Plausibilität und Wahrheitsgehalt geprüft worden sind.

Der politische Aktivist Julian Assange war einer der Mitbegründer von WikiLeaks. Gemäß eigener Aussage bemüht sich die Organisation, »denen zur Seite stehen zu wollen, die unethisches Verhalten in ihren eigenen Regierungen und Unternehmen enthüllen wollen«. Einige Veröffentlichungen von WikiLeaks hatten eine gewaltige Sprengkraft und beeinflussten die Weltpolitik. So wurden von WikiLeaks etliche Dokumente und Akten der amerikanischen Regierung enthüllt; vor allem die etwa 250 000 diplomatischen Berichte, die unter der Bezeichnung *Cablegate* veröffentlicht wurden, zeigten die Macht von WikiLeaks auf. Diese Dossiers deckten die Meinung amerikanischer Diplomaten über die Situation in anderen Ländern und über bestimmte Politiker auf. Angela Merkel wurde demzufolge als »wenig kreativ« bezeichnet und Außenminister Westerwelle als »aggressiv«, er habe eine »überschäumende Persönlichkeit«.[1]

WikiLeaks' größtes Bemühen ist es, geheime Dokumente zu ermitteln und online zu veröffentlichen. Ein weiteres Datenleck ergab sich bei den *Gitmo Files,* jenen Akten, die für jeden einzelnen der noch immer einsitzenden Guantanamo-Gefangenen angelegt wurden. Die US-Regierung »bedauerte« sehr, dass diese Akten ans Licht der Weltöffentlichkeit kamen – und das ist für eine US-Regierung schon ein harsches Wort. Umso mehr bemühte man sich, weitere »Leaks« zu stopfen, um nicht noch mehr als streng geheim deklarierte Dokumente ins grelle Licht des weltweiten Web zu befördern. Offenbar sogar durch Abschreckung – und da ist von der Regierung Obama die Rede: Einem US-Soldaten, der in einer der WikiLeaks-Affären als Whistleblower enttarnt wurde, ist es offenbar in Gefangenschaft schlecht ergangen. Medien berichteten, dass der junge Mann über Wochen in der Untersuchungshaft nicht einmal die Unterhose anbehalten durfte; er hat auch kaum Chancen, so schnell wieder freizukommen. Vermutlich unter Einflussnahme der amerikanischen Regierung stoppten PayPal, MasterCard und Visa die Weiterleitung von Spenden in Millionenhöhe an die Betreiber. Eine öffentliche Begründung wurde von diesen Unternehmen (die durchaus auch mit menschenrechtsfeindlichen Organisationen wie beispielsweise dem Ku-Klux-Klan kooperieren) nicht abgegeben. Schnell verbreitete sich unter den Anhängern der leicht variierte MasterCard Werbeslogan: »Pressefreiheit ist unbezahlbar, für alles andere gibt es Mastercard.«
Der merkwürdigen Logik der Transparenz folgend, wurden zur gleichen Zeit zwei Porträts in den Social Media gepostet, eines von Julian Assange und eines von Marc Zuckerberg – Assange mit der Sprechblase: »Ich gebe private Information über Unternehmen an Euch kostenlos weiter, und ich bin ein Schurke«, und Zuckerberg: »Ich gebe private Informationen für Geld an Unternehmen weiter, und ich bin Mann des Jahres« (2010).[2]
Schon seit geraumer Zeit liegt WikiLeaks am Boden und veröffent-

licht keine Dokumente mehr. Unter anderem, weil der ehemalige enge Assange-Mitarbeiter Daniel Domscheit-Berg diesen nicht mehr mit Inhalten belieferte, da sie dessen Meinung nach in falschen Händen lägen:»Children shouldn't play with guns«, sagte er in Richtung Assange.[3] Dieser befindet sich aufgrund seiner gerichtlichen Verstrickungen längst im freien Fall der Diplomatie und fürchtet, dass ihm das Schlimmste droht, was ihm passieren kann: an die USA ausgeliefert zu werden.

Zu Cablegate (offiziell: der versehentlichen vollständigen Veröffentlichung von US-Depeschen ohne Rücksicht auf Quellen- und Informantenschutz) ist vielleicht noch hinzuzufügen, dass auch Whistleblower, namentlich drei Personen von Worldcom, Enron und dem FBI, im Jahr 2002 zur »Persönlichkeit des Jahres« gewählt wurden. Diskussionswürdig bleibt jedoch sicher, ob wirklich jede Information sofort ans Tageslicht kommen soll oder ob sie vielleicht dort mehr Schaden anrichtet. Bezeichnend ist, dass in Deutschland nur eine Partei vollkommene Transparenz schaffen will – die Piratenpartei:»Den Gesetzgeber fordern wir auf, nicht länger gegen Whistleblower zu arbeiten, sondern ihren hohen Stellenwert anzuerkennen und ihnen den Schutz der Pressefreiheit zu gewähren. Die Piratenpartei fordert als einzige Partei Deutschlands einen besonderen Schutz für Whistleblower in ihrem Parteiprogramm.« Die *ZEIT* betreibt seit Mitte 2012 eine eigene anonyme Whistleblower-Plattform.»Es ist die Grundvoraussetzung der Demokratie, dass es Menschen gibt, die auf Missstände hinweisen«, so Wolfgang Blau, Chefredakteur von *ZEIT Online*.[4]

Mohamed Bouazizi: Ein Gemüsehändler verändert die Welt

Eines der unglaublichsten politischen Ereignisse der vergangenen Jahre war mit Sicherheit die sogenannte Arabische Revolution. In

Tunesien verbrannte sich am 17. Dezember 2010 der arbeitslose Hochschulabsolvent Mohamed Bouazizi, nachdem die Polizei seinen provisorischen Gemüsestand gewaltsam entfernt hatte. Er löste damit eine Kettenreaktion aus, durch die schließlich, um es salopp in aller Kürze zu sagen, mehrere Regierungen gestürzt wurden. Während das Staatsfernsehen über diesen Vorfall nicht berichtete, breitete sich die Nachricht über den Selbstmord Bouazizis in Windeseile aus – es war ein Domino-Effekt. In der Bevölkerung kochte der geballte Unmut über die politische Lage und die Lebensbedingungen hoch und verschaffte sich freien Lauf, zuerst in den Städten und dann auch auf dem Land. Die Buschtrommeln der gesendeten Bilder und Texte machten den Tunesiern deutlich, dass sie alle die gleichen Gefühle und Ängste gegenüber dem Regime und dessen Willkür hegten. Die »Jasminrevolution« kam in vollen Gang.

Über Foren, Twitter und Facebook entdeckte die seit Jahrzehnten von Staatsfernsehen und Geheimpolizei völlig verblendete und verängstige Bevölkerung erstmals, dass im Prinzip jeder die gleichen Ängste hatte. Zuerst tauschten sie sich online aus, machten sich Mut, dann organisierten sie Aktionen, gingen auf die Straßen und veranstalteten »stille Proteste«. Der Widerstand verbreitete sich wie das buchstäbliche Lauffeuer. Völlig fremde Menschen, die der Wunsch nach einer Besserung der Lage verband, trafen sich, gaben sich die Hand und bildeten Menschenketten. Jede Aktion wurde über Facebook und mit Smartphones organisiert und für den Rest der Menschheit dokumentiert: Auf diese Weise schwappte die Bewegung schließlich über die Landesgrenzen und fand auch in anderen arabischen Staaten Resonanz.

Aufgrund des sich online an Staatsinstanzen vorbei ausbreitenden Gemeinschaftsgefühls in Tunesien fühlte sich auch die ägyptische Bevölkerung ermutigt, wochenlang auf dem zentralen Tahir-Platz gegen die Regierung Mubarak zu demonstrieren, bis der Diktator unter dem Druck von Massen und Medien schließlich aufgeben musste. Wenig später, nach einer Demonstration in der libyschen Hafenstadt Bengasi am 18. Februar 2011 ereignete sich sogar das scheinbar Unmögliche: der Sturz des selbstherrlichen Despoten Muammar al-Gaddafi. Die Smartphone-Bilder von der schnell abtransportierten Leiche Gaddafis bescheinigten der Welt innerhalb von wenigen Stunden den Tod des Revolutionsführers und den Beginn einer neuen politischen Ära.

Worauf ich hinauswill, verdeutlicht ein symbolisches Bild, das während der Arabischen Revolution entstand und um die Welt ging: Ein Mann steht auf der Straße vor einem Panzer mit einem Smartphone in der Hand. Es ist unwahrscheinlich, dass der Mann in dieser Situation ein Foto von dem Panzer machen will, weil dieser so schön anzusehen ist. Er dokumentiert gerade die Präsenz des Militärs: Schnell ein Bild davon verschicken, andere warnen und die westliche Welt aufmerksam machen, bedeutet, dass die Regierung nichts mehr im Verborgenen tun kann und auf die Bevölkerung reagieren muss – wegen eines verschickten Bildes. Alternativ hätten früher die Medien ein solches Bild bekommen, es gesendet – und daraufhin hätten die Staaten untereinander ihre diplomatischen Beziehungen entsprechend aktiviert. Nun geht das Bild direkt vom Volk aus. Der Verlauf der Revolution ist bekannt. Und das ist auch nur ein kleiner Mosaikstein, der veranschaulicht, wie Smartphones eine Revolution schüren können. Im Jahr 1989 kursierte schon einmal ein ähnliches Bild: Ein Mann steht ganz allein auf dem Platz des Himmlischen Friedens in Peking vor einer Panzerkolonne, um sie davon abzuhalten, den Protest gegen die Herrschaft der Kommunistischen Partei Chinas niederzuwalzen – in den Händen trägt er Einkaufstüten.[5] Es ist der 4. Juni 1989. Unmittelbar danach wird die Demonstration mit unbeschreiblicher Gewalt niedergeschlagen; es gibt Tausende Tote. Bilder wurden nicht gezeigt; all die Jahre sind keine veröffentlicht worden. Im Jahr 2012 hätte die ganze Welt Sekunden später davon erfahren.

Bringen Smartphones den Weltfrieden?

Natürlich haben despotische Staaten längst die von den Social Media ausgehende Gefahr erkannt. Auch ein Smartphone bedeutet unter Umständen Lebensgefahr. »Wer in Teheran auf einer Demonstration ein Handy hochhält, wird verhaftet. Aber für die westlichen Medien existieren wir nicht, wenn wir nicht mit dem Handy aufnehmen. Man braucht also jemanden, der bereit ist, sein Leben aufs Spiel zu setzen, damit die Bilder um die Welt gehen und das Land in den Medien existiert«, so ein Augenzeuge.[6] Der französische Soziologe Jean Baudrillard, einer der Vordenker der »virtuellen Realität«, hätte seine Freude an dem Gedanken gehabt. Es ist vor allem die symbolische Aussagekraft der Bilder, die ohne Steuerung durch die Massenmedien nahezu zeitgleich weltweit veröffentlicht werden können, die diesen Gedanken vorantreibt.

Vor über zwanzig Jahren wurde die politische Macht der Bilder auch in Rumänien deutlich: Der Sturz des Ceauşescu-Regimes wäre gemäß Baudrillard beinahe gescheitert, hätte man vergessen, seine Leiche zu fotografieren. Der erste Golfkrieg lieferte zum ersten Mal Bilder der militärischen Schlagkraft computergesteuerter, punktgenau einschlagender Bomben im Irak, die keinen Zweifel an der Übermacht der US-Streitkräfte ließen. Es handelte sich um eine Erfindung des Media Lab des Massachusetts Institute of Technology (MIT), das damals direkt an das Pentagon berichtete. Zum fünfjährigen Jubiläum des Media Lab im Jahr 1990 durfte innen nicht gefilmt werden; dort wurde ein animierter Film vorgeführt, in dem ferngesteuerte Panzer und punktgenau ihr Ziel treffende computergesteuerte ballistische Geschosse gezeigt wurden: Diese computeranimierten Bilder waren kurz darauf als echte Live-Bilder in den Fernsehberichten über den Golfkrieg zu sehen. »Virtuelle Realität«, wie es damals hieß, hat also einerseits Umstürze transparent gemacht, aber auch Kriege perfektioniert. Die aus den Pälasten machen sich nicht mal mehr die Finger schmutzig, wenn sie die Hütten bekriegen.

Heute gibt es die Social Media – und mit ihnen die Möglichkeit, Ereignisse massiv zu beeinflussen. Der Philosoph Ethan Zuckerman hat mit einer Studie über den Einfluss von Twitter und Facebook auf den Verlauf des Arabischen Frühlings Furore gemacht. Allerdings stellt er klar heraus, dass nicht eine undichte Datenquelle oder ein Facebook-Update eine Revolution auslösen, sondern Gefühle. Emotionen wie Wut und Frustration über die gegebenen Verhältnisse lassen sich jedoch schnell verbreiten. Die Kommunikation der eigenen Ohnmacht wird zur Macht.[7] Das Magazin *Foreign Policy* reihte Zuckerman mit seinen Ergebnissen unter die hundert einflussreichsten Denker unserer Zeit ein. Erstaunlich ist bei seinen Ergebnissen, dass einerseits Facebook & Co. offensichtlich eine beträchtliche Rolle während der Revolution gespielt hatten – andererseits muss man sich wundern, dass die Regierungen diese Quellen teilweise noch zugelassen hatten. Folgt man also dieser Theorie, so kann eine Diktatur durch die Blockade der Social Media für Ruhe im Karton sorgen. Umgekehrt werden, wenn ein Staat die Social Media als offene Systeme zulässt, Demokratie und Freiheit gestützt; möglicherweise bewirken sie aber auch den Machtverlust der Regierenden; was freilich Teil des demokratischen Systems ist.

Den Netzwerken wird alles zugetraut; selbst die Rolle als eigentlicher Begründer von Demokratien. Dafür spricht die Medientheorie, die den Wert von Informationen hoch einschätzt – höher als das Ereignis selbst. So wäre es beispielsweise niemals zum historischen Fakt geronnen, dass Christopher Columbus einen neuen Kontinent entdeckt hatte, wenn es nicht schnell davon Kunde gegeben hätte, sprich: wenn das Ereignis nicht durch die Verbreitung von gedruckten Texten und Karten manifest geworden wäre.[8] Und dementsprechend wäre möglicherweise ohne das verbreitete Foto vom toten Ceauşescu der Umsturzversuch in Rumänien gescheitert, weil man es schlicht nicht geglaubt hätte. Die Vernetzung ist der Brandbeschleuniger, nicht der Brandsetzer. Auslöser sind die, die ihren Emotionen freien Lauf lassen; wie Mohamed Bouazizi, der notleidende tunesische Gemüsehändler, dessen Einnahmequelle von der Polizei zertrümmert wurde. Die Nachricht von seiner Selbstverbrennung verbreitete sich wie ein Lauffeuer durch die Gassen und unzensierten Medien, bis hin zu den nächsten Dörfern und schließlich im ganzen Land. Überall löste sie Entrüstung aus; den Tunesiern wurde plötzlich klar, dass sie alle in der gleichen miserablen Situation waren. Smartphones und die Social Media allein können jedoch keinen politischen Umbruch auslösen. Es gibt nur ein einziges Medium, das alle diese Umwälzungen verbindet: die Straße. Doch den Mut, die Motivation, die Gemeinschaft, der Wille zur Veränderung – all dies entsteht durch die Vernetzung.

Seit Jahrhunderten protestieren die Menschen auf der Straße. Auf der Straße finden sich libysche Kämpfer, ägyptische Demonstranten, tunesische Gemüsehändler, Occupy-Aktivisten sowie spanische und griechische Demonstranten gegen EU-Sparmaßnahmen wieder. Es sind aber auch andere Kaliber, die solche Veränderungen entscheiden: Waffen. In Libyen waren es zivile Straßenkämpfer, die sich Block für Block vorwagten – bis es nicht mehr weiterging. Und offenbar war es tatsächlich der französische Philosoph Bernard-Henri Lévy, der durch die Straßen von Tripolis ging, die Lage erkannte und seinen guten Bekannten, den französischen Staatspräsidenten, anrief und ihn überzeugte, militärisch einzugreifen, um dem Bürgerkrieg ein Ende zu setzen. Zweifellos: Kämpfe finden auf der Straße statt und werden auch dort entschieden. Weil aber mit Smartphones und sozialen Netzwerken die Möglichkeit besteht, alles, was sich vor meinen Augen abspielt, sofort online zu stellen und zu vervielfältigen, ist offenbar doch die Möglichkeit gegeben, dass die Wahrnehmung zum Resultat führt –

237

so wie die Entdecker Amerikas erst durch die Botschaft ihrer Entdeckung durch Europa zu Entdeckern wurden. Die Social Media haken sich jedoch noch viel früher in Prozesse ein, die öffentlich verhandelt werden.

Transparenz ohne Grenzen

Genug vom Krieg, zurück zur Politik. Was bewirken die Social Media, Smartphones etc., wenn sich Politiker beliebt machen wollen oder wenn es um die Durchsetzung von mehr Transparenz geht? Im Fall von Peer Steinbrück ist es konsequent, das Twittern zu verweigern, und damit bezieht er eine klare Position. Was ihn auch glaubwürdig macht: Als Digital Immigrant denkt er möglicherweise, er beherrschte die Technik nicht so gut, dass er sie für seine strategischen Zwecke nutzen kann. Oder er glaubt nicht, dass er sich als Person per Twitter inszenieren müsse. Aber genau hier liegt bereits der Denkfehler – oder der Bruch zwischen den Geisteshaltungen der Generationen: Digital Natives dulden keine strategische Volksbeeinflussung oder Inszenierung, sondern fordern authentische, bidirektionale Kommunikation im Sinne eines Austauschs auf Augenhöhe!

Der andere Punkt betrifft WikiLeaks und den Willen zur vollkommenen Transparenz als Ausweis einer vollendeten Demokratie. Werden sich Regierungen zukünftig davor hüten, böse Pläne zu schmieden, weil diese schneller ans Licht der Öffentlichkeit kommen können? Der eigentliche Reiz bei der Idee besteht ja darin, dass es nichts Demokratischeres geben kann als ebendie Social Media. Das ist im Prinzip die Idee der PIRATEN, die ja nicht unsympathisch ist. Ganz nach dem Motto: Es gibt einen Konsens hinter den Laptops. Umgekehrt bedeutet dieser Ansatz, dass alle Bemühungen in dem Moment keinen Sinn mehr haben, wenn die bestehenden Regierungen Netzwerke herunterfahren, wie es in ei-

nigen Diktaturen der Fall ist. Die Unterdrückung der Meinungs-
freiheit ist Wesensmerkmal der Diktatur. Aber sind die USA eine
Diktatur, weil sie Informationen wie die von WikiLeaks veröffentlichten Akten verbergen? Gemäß unserem heutigen Verständnis
von Demokratie wohl kaum.

Um ein einziges Mal in diesem Kapitel politisch zu werden: Der
Unterschied zwischen WikiLeaks und den PIRATEN besteht darin, dass die einen etwas tun, was sie zu verantworten haben, und
die anderen das Tun anderer nur kommentieren. Auch wenn sie
noch so schön einen Meinungskonsens gefunden haben, den alle
teilen: Das Wesen der PIRATEN – wenn sie zur Zeit der Veröffentlichung dieses Buches denn noch als Partei existieren – besteht
darin, dass man zu allem seinen Senf dazugibt, ohne aktiv zu werden. Und wie so oft, wenn jeder seine Meinung zu allem sagen
darf, lähmt dies die Entscheidungsfähigkeit. Man kann sogar eher
zu Meinungen, Kommentaren in Foren und Blogs eine krude Mischung zusammenbrauen, die sich später im besten Fall als sym-
pathischer Dilettantismus herausstellt – auch wenn die Gedanken
gefallen sollten. Mit anderen Worten: Das ist digitaler Stammtisch.
Vor allem, weil man sich mit Meinungen weit aus dem Fenster
lehnt, ohne Verantwortung zu übernehmen. Digitale Medien sind
deshalb nicht in jedem Fall der Schlüssel zum politischen Glück.

Wie geht Politik digital?

Was macht eigentlich Politik aus? »Der Sinn von Politik ist Freiheit«, so definierte ihn die Denkerin Hannah Arendt.[9] Politik geht
nicht nur einzelne, sondern alle Mitglieder einer Gesellschaft an,
die sich darüber verständigen müssen, um möglichst frei und fried-
lich leben zu können. Was Informationen angeht, so sind wir darüber aufgeklärt, was man mit eindimensionalen Medien leisten
kann: etwa Propaganda durch das Fernsehen oder Meinungssteue-

rung durch politisch gefärbte Zeitungen. Selbstverständlich sitzen wir medial aufgeklärten Demokratie-Natives im sicheren Sattel, was Beeinflussungsversuche von oben angeht. Die Frage ist nur, ob auf der anderen Seite der Medien-Medaille alles so rosig ist, wie es scheint: ob man durch die vollkommene Offenlegung von Informationen und Daten, also auch durch die Möglichkeit, dass jeder seine Meinung irgendwo kundtut, schon demokratische Verhältnisse etabliert.

Eigentlich müsste es doch etwas geschickter zugehen. Siehe Peer Steinbrück: Er nahm noch nicht einmal die Möglichkeit wahr, dass Twitter oder Facebook ihm das Feedback seiner potenziellen Wähler geben könnte. Immerhin muss man noch Follower oder Friend werden, aber dann kann man nahezu hautnah mit Peer in Kontakt treten. Und dieser hätte seinen Wahlkampf nicht mit lautem Reden, sondern mit dem steten zarten Abklopfen gestalten können, wie denn diese oder jene Meinung auf seine »Fans« wirken würde. So aber hat der Digital Immigrant (oder wohl eher Digital Ignorant) alter Schule Politik mit dem Holzhammer betrieben: in Mikrophone reden, auf Marktplätzen erscheinen und Hände schütteln, in Talkshows herumsitzen und seine Meinung verschleißen, mit den Wählern Fahrrad fahren. Es verhält sich hier wie bei dem Vergleich zwischen Popsänger und YouTube-Amateur: Der eine hat in etlichen Jahren an die neun Millionen Schallplatten verkauft – der andere hat mit einer Darbietung in Gestalt eines kleinen Films innerhalb von wenigen Tagen Abermillionen Zugriffe.

Es nützt alles nichts: Ihr müsst Eure Wähler zu Fans machen. Und damit müsst Ihr nicht einmal aufs Rad steigen, um mit zwanzig Leuten um den Block zu fahren. Deshalb habe ich nie verstanden, warum Politiker immer diese »bürgernahen« Aktionen veranstalten, die sie unglaublich viel Zeit und Kraft kosten. Nirgends ist ein Politiker fassbarer, greifbarer und auch angreifbarer als auf Facebook. Da ist er so nah dran wie meine Freunde. Und ich habe ihn sogar schon einmal gewählt. Als »Friend«. Und auch, wenn ich das nicht tue, erfahre ich relativ verlässlich, was dort abgeht.

Deshalb kann man sich eigentlich jetzt schon darauf einstellen, welcher Politikertyp in einigen Jahren das Sagen haben wird: nicht der- oder diejenige, der / die mit Holzhammer und reißender Rhetorik durch die Massenmedien donnert, sondern der- oder diejenige, der / die sich wirklich für seine Bürger / -innen interessiert. Jemand, der Content liefert. Das ist es, was nicht nur Philipp Rösler vergessen hat: nicht zu liefern, sondern *etwas* zu liefern. Genau: Politik hat etwas mit Inhalt zu tun. Nicht nur mit Meinung, Stimmung und Inszenierung, sondern mit Zielen, Visionen, Perspektiven. Bei allem Geschachere und Politgehabe sind diese Kleinigkeiten etwas aus dem Blick geraten. Schade eigentlich. Aber Inhalte sind schon etwas interessanter als ein vom Parteitag twitternder SPD-Abgeordneter, der mir was über die gute Stimmung vor Ort erzählt, noch ein senfdraufgebender Laptop-Pirat – oder etwa nicht? Mit formulierten Inhalten und klaren Bekenntnissen wäre es sicher weniger schwierig, ein Fan der Politik zu werden.

Ich bin Fan von Barack Obama. Auf Facebook und »in echt«. Wie hat Barack Obama das geschafft? Er hat Botschaften ausgesandt, die man von einem Politiker immer hören will, aber nie zu Ohr bekommt. Als wohl erster Politiker hat er sich glaubwürdig präsentiert. Schon in seiner Autobiographie gibt er ausführlich und offen über seinen früheren Cannabis-Konsum Auskunft: In einem alten VW-Bus habe er damals in Hawaii seine »Choom Gang« regelmäßig getroffen, um sich bei geschlossenen Fenstern einzunebeln und seinen ganze Frust zu vergessen – über den Vater, den er nicht hatte, und über seine interkulturelle Herkunft, aufgrund deren er nirgendwo richtig akzeptiert wurde. Damit war das Thema »Drogenkonsum« biographisch bereits abgehakt, bevor es einer seiner Gegner überhaupt aufs Korn nehmen konnte. Auf diese Weise hat sich Obama ganz bewusst und gezielt in den Fokus der Weltpolitik inszeniert. Denn das ist das Entscheidende: Er ist kein Facebook-

und Twitter-Präsident, sondern hat den richtigen Ton und den zeitgemäßen Takt gefunden, der diese Medien kennzeichnet: Authentizität. Zu dieser Perfektion gehört wesentlich, dass man weiß, mit wem man es zu tun hat, dass man gewisse Facetten von sich preisgibt, statt sie hinter Parolen zu verbergen, und dass man sogar Schwächen aufdeckt – wie Obamas »Drogenvergangenheit«. Schon ist er dort nicht mehr angreifbar, wirkt aber umso menschlicher, selbstbewusster, entschlossener. Jeder seiner Posts auf Facebook zeigt mir, was er gerade tut, hofft, denkt, unternimmt. So, wie man mit vielen Stars und bekannten Leuten plötzlich Kontakt aufnehmen kann, fühlt man sich im Fall Obama über einen Politiker und sein Handeln unterrichtet. Die Amerikaner feiern ihn als »den Präsidenten der Menschen« – zu Recht.

Politische Affinitäten zeigt übrigens seit einiger Zeit der Internetgigant Google. Das Unternehmen hat ein Think-Tank-Netzwerk gegründet, das alles Böse auf dieser Welt eindämmen will: Google Ideas. Der Initiator, Jared Cohen, will durch digitalen Zugang alle Menschen ermächtigen, geeignete Mittel gegen Diktaturen, Drogenkriminalität und andere Übel in der Hand zu haben. »Fünf Milliarden Menschen werden in der kommenden Dekade erstmals Internetzugang bekommen«, erläutert Cohen.[10] Diese zweite digitale Revolution gelte es zu nutzen, um die Welt zu befrieden. Genau diese Maßnahmen könnten allerdings, wie einige Kritiker warnen, auch dazu führen, Aufstände anzuheizen und Kriege erst zu beginnen. Immerhin: »Cohen hat die Gabe, Menschen miteinander ins Gespräch zu bringen.« Auf einer im Juni 2011 in Dublin einberufenen Google-Ideas-Konferenz kamen achtzig »Politiker« unterschiedlichster Couleur zusammen, von Demokraten über Dschihadisten bis zu Neonazis, um »die Welt zu einem besseren Ort« zu machen. Dabei ist es allerdings fraglich, ob es im Interesse eines jeden Teilnehmers ist, seine Aktivitäten freiwillig auf YouTube, in Twitter oder vielleicht auch direkt an Interpol zu kommunizieren. Immerhin: Unsere Generation ist so bemüht wie kaum eine zuvor, die Welt zu retten – politisch wie ökologisch. Uns geht es nicht nur mal eben darum, noch ein paar Mails zu checken. Ein großes Kompliment kommt von der *ZEIT*-Journalistin Christiane Florin, die die Redaktion *Christ & Welt* leitet. Auch wenn sie uns viel vorzuwerfen hat – von der Dauersüppelei an Wasserflaschen während Vorlesungen bis hin zu dem Interesse an der Arabischen Revolution, das vor allem auf einem getwitterten Foto von einem Mädchen mit blauem BH[11] beruhen soll (ein Mädchen so alt wie wir und einem BH, der genauso aussieht wie die blauen H&M-BHs, die hier jeder trägt) –, kommt sie zu dem überzeugten Fazit: »Ihr wollt nicht die Macht verstehen, ihr wollt euch verstanden wissen. Damit seid ihr rebellischer als all die Jugendstudien behaupten, die euch zur unpolitischen Generation erklären.«[12]

13 Von der Virtual Reality zur Real Virtuality

Szenerien und Szenarien einer Zukunft

Ein gutaussehender junger Mann sitzt in einem Restaurant und sieht die Welt buchstäblich durch eine »Netzhaut«: Alle Gedanken und Sinneseindrücke erscheinen dreidimensional vor ihm als gläserne Wand, direkt analysiert und angereichert mit Statistiken bis hin zu verbalen Optionen, wie er die Situation einschätzen und auf sein Gegenüber optimal reagieren sollte. Er trägt digitale Kontaktlinsen, vermutlich die Weiterentwicklung von Glass, der digitalen Brille von Google. Die junge Frau ihm gegenüber, die sich zu einem ersten Date mit ihm getroffen hat, ist etwas irritiert; er wirkt, als sei er nicht so richtig bei der Sache. Ist er ja auch nicht, weil er kaum zuhören kann und ständig mit dem Ablesen der Daten vor seinen Augen beschäftigt ist. Auf seinen Kontaktlinsen läuft eine Dating-App, die automatisch das Gegenüber analysiert – die Stimmlage, die Gesichtsausdrücke, die ganze Situation –, die die Eroberungschancen einschätzt und Handlungsanweisungen gibt, um die Frau möglichst für sich einzunehmen. Sie dagegen scheint sehr genau zu wissen, was sie will. Vermutlich kennen sich die beiden aus dem Flirt-Chat schon ganz gut, zu erzählen haben sie sich wenig. Es entwickelt sich eine kurze Debatte, warum sie nicht auf dem Profil preisgegeben hat, dass sie Vegetarierin ist – sonst scheinen aber alle »Daten« übereinzustimmen. Der Typ macht aber eben auf die Frau einen schwerfälligen Eindruck. Nun ja, immerhin muss er auf ihren Wunsch hin nun auch auf der Karte einen geeigneten Wein aussuchen – natürlich auf einer digitalen Weinkarte, eingeblendet auf der »Netzhaut«. Er prüft kurz den für die gegebene Situation vorgeschlagenen Wein. Und löst den Bestellklick aus.

Die etwas unerwartete Wendung: Ihr anfänglicher Eindruck legt sich nach einem zweiten Glas Wein, denn nun ist sie auch etwas träger geworden. Schlagartig flitzt die Chancenkurve in der Dating-App nach oben. Und die beiden landen schließlich bei ihm in der Wohnung. Und trotzdem klappt es im letzten Moment nicht, denn beim Scannen des Appartements dringt sie in seinen »Datenraum« ein und muss feststellen, dass es dort auch eine strotzende virtuelle Trophäenwand mit all seinen vorherigen Eroberungen gibt, wo sie nach der gemeinsam verbrachten Nacht sicher auch eingerahmt werden würde. Die junge Frau hatte also auch einen Chip als Kontaktlinse und die ganze Zeit simultan real und virtuell agiert. Nur hat sie offenbar den Überblick behalten. Doch was passiert, als sich der gerade noch so eloquente Typ in ihre »Netzhaut« einhackt und sie versucht zu manipulieren, mag man sich gar nicht vorstellen.

Eine kühne, aber arg unrealistische Zukunftsvision? So jedenfalls stellen sich die Regisseure Eran May-raz und Daniel Lazo in ihrem Kurzfilm *Sight*[1] ein Date der Zukunft vor. Kühn, ja – aber unrealistisch? Die Google-Brille Glass, mit der man Daten sammeln und Fotos machen kann, hat bereits Marktreife.[2] So soll das Digitale mit dem Analogen vollkommen verschmolzen werden. Heutzutage können wir Laptop und Smartphone noch gezielt weglegen und ausschalten. Wird das jedoch so bleiben? Zukunftsvisionen, wie die oben geschilderte, werden in den Laboren bereits in die Realität umgesetzt. Inzwischen sind die digitalen Medien so weit entwickelt, dass sie grundlegende ethische Fragestellungen aufwerfen.

Eigentlich, so lehrt uns die Philosophie, können alle Dinge ausschließlich in den Kategorien Raum und Zeit wahrgenommen werden. So etwas wie Unendlichkeit können wir uns gar nicht vorstellen. Doch Raum und Zeit scheinen sich selbst gerade zu verschieben. Die Daten an den transparenten Wänden in dem Film spiegeln sowohl Tabellarisches und Nützliches adäquat zu der Situation wider als auch die Wahrnehmungen und Schlussfolgerungen desjenigen, der da denkt, spricht und handelt – wenn auch, wie wir gesehen haben, etwas abgelenkt.

Ist das nun die schöne, neue Medienwelt oder der totale Verfall einer an sich schon sehr reizvollen Realität? Werden wir in Zukunft immer total online sein? Und deshalb immer etwas neben der Spur – und doch letztlich geerdet oder erfolgreicher in unserem Tun und Treiben? Werden wir uns mit einer bildlichen Netzhaut vor uns durch die Gegend bewegen, statt wie in der Gegenwart auf Monitore zu starren? Werden wir uns im wahrsten Sinne des Wortes eine Realität vorspiegeln lassen, die es sonst gar nicht gäbe? Wo steuern wir hin?

Visionen ohne Arztbesuch

Computervisionen waren schon immer spaßig anzusehen. Angefangen bei HAL 9000, einem der Protagonisten aus Stanley Kubricks Science-Fiction-Klassiker *2001: A Space Odyssey* aus dem Jahr 1968. HAL ist der fiktive Computer des Raumschiffs *Discovery*. Auch in dem Fortsetzungsfilm *2010: Das Jahr, in dem wir Kontakt aufnehmen* aus den Jahr 1984 taucht HAL wieder auf. Das Interessante an HAL sind seine menschlichen Eigenschaften. Computer wurden von Anfang an gedacht als Maschinen, die wie Menschen agieren. HAL entpuppt sich sogar als rechter Neurotiker, der die Mannschaft des Raumschiffes beseitigen will, als er merkt, dass man ihn abschalten möchte: purer Überlebenskampf. HAL tötet alle bis auf einen: Diesem gelingt es, HALs Funktionsmodule einen nach dem anderen zu deaktivieren; HAL degeneriert zusehends, bis sein geistiges Niveau schließlich beim Singen eines Kinderlieds angelangt ist – in der deutschen Fassung handelt es sich um *Hänschen klein*. Zu mehr ist er nicht mehr fähig, bevor er gänzlich »das Bewusstsein« verliert. HAL erweist sich als hochemotionales »Wesen«, das furchtbare Angst davor entwickelt, seiner Existenz beraubt zu werden. In der Fiktion von *2010,* die aus dem Jahr 1984 stammt, wird aus HAL mit der roten Leuchte SAL 9000 mit der blauen Leuchte, und noch dazu weiblich. HAL ist übrigens gerade fünfzehn beziehungsweise zwanzig Jahre alt geworden. Im Roman von Arthur C. Clarke wird er im Jahr 1997 in Betrieb genommen, im Film 1992. 2003 ist HAL übrigens in die Robot Hall of Fame aufgenommen worden.

1968, 1984, 1992, 1997, 2012: interessante Daten, was die Geschichte der Visionen bis hin zu der Fiktion aus *Sight* angeht. 1984 war bekanntlich das Horrorjahr, in das George Orwell seine Fiktion vom totalen Überwachungsstaat verlegt hatte, mit Big Brother als das allsehende Auge – im gleichen Jahr als Apple-Werbespot mit der Botschaft verbunden, dass dieses Szenario, Apple sei Dank, nicht eintreten werde. Ein Jahr später eröffnete das Massachusetts Institute of Technology das Media Lab, ein Forschungsinstitut für Spezialisten aus den Bereichen Robotik, Künstliche Intelligenz und Computertechnologie. Zeitgleich kam der Begriff der »virtuellen Realität« auf; der austro-kanadische Robotik-Wissenschaftler Hans Moravec publizierte sein Buch *Mind Children,* das die Übernahme nahezu aller Handlungs- und Denkprozesse durch Roboter prophezeit.

Schon 1980 entwickelte Moravec an der Stanford University ferngesteuerte Roboter, die mit einer Kamera ausgerüstet waren und ihre Wege per Computer selbst steuerten. 1992 finanzierte ihm die Regierung Bush an der Carnegie Mellon University ein Programm, um diesen Roboter so ausbaufähig zu machen, dass er eines Tages bei der Erforschung des Mars eingesetzt werden könnte. 1997 kam die Digitaltechnologie mit der Verschmelzung von Telekommunikation und Computertechnologie auch für die normalen Verbraucher so richtig in Fahrt. Heute kurvt *Curiosity,* die Weiterentwicklung von Moravecs Visionen, auf dem Mars herum und schickt uns Ansichtskarten, während sich drüben in Nachbars Garten zur Belustigung der Kinder gerade mal wieder der Rasen-Roboter anschickt, eine Runde über die Wiese zu drehen und die Grasspitzen zu kappen. Die Nachbarn sind im Urlaub.

Die Gegenwart: Augmented Reality

In *2001: A Space Odyssey* legt HAL ganz menschliche Züge an den Tag – vor allem aufgrund seiner guten Kinderstube, die ihm durch seine frühe »Erziehung« beigebracht wurde. In *Sight* hingegen verhält es sich umgekehrt: Menschen nehmen Züge von Computern an. Sie sind zumindest teilweise Objekte ihres eigenen digitalen Umfelds, aus dem heraus sich ihre Lebenswelt gestaltet. Möglicherweise ist diese Fiktion genauso charmant und bescheuert wie jene von Stanley Kubrick und Arthur C. Clarke. In Moravecs *Mind Children* klingt es noch wie eine Bedrohung, was uns heute schon beinahe selbstverständlich erscheint:

Ich sehe diese Maschinen als unsere Nachkommen. (…) Und wir werden unsere neuen Roboterkinder gernhaben, denn sie werden angenehmer sein als Menschen. (…) Ein Roboter (…) ist ein reines Geschöpf unserer Kultur, und sein Erfolg hängt davon ab, wie diese Kultur sich weiterentwickelt. Er wird sich also sehr viel besser eingliedern, als viele Menschen das tun. Wir werden sie also mögen, und wir werden uns mit ihnen identifizieren. Wir werden sie als Kinder annehmen – als Kinder, die nicht durch unsere Gene geprägt sind, sondern die wir mit unseren Händen und mit unserem Geist gebaut haben.[3]

Damit sind wir in der Gegenwart angelangt, die eigentlich eine Zukunft ist. Denn wir sind noch lange nicht am Ende angelangt. Aber so selbstverständlich, wie sich Visionen verändern, scheinen sich auch Horrorszenarien zu entwickeln: zum Guten. Moravecs

»Kinder« haben sich jedenfalls gut entwickelt, von der Haushalts-
hilfe bis zum Marstouristen. Und wir selbst? Wir stecken heute
knietief in digitalen Welten, und es ist gar nicht so schlimm.
Kommen wir deshalb abschließend zur Sache. Besser gesagt, zum
»Internet der Dinge«: den Big Data, der Augmented Reality und
allem, was in naher Zukunft auf uns zukommt. Wenn man vor
zwanzig Jahren von der virtuellen Realität redete, die damals noch
in weiter Ferne zu liegen schien, dann stellt sich die Frage, ab
wann wir von »Real Virtuality« sprechen.

Augmented Reality begegnet uns in Medien, die nicht unbedingt
einen Monitor haben. Es sei denn, es handelt sich um Windschutz-
scheiben, die zum Monitor werden – mit Einschätzung der Wetter-
und Bodenverhältnisse, digitalen Verkehrszeichen und Warnungen,
sobald eine Verkehrsregel nicht eingehalten wird. Für solche Dinge
benötigt man heute keine großartige Technologie mehr – und schon
gar keine realen Verkehrs- oder Ortsschilder, nicht einmal Ampeln.

Augmented Reality ist die computergestützte Erweiterung der
Realitätswahrnehmung. Wir kennen das zum Beispiel von Sport-
übertragungen, wenn im Fußball eine Szene eingefroren und über-
zeichnet wird, etwa mit den optimalen Laufwegen. In zahlreichen
Science-Fiction- oder Krimiserien werden Skizzen und Scans auf
transparente Wände in den Raum oder gleich in die Luft projiziert.
Aber schauen wir uns doch einfach in den eigenen vier Wänden
um: Mit dem Weckerklingeln erwacht das Haus zum Leben; der
Kaffee wird selbsttätig aufgebrüht, im Bad erklingt schon stim-
mungsabhängig automatisch die richtige Musik zum anstehenden
Duschen, die wichtigsten Infos zum Tag werden auf den Badezim-
merspiegel projiziert, der Kühlschrank druckt noch eben die Ein-
kaufsliste aus oder sendet sie direkt an meinen Lebensmittelhänd-
ler des Vertrauens, und der Einkauf steht dann direkt vor der Tür.
Gekocht wird, was der Kühlschrank anhand des Blicks auf die Vor-
räte vorschlägt (natürlich möglichst abwechslungsreich, was wir
schon lange nicht mehr gegessen haben). Das Kochen wird zum

Spiel; beim Karottenschneiden oder Zwiebelrösten sammle ich auf meiner »Netzhaut«/Brille Punkte und erreiche den nächsten Level. Die Toilette ersetzt den Hausarzt, weil sie einen automatischen Urintest auswertet und einen Gesundheitsplan aufstellt ...
Visionen eines Intelligent Building gibt es schon lange. Im Tron House in Japan hat man diese Dinge bereits vor über zwanzig Jahren realisiert, nur etwas mühsamer, als es heute möglich ist. Der Designer Ken Sakamura entwickelte damals eine Fusion aus Haus, humanen Wohnbedürfnissen und Computertechnologie. Das Projekt kostete damals umgerechnet neun Millionen Euro.[4] Heute kann man das preiswerter haben. Dank dem Megatrend Big Data, also der ständig weiter zunehmenden gigantischen Menge an gespeicherten und analysierbaren Daten, die von immer mehr internetverbundenen Geräten erfasst werden, haben wir die Zukunft an der Fingerspitze: das Internet of things, das Internet der Dinge, ist wohl die bezeichnendste Sprachschöpfung, die den Gegensatz zwischen virtueller Realität und realer Virtualität endgültig aufhebt.
Auf Smartphones ist Augmented Reality als Mobile Storytelling Realität, zum Beispiel als virtueller Reiseführer: Die Kamera erkennt ihre Umgebung und schickt die Beschreibung der Landschaft, der Stadt oder des Denkmals direkt in das dazugehörige Bild hinein. Diese »erweiterte Realität« findet sich dann auch in dem Film *Sight* beim Dating wieder; mehr oder weniger hilfreich.
Ansonsten kann sich das Einsatzspektrum in jeden Lebensbereich fortsetzen: Öffnen wir den Kühlschrank, scannt die Netzhaut die Bestände; sie zeigt an, was von unserer Wunschliste fehlt, was gerade verdirbt und was in den nächsten Tagen verzehrt werden sollte. Ingenieure ziehen sich eine Maske über und sehen auf dem transparenten Schutzschild die Gebrauchsanweisung für ihr Gerät oder den nächsten Arbeitsschritt eingeblendet. Da kann eigentlich nichts mehr schiefgehen.
Der nächste Schritt ist dann eigentlich nicht mehr weit. Man

braucht nur noch die jeweiligen Einheiten miteinander zu vernetzen, und schon ist Ruhe auf dem Planeten: Denn die Vision von Hans Moravec hat soeben ihren letzten Schritt unternommen.

Utopia wird Realität

Nun ist es beinahe schon technisch möglich, dass der Mähdrescher von selbst weiß, wann es Zeit ist für die Ernte, dass er genau weiß, wo er hinfährt, sich mit der Genossenschaft zu dem Termin der Nutzung abgesprochen hat, dass er das Feld abgrast, die Braugerste aberntet und die Spreu vom Weizen trennt, einlagert und dann an die nächste Einheit übergibt, die die Gerste in den Brauprozess überführt, in Speicher füllt, unter Zugabe von Wasser zum Keimen ansetzt, danach darren lässt, das fertige Malz schrotet und termingerecht im Maischbottich mit Wasser vermischt, kocht, dem Hopfen zuführt und so weiter … bis der Bauer in seinem Stammgasthaus das fertige Bier erhebt und für die gute Ernte dankt. Wieso sollte man sich noch in die Prozesse einklinken, bei Wind und Wetter Trecker fahren?

Um 1900 konnte ein Bauer vier Menschen von seiner Arbeitskraft ernähren. 1950 waren es zehn und 2010 bereits 128 Menschen. Wird vielleicht im Jahr 2020 ein Bauer 128 Mähdrescher überwachen, die eine ganze Region ernähren werden?

Das ist Fortschritt, und er macht unser Leben bequemer und einfacher. »Fortschritt ist nur die Verwirklichung von Utopien«, sagte Oscar Wilde vor über hundert Jahren. Zukunftsforscher sprechen inzwischen von einer Übernahme des gesamten primären und sekundären Sektors durch Maschinen. Und man sollte denken: Wunderbar, das Leben kann so einfach sein.

Stattdessen kommen Ängste und Sorgen auf, die der Maschinenstürmerei vergangener Tage ähneln. Um Gottes willen, was sollen wir denn dann tun? Und noch viel schlimmer: Die Maschinen nehmen uns die Geistesarbeit ab! Eines Tages werden sie uns bestimmen – wie in den Filmen *Terminator* und *Matrix*. In *Matrix* bilden die Menschen sich sogar ein, dass sie noch alles im Griff hätten, nur weil die Roboter ihnen einen Chip eingepflanzt haben. In »Wirklichkeit« sind es nur noch ein paar ausgewählte Überlebende, die den »Agenten« einen leichten Strich durch die Rechnung machen – und in Riesen-Blasen züchten die Roboter menschgleiche Wesen heran, die dann auf der Welt herumspazieren. Der Begriff »Matrix« kommt übrigens aus dem Lateinischen und bedeutet ursprünglich »Gebärmutter«.

Solche Szenarien werden sicher nicht Realität werden. Und selbst wenn, würde es Hans Moravec nicht jucken. Nun gut, er ist ja auch der Bad Boy dieser Phantasie. Aber hier kommt die gute Nachricht: Würde der Brauprozess so verlaufen, dass kein Mensch mehr Hand anlegen müsste, dann würde das Bier garantiert fad schmecken. Die Rezeptur erfordert die ständige Kontrolle und Fingerspitzengefühl; sie beruht meist auf altem Wissen, das vielleicht seit Jahrhunderten in der gleichen Familie gehütet wurde – das macht dieses Getränk so einzigartig und vielfältig zugleich. Es ist immer das gewisse Etwas, das das Besondere ausmacht. Denn die ästhetische Dimension ist allein menschenbestimmt.

Allzu menschlich-menschlich

Menschen entwickeln Ideen. Sie haben Vorstellungen, malen Bilder, träumen. Sie denken vor, zurück, quer, weiter. Sie folgen ihren Gefühlen. Sie lieben. Das können Computer (so schnell) nicht. Menschen haben unglaubliche Dinge hervorgebracht: das Höhlengleichnis, die Mona Lisa, das Deckengemälde der Sixtinischen Kapelle, die Aufklärung, die Psychoanalyse, die Relativitätstheorie. Das würde Computern vermutlich in Hunderten von Jahren noch nicht einfallen. Wir aber haben Computer erfunden und perfektionieren sie immer weiter, damit sie uns dienen und unsere zutiefst menschlichen Bedürfnisse befriedigen.

Außerdem führen uns die modernsten Medien fortwährend vor Augen, dass wir keine Einzelwesen sind. Die Social Media haben uns wieder einen Aspekt in unser Leben zurückgeführt, der sich weitgehend verloren hatte. So wie der Supermarkt als anonymer Betrieb in der Kritik stand, so erfahren wir jetzt, dass auch dort Menschen arbeiten, die wir begrüßen können und die uns vielleicht irgendwann einmal mit Namen kennen. In dem Moment, als Computertechnologie und Telekommunikation zusammengeführt wurden – eine Vision, die übrigens kaum jemand aus Film, Funk und Fernsehen auf dem Schirm hatte –, begann eine neue Ära. Wir lernten wieder, miteinander zu kommunizieren wie auf dem Dorfplatz: Alle miteinander und nicht jeder Einzelne mit einem anderen. Als die einen noch das Ende des klassischen Briefes bejammerten, schrieben die anderen längst begeistert ihre E-Mails. Während Philosophen den Verlust des kommunikativen Handelns und des gesellschaftlichen Diskurses befürchteten oder auch einen »Menschenpark« (Peter Sloterdijk) heraufziehen sehen, haben sich die meisten einen Facebook-Account eingerichtet und nach und nach gelernt, dass sie Teil einer riesigen, sich immer weiter ausdehnenden Gemeinschaft sind, die mittlerweile ein paar Milliarden Menschen theoretisch vernetzt.

Und dennoch hegen und pflegen wir unseren Freundeskreis – vermutlich intensiver denn je. Wir wundern und freuen uns manchmal darüber, dass ein Bekannter offenbar einen anderen kennt, und finden auf diese Weise unseren Platz in der Welt und in einer Gemeinschaft, die sich so nennen darf. Ganz nach dem Motto: Es ist nicht alles Technik, was glänzt. Was da so schick glänzt und leuchtet, ist nicht nur ein Monitor, es ist der Zugang zur Menschheit. Es ist die Chance, ganz große Dinge ins Rollen zu bringen, sei es mein eigenes kleines Business, Facebook oder die Rettung Afrikas. Es verändert unser Leben. Aber wir verändern uns deswegen nicht fundamental. Denn das *Pling!* einer neuen Nachricht verursacht vielleicht kurzfristig die Ausschüttung eines Kuschelhormons, es ersetzt aber nicht das erste Verliebtsein, das erste Mal, die warme Sonne auf der Haut, den Neuschnee, der einem beim Snowboarden ins Gesicht fliegt, die Party, die wir live feiern, oder eben das Bier, das vor uns auf dem Tisch steht. Eben alles, was das Leben so lebenswert macht.

Virtuelle Realität hat sich gewandelt – zur realen Virtualität. Aber selbst wenn wir es auf der Netzhaut strategisch vorbereiten würden, bleibt ein Date ein Date, mit der Option auf Erfolg oder Misserfolg. Selbst wenn Supercomputer die Macht über alle erdenklichen Prozesse übernehmen können – ja, dann hätten wir doch endlich Zeit für andere Dinge; zum Beispiel das, was wir schon immer mal machen wollten. Sicher, es gibt im Internet jede Menge Kriminalität – es gibt auf Social-Media-Seiten jede Menge Pädophile, es gibt Mietwohnungen, die gar keine sind. Es gibt im Internet nichts, was es im wahren Leben nicht auch gibt. Und es gibt uns, die sich gegenseitig davor warnen können. Bevor wir es aus der Zeitung erfahren.

Wenn unsere Generation eine Aufgabe hat, dann besteht sie darin, Medienkompetenz weiterzugeben. Das Internet besser machen, um besser zu werden. Früher war die wichtigste intellektuelle Waffe der Stift des Schriftstellers. Heute ist es das Smartphone. Wir können uns mitteilen. Und das bedeutet Teilen. Und das wiederum: ein Teil dieser Welt sein und unseren Platz in ihr haben. Das ist es, was wir wollen.

Dank

Anfang 2012 war es so weit. Immer häufiger sprachen mich nach meinen Vorträgen die Teilnehmer ganz ungläubig an:»Wenn mir das mal vorher jemand so verständlich erklärt hätte!« Und als sie auch noch etwas von»Jungspund« murmelten, war mir klar: Es ist Zeit – Zeit, all die Ideen, Fragen und Erfahrungen (ja, die macht man auch als Jungspund), all das, womit ich mich so intensiv beschäftigt habe, all die Diskussionen an den Besprechungstischen der Unternehmenslenker genauso wie am heimischen Küchentisch zusammenzufassen, zu strukturieren und die Erkenntnisse vielen Menschen jeden Alters zugänglich zu machen.

Greta Andreas half mir, dieses Projekt professionell umzusetzen. Sie begleitete mich durch den schönen, teils auch nervenaufreibenden Prozess der Entstehung dieses Buchs. Stets bietet sie mir Orientierung in den Untiefen des Autoren- und Rednerlebens. Als kritische, dabei immer motivierende Unterstützerin sorgt sie dafür, dass ich kreativ träumen kann und dabei das Wesentliche nicht aus den Augen verliere.

Jochen Voß eröffnete mir einen neuen Zugang zu meinen Lieblingsthemen. Mit ihm durfte ich produktive und erkenntnisreiche Zeiten verbringen – brainstormen, diskutieren, strukturieren, schreiben, verwerfen (wobei unzählige Pizzen mit im Spiel waren). Wir bleiben gespannt auf die digitale Zukunft, versprochen!

Dr. Patrick Krause hat mich mit seinen klugen Textideen und seiner wohlwollend-kritischen Spiegelung aus völlig neuen Perspektiven immer wieder überrascht. Seit unserer Zusammenarbeit weiß ich, mit welch sprachlicher Leichtigkeit selbst komplexe Sachverhalte in Schriftform erklärt werden können. Eine großartige Erfahrung. Vor allem Euch dreien: Danke, dass Ihr für mich und das Buchprojekt da wart!

Danken möchte ich all den Menschen, die meine Podcasts angeschaut, mich auf Kongresse und in Unternehmen eingeladen, sich für meine Sicht auf die Welt interessiert, mir Feedback auf die eine oder andere Weise gegeben und jetzt auch dieses Buch gelesen haben: Ihr habt mich dorthin geführt, wo ich jetzt stehen darf.

Dr. Thomas Tilcher vom Knaur Verlag verdanke ich nicht nur phantastische Anregungen und den berühmten »letzten Schliff«. Wenn jeder Digital Immigrant so wäre wie er, hätte es dieses Buch nicht gebraucht. Danke für Ihr Vertrauen, von Anfang an!

Vielen Dank meinem Freund Johannes Keller und meinem Onkel Erwin Winkler für das jeweils allererste Feedback aus der eigenen Generation der Digital Natives beziehungsweise der Digital Immigrants.

Meinen Lehrern der 11. und 12. Klasse am Dossenberger-Gymnasium Günzburg danke ich, dass sie mein Fehlen an so manchem Vormittag mit Nachsicht vermerkt haben. Und vor allem meinem Schulleiter Herrn Dr. Christoph Henzler. Er hat mir durch die wohlwollende Unterstützung und Förderung meiner nebenschulischen Aktivitäten den Freiraum gegeben, der dieses Buch letztlich erst möglich machte.

Und, das Beste kommt zum Schluss, meine Liebsten: Mama, Papa, Opa, Oma, Silvia, Erwin, Aennie, Joey, Madi und Jonathan. Euch allen gilt mein herzlicher Dank!

Philipp Riederle
Burgau, im Januar 2013

Anmerkungen

Alle Anmerkungen und Quellen sind im Internet abrufbar:
www.werwirsind.de/a/

1 Die lieben Medien – und wie wir damit umgehen

1 Boldt, Gregor, »Smartphone löst Auto als Statussymbol ab«, *WAZ*, 16. 07. 2012 (http://www.derwesten.de/politik/smartphone-loest-auto-als-statussymbol-ab-id6887469.html)
2 Hanfeld, Michael, »Echte Strategen machen es anders«, *FAZ*, 25. 10. 2012 (http://www.faz.net/aktuell/feuilleton/medien/medienmacht-der-politik-echte-strategen-machen-es-anders-11938420.html)
3 Arbitron, Edison Research, »The Infinite Dial 2012 – Navigating Digital Platforms«, 04/2012 (http://www.edisonresearch.com/wp-content/uploads/2012/04/Edison_Research_Arbitron_Infinite_Dial_2012.pdf, p. 50)
4 »Wo ist die Party? Hier ist die Party!«, in: *Süddeutsche Zeitung Wissen* v. 26. 10. 2012, S. 16
5 PewResearchCenter, »The social side of the internet«, 01/2011 (http://www.pewinternet.org/~/media//Files/Reports/2011/PIP_Social_Side_of_the_Internet.pdf)
6 Penenberg, Adam, »Social Networking Affects Brains Like Falling in Love«, 01. 07. 2010, FastCompany (http://www.fastcompany.com/1659062/social-networking-affects-brains-falling-love)
7 Zak, Paul, »Trust, morality – and oxytocin«, 07/2011, Vortrag bei TEDGlobal2011 (http://www.ted.com/talks/lang/de/paul_zak_trust_morality_and_oxytocin.html)
8 Titel des Vortrags zum fünfjährigen Jubiläum des Media Lab, MIT Boston, 1./2. Oktober 1990.
9 http://www.stefan-niggemeier.de/blog/eine-systematische-stoerung/
10 http://www.sueddeutsche.de/digital/unerwarteter-effekt-durch-filesharing-filmumsaetze-seit-megaupload-aus-gesunken-1.1532688
11 http://www.sueddeutsche.de/digital/interview-mit-filesharing-forschern-megaupload-schliessung-nutzte-nur-den-mainstream-filmen-1.1534003
12 http://stakeholders.ofcom.org.uk/market-data-research/other/telecoms-research/copyright-infringement-tracker/

2 Vom Auto bis zum Automaten

1 Möbius, Guido, »Gema, der Club der oberen 3400«, *Frankfurter Rundschau,* 25.06.2012, (http://www.fr-online.de/kultur/streit-um-gema-gebuehren-gema--der-club-der-oberen-3400,1472786,16472672.html)
2 Ebda.
3 http://www.youtube.com/watch?v=5pidokakU4I
4 http://de.wikipedia.org/wiki/The_KLF http://www.amazon.de/s/ref=nb_sb_noss_1?__mk_de_DE=%C5M%C5Z%D5 %D1&url=search-alias%3Daps&field-keywords=KLF+Handbuch
5 http://www.youtube.com/watch?v=VaZgtQRmunA&feature=related, ab ca. Min. 5'40"
6 Tartier, Jens, »Die Jugend pfeift auf den Führerschein«, *Stern,* 31.08.2011 (http://www.stern.de/auto/news/weniger-pruefungen-die-jugend-pfeift-auf-den-fuehrerschein-1722643.html)
7 »Mobil mit dem Smartphone«, *FAS* vom 15./16. September 2012, S. C1

3 Start making sense!

1 Axel Springer Media Impact Marktanalyse, Nielsen Media Research, »Werbe-Barometer 2012« (http://www.axelspringer-mediapilot.de/branchenberichte/Werbemarkt-Werbemarkt_703276.html)
2 http://www.youtube.com/watch?v=iranKTRu86E
3 http://www.youtube.com/watch?v=QHa8 g1JhSuo
4 Interbrand, »BEST GLOBAL BRANDS 2012«, 10/2012, http://www.interbrand.com/Libraries/Branding_Studies/Best_Global_Brands_2012.sflb.ashx?download=true
5 Isaacson, Walter, *Steve Jobs,* München 2011

4 Was treibt uns an?

1 Manifest der Digital Natives, aus DNAdigital, ISBN_978-924013-98-8
2 http://www.youtube.com/user/kidrauhl/videos?sort=da&flow=grid&view=0
3 http://www.youtube.com/watch?v=3oJyssf8C5 k&feature=plcp
4 http://einestages.spiegel.de/s/tb/25 486/generation-x-generation-golf-und-co-die-populaersten-generationen-begriffe.html
5 http://www.youtube.com/watch?gl=DE&hl=de&v=bEH4J_TXC7U
6 http://www.thestylerookie.com
7 http://de.wikipedia.org/wiki/Freemium
8 http://ploechinger.tumblr.com/post/35 978 765 118/wieso-wir-leserclubs-brauchen

5 User-generated Life in einer flüssigen Welt

1 Kittler, Friedrich, *Grammophon, Film, Typewriter.* 1986
2 Shteyngart, Gary, *Super Sad True Love Story.* 2011

3 Goetz, Rainald, *Johann Holtrop*. Berlin 2012
4 Ruhkamp, Christoph, »Mobil mit dem Smartphone«, *FAZ,* 17. 09. 2012 (http://www.faz.net / aktuell / beruf-chance / arbeitswelt / ingenieure / mobilitaets-dienstleister-mobil-mit-dem-smartphone-11889244.html)
5 »Studie: Weniger US-Jugendliche machen Führerschein«, *dpa,* 09. 08. 2012 (http://www.stuttgarter-zeitung.de / inhalt.usa-studie-weniger-us-jugendliche-machen-fuehrerschein.739d7813–0de5–4c9 b-b8fb-5c1d944c9 f0 d.html)
6 *FAS* vom 23. September 2012
7 http://www.sueddeutsche.de / wirtschaft / share-economy-im-internet-die-generation-y-teilt-1.1556736–2

6 Keine Altersfrage: Kindheit und Erwachsensein

1 http://www.youtube.com / watch?v=aXV-yaFmQNkhttp://www.youtube.com / watch?v=aXV-yaFmQNk
2 »Studie zum Rauschtrinken: Jugendliche trinken weniger Alkohol«, stern.de (unter Bezug auf BZgA-Studie), 17. 09. 2012 (http://www.stern.de / panorama / studie-zum-rauschtrinken-jugendliche-trinken-weniger-alkohol-1896017.html)
3 Bartens, Werner, Fellmann, Max, »Jetzt schon?«, *SZ-Magazin* 22 / 2012, (http://sz-magazin.sueddeutsche.de / texte / anzeigen / 37 599)
4 http://youtu.be / ej7afkypUsc

7 Bildung – auf den Kopf gestellt

1 »Macht Lernen dumm?«, Precht – ZDF, 02. 09. 2012 (http://www.zdf.de / ZDFmediathek / beitrag / video / 1720560 / Macht-Lernen-dumm%253F)
2 http://one.laptop.org /
3 www.ted.com / talks / lang / en / sugata_mitra_the_child_driven_education.html
4 http://www.niit-tech.de / unternehmen / soziales-engagement /
5 Vgl. Sloterdijk, Peter, *Du musst dein Leben ändern!*. Frankfurt a. M. 2009.
6 Sir Ken Robinson, Bring on the learning revolution!, http://www.ted.com / talks / sir_ken_robinson_bring_on_the_revolution.html
7 William Butler Yeats, *Er wünscht sich die Tücher des Himmels* in: William Butler Yeats, *Die Gedichte,* München 2005
8 Immanuel Kant, *Was ist Aufklärung?* Frankfurt a. M. 1784.
9 Peter Sloterdijk, *Du musst dein Leben ändern.* Frankfurt a. M. 2009, S. 174 f.
10 Sir Ken Robinson, School Kills Creativity, http://www.ted.com / talks / ken_robinson_says_schools_kill_creativity.html
11 Sugata Mitra: The child-driven education, Übersetzung d. A.

8 Es gibt viel zu tun

1 Regus Work-Life Balance Index, Mai 2012, S. 14 http://www.regus.presscentre.com / imagelibrary / downloadMedia.ashx?MediaDetailsID=40473
2 *dpa,* »Mitarbeiter-Ideen bringen VW und Conti Millionen-Einsparungen«, 16. 07. 2012, http://www.zeit.de / news / 2012–07 / 16 / auto-mitarbeiter-ideen-bringen-vw-und-conti-millionen-einsparungen-16133402

3 KRAFTKLUB, »Ich will nicht nach Berlin«, 2011, ab ca. 01:20, http://www. youtube.com/watch?v=K0rEQHbo7PQ

4 http://www.kickstarter.com/projects/597507018/pebble-e-paper-watch-for-iphone-and-android

5 http://www.kickstarter.com/projects/1590403900/soloshot-go-film-your-self-automatically

6 http://www.kickstarter.com/projects/586262941/the-olympic-city

7 http://www.kickstarter.com/projects/1203647021/the-powerpot

8 http://www.kickstarter.com/projects/smartthings/smartthings-make-your-world-smarter

9 http://www.kickstarter.com/projects/limemouse/lifx-the-light-bulb-reinvented

10 http://www.kickstarter.com/projects/windowfarms/learn-to-grow-and-share-with-new-windowfarms

11 Obmann, Claudia, »Die enttäuschte Generation«, *Handelsblatt,* 21.09.2012, S. 59 (http://www.handelsblatt-hochschulinitiative.de/index.php/karriere-weiterbildung/1815-die-entt%C3%A4uschte-generation.html)

12 Quelle: Ute Eberle, »Urlaub nach Gusto«, in: *brand eins,* Ausg. 8/12, S. 66ff.

13 Bund, Kerstin, Jean-Heuser, Uwe, Tatja, Claas, »Die Super-Männchen«, *Die ZEIT,* Ausgabe 27, 28. Juni 2012, S. 25

14 http://www.werteindex.de/blog/hayes-rothlandor-»purpose-driven-business-is-here-to-stay-«/

15 Rödder, Andreas, »Wertewandel im geteilten und vereinten Deutschland«, Kirche und Gesellschaft Nr. 389, J. P. Bachem Medien, 978-3-7616-2512-5

16 Vgl. Lehky, Maren, »Wie führt man Digital Natives?«, in: Leadership 20, S. 111ff.

9 Let's face it

1 http://www.dominik-scholz.de/2009/06/12/das-sechs-ecken-prinzip-oder-jeder-kennt-jeden/

10 Ruhe, Rausch und Rebellion

1 Berg, Sybille, »Die Dummheit der Alten«, *Spiegel Online,* 29.09.2012 (http://www.spiegel.de/kultur/gesellschaft/sibylle-berg-verbloedete-jugend-und-die-dummheit-der-alten-a-858482.html)

2 Vgl. Pollmer, Cornelius. »Frühlingserbrechen«, *SZ,* 4.4.2012

3 http://www.spiegel.de/wissenschaft/medizin/jugendliche-und-alkohol-bilanz-der-kenn-dein-limit-kampagne-a-856234.html

4 BZgA Studie, »Die Drogenaffinität Jugendlicher in der Bundesrepublik Deutschland 2011. Teilband Rauchen.« (http://www.bzga.de/forschung/studien-untersuchungen/studien/suchtpraevention/)

5 Merritt, Natacha, *Digital Diaries,* 2000 (http://www.amazon.de/Digital-Diaries-Natacha-Merritt/dp/382286398X/ref=sr_1_1?ie=UTF8&qid=1351689897&sr=8–1)

6 Winkler, Thomas, »The Sound of Orientierungslosigkeit«, *ZEIT ONLINE*, 20.01.2012 (http://www.zeit.de/kultur/musik/2012–01/schmerzensmaenner-prosa-bendzko-poisel)

7 http://www.bild.de/unterhaltung/musik/musik/auf-platz-1–18940318.bild.html

8 16. Shell Jugendstudie, Kap. 5.3.1, S. 195f.

9 http://www.rp-online.de/wissen/forschung/die-jugend-wird-immer-spiessiger-1.2638216

10 http://eltern.t-online.de/wird-unsere-jugend-immer-spiessiger-/id_52340038/index

11 http://www.youtube.com/watch?v=g7X9NXSnnFM

12 http://www.rp-online.de/wissen/forschung/die-jugend-wird-immer-spiessiger-1.2638216

13 http://mobil.donaukurier.de/nachrichten/kultur/art598,2598481

14 http://www.wuv.de/medien/ivw_print_ein_fuenftel_mehr_landlust_aber_weniger_spiegel_stern_und_focus

11 Wie wir leben

1 http://www.bitkom.org/60376.aspx?url=BITKOM_Studie_Jugend_2.0.pdf&mode=0&b=Publikationen

2 http://www.khanacademy.org

3 http://www.bild.de/digital/multimedia/twitter/twitterzug-24149592.bild.html

4 http://www.spiegel.de/netzwelt/web/privatsphaere-magazin-veroeffentlicht-profil-von-ahnungslosem-web-nutzer-a-601559.html

5 Schenk, Niemann, Reinmann, Roßnagel (Hrsg.), *Digitale Privatsphäre: Heranwachsende und Datenschutz auf Sozialen Netzwerkplattformen.* Schriftenreihe Medienforschung der LfM, Band 71 Berlin: Vistas, 2012

6 http://www.faz.net/aktuell/gesellschaft/menschen/paul-und-fritz-kalkbrenner-drei-tage-schwarzes-loch-11971256.html

7 http://www.zeit.de/karriere/beruf/2011–12/volkswagen-blackberry-mailsperre

8 http://www.spiegel.de/wirtschaft/unternehmen/ig-metall-rueffelt-brandbrief-von-wuerth-a-855418.html

9 https://www.facebook.com/photo.php?fbid=388162557927199

10 http://www.gutefrage.net/frage/vermutung-auf-einen-burnout---schule

11 http://www.news.de/vermischtes/855276145/experten-sehen-immer-mehr-burnout-symptome-bei-studenten/1/

12 McGonical, Jane, »Gaming can make a better world«: TED Talks Februar 2010, http://www.ted.com/talks/lang/en/jane_mcgonigal_gaming_can_make_a_better_world.html

13 ebd.

14 Vgl. Stampfl, Nora S., *Die verspielte Gesellschaft – Gamification oder Leben im Zeitalter des Computerspiels.* Heise Zeitschriften Verlag 2012

12 So geht Politik digital

1 http://www.golem.de/specials/cablegate/
2 http://www.eatliver.com/i.php?n=6668
3 http://www.nytimes.com/2011/02/11/world/europe/11wikileaks.html
4 http://www.zeit.de/briefkasten/index.html
5 http://www.fr-online.de/politik/massaker-auf-dem-tiananmen-platz-der-fluch-der-boesen-tat,1472596,3320886.html
6 »Durch die Nacht mit XXL« ARTE, 06. 10. 12, Minute 23:56
7 »(...) any attempt to credit a massive political shift to a single factor — technological, economic, or otherwise — is simply untrue. Tunisians took to the streets due to decades of frustration, not in reaction to a WikiLeaks cable, a denial-of-service attack, or a Facebook update. (...) But as we learn more about the events of the past few weeks, we'll discover that online media did play a role in helping Tunisians learn about the actions their fellow citizens were taking and in making the decision to mobilize.« vgl. http://www.foreignpolicy.com/articles/2011/01/14/the_first_twitter_revolution?page=0,1
8 »Amerika wurde nicht von den eigentlichen Konquistadoren, sondern von den Staatsbehörden und Verwaltungsbeamten ›entdeckt‹, die in Spanien und Portugal die Berichte aus der Neuen Welt gespeichert, geordnet und ausgewertet haben.« in: Wenzel, Horst (Hrsg.), *Gutenberg und die Neue Welt.* München 1994. S. 7
9 Arendt, Hannah, *Was ist Politik?.* München 1993
10 *SPIEGEL* 31/2012
11 http://www.theatlantic.com/international/archive/2011/12/a-photo-that-encapsulates-the-horror-of-egypts-crackdown/250147/
12 Florin, Christiane, »Ihr wollt nicht hören, sondern fühlen«, *Die ZEIT,* 16. Mai 2012, S. 13

13 Von der Virtual Reality zur Real Virtuality

1 Lazo, Daniel, May-rez, Eran: »Sight«, 08/2012, http://vimeo.com/46304267
2 Fuest, Benedikt, »So sieht die Welt durch die Google-Brille aus«, *Die Welt,* 30. 06. 12 (http://www.welt.de/wirtschaft/webwelt/article107611886/So-sieht-die-Welt-durch-die-Google-Brille-aus.html)
3 Moravec, Hans, *Computer übernehmen die Macht: Vom Siegeszug der künstlichen Intelligenz,* Hamburg 1999, S. 136
4 http://tronweb.super-nova.co.jp/tronintlhouse.html

Bibliographie

Bei den aufgeführten Büchern handelt es sich um die im Text erwähnten oder zitierten Werke sowie weiterführende Literatur.

Armbruster, Jörg, Der arabische Frühling. Als die arabische Jugend begann, die Welt zu verändern. Frankfurt/Main 2011.

Baudrillard, Jean, Warum ist nicht alles schon verschwunden? München 2008.

Benjamin, Walter, Das Kunstwerk im Zeitalter seiner technischen Reproduzierbarkeit. Frankfurt/Main 1963.

Ben Jelloun, Tahar, Arabischer Frühling. Vom Wiedererlangen der arabischen Würde. Hamburg 2011.

Blumenthal, Karen/Mumot, André, Think different – Die Welt anders denken. New York 2012.

Bolz, Norbert, Das Ende der Gutenberg-Galaxis. Die neuen Kommunikationsverhältnisse. München 1993.

Buhse, Willms/Reinhard, Ulrike (Hrsg.), DNAdigital. Wenn Anzugträger auf Kapuzenpullis treffen. Leipzig 2009.

Brand, Stewart, Media Lab. Computer, Kommunikation und neue Medien. Die Erfindung der Zukunft am MIT. Hamburg 1994.

Christakis, Nicholas A./Fowler, James H. Connected! Die Macht sozialer Netzwerke und warum Glück ansteckend ist, 2010.

Domscheidt-Berg, Daniel/Klopp, Tina, Inside Wikileaks. Meine Zeit bei der gefährlichsten Website der Welt. Berlin 2011.

El-Gawhary, Karim, Tagebuch der arabischen Revolution. Wien 2011.

Farke, Gabriele, Gefangen im Netz? Onlinesucht: Chats, Onlinespiele, Cybersex. Bern 2011.

Gallop, Cindy, Make Love not Porn. Technology's Hardcore Impact on Human Behaviour. Kindle/TED Books 2012.

Ghonim, Wael, Revolution 2.0. Wie wir mit der ägyptischen Revolution die Welt verändern. Econ 2012.

Görig, Carsten, Gemeinsam einsam. Wie Facebook, Google & Co. unser Leben verändern. Zürich 2011.

Hegemann, Helene, Axolotl Roadkill. Roman. Berlin 2011.

Hörisch, Jochen, Mediengenerationen. Frankfurt/Main 1997.

Isaacson, Walter, Steve Jobs. Die autorisierte Biografie des Apple-Gründers. München 2010.

Jarvis, Jeff, Was würde Google tun? Wie man von den Erfolgsstrategien des Internet-Giganten lernt. München 2009.

Jarvis, Jeff, Public Parts. How Sharing in the Digital Age Improves the Way We Work and Live. New York 2011.

Kadlbinder, Jakob, Halbstark und Cool. Ausgewählte Jugendkulturen seit den 1950er Jahren. Münster 2005.

Kirkpatrick, David, Der Facebook-Effekt. Hinter den Kulissen des Internet-Giganten. München 2011.

Kittler, Friedrich, Grammophon, Film, Typewriter. Berlin 1986.

Kloock, Daniela/Spahr, Angela, Medientheorien. Eine Einführung. München 1997.

Kovarik, Bill, Revolutions in Communication. Media History from Gutenberg to the Digital Age. London 2011.

Kurz, Constanze/Rieger, Frank, Die Datenfresser: Wie Internetfirmen und Staat sich unsere persönlichen Daten einverleiben und wie wir die Kontrolle darüber zurückerlangen. Frankfurt/Main 2011.

Lehky, Maren. Leadership 2.0. Frankfurt/Main, New York 2011.

266

McGonigal, Jane, *Besser als die Wirklichkeit! Warum wir von Computerspielen profitieren und wie wir die Welt verändern.* München 2012.

McLuhan, Herbert Marshall, *Die Magischen Kanäle. Understanding Media.* Düsseldorf 1992.

Mezrich, Ben, *The Social Network. Die Gründung von Facebook.* München 2011.

Minsky, Marvin, *The Emotion Machine. Commonsense Thinking, Artificial Intelligence, and the Future of the Human Mind.* New York 2006.

Minsky, Marvin, *The Society of Mind.* New York 1986.

Mitchell, William. B., *City of Bits. Space, Place and the Infobahn (On Architecture).* Kindle ed. 1997.

Moravec, Hans, *Mind Children. Der Wettlauf zwischen menschlicher und künstlicher Intelligenz.* Hamburg 1999.

Moravec, Hans, *Computer übernehmen die Macht.* Hamburg 2009.

Negroponte, Nicholas, *Total Digital. Die Welt zwischen 0 und 1 oder Die Zukunft der Kommunikation. Die »Wired«-Essays.* München 1997.

Negroponte, Nicholas/Mitra, Sugata, *Beyond the Hole in the Wall: Discover the Power of Self-Organized Learning.* Kindle/TED Books 2012.

Ogilvy, David, *Geständnisse eines Werbemannes. Das Kultbuch vom Vater der modernen Werbung.* Berlin 2000.

Papert, Seymour, *Gedankenblitze. Kinder, Computer und neues Lernen.* Reinbek 1986.

Papert, Seymour, *Revolution des Lernens. Kinder, Computer, Schule in einer digitalen Welt.* Hannover 1996.

Papert, Seymour, *Die vernetzte Familie. Kinder und Computer.* Freiburg 1998.

Pariser, Eli, *Filter Bubble. Wie wir im Internet entmündigt werden.* München 2012.

Postman, Neil, Wir amüsieren uns zu Tode. Urteilsbildung im Zeitalter der Unterhaltungsindustrie. Frankfurt/Main 2008.

Postman, Neil, Das Verschwinden der Kindheit. Frankfurt/Main 2009.

Renner, Kai-Hinrich/Renner, Tim, Digital ist besser. Frankfurt/Main, New York 2011.

Reynolds, Simon, Retromania. Pop Culture's Addiction to it's Own Past. London 2011.

Rosenbach, Marcel/Stark, Holger, Staatsfeind Wikileaks. Wie eine Gruppe von Netzaktivisten die mächtigsten Nationen der Welt herausfordert. München 2011.

Schilbach, Friederike, Die Piratenpartei: Alles klar zum Entern? Berlin 2011.

Schiller, Friedrich, Über die ästhetische Erziehung des Menschen in einer Reihe von Briefen. Frankfurt am Main 2009.

Shteyngart, Gary, Super Sad True Love Story. Reinbek 2011.

Sloterdijk, Peter, Du musst dein Leben ändern. Über Anthropotechnik. Frankfurt/Main 2009.

Spitzer, Manfred, Digitale Demenz. München 2012.

Stadler, Ruppert (Hrsg.), Erfolg im digitalen Zeitalter, Frankfurt/Main 2012.

Wenzel, Horst (Hrsg.), Gutenberg und die Neue Welt. München 1994.

PHILIPP RIEDERLE

Ihr young Guyde
durch die neue Medienwelt

**Philipp Riederle führt Unternehmen,
Organisationen, Verbände durch die Welt
der Generation Y.
Aus der Praxis für die Praxis.
Als Berater, Redner, Keynote-Speaker,
mit Analysen, Studien oder individueller
Marktforschung.**

**Jetzt Touren buchen unter
philipp@riederle.de
www.philippriederle.de**

»Der Vorstandsflüsterer«
Berliner Zeitung

SPONSOR'
SportsMedia

SPONSOR'
SportsMedia
Summit